Walburg Lehfeldt
Neues Leben

WALBURG LEHFELDT

NEUES LEBEN

Als Flüchtling
im Wirtschaftswunder

LIMES

Fotos: Privatbesitz, Landesbildstelle Bremen (1)
und Presse- und Informationsamt der Bundesregierung (1)

CIP-Titelaufnahme der Deutschen Bibliothek
Lehfeldt, Walburg:
Neues Leben: als Flüchtling im Wirtschaftswunder/
Walburg Lehfeldt. – Frankfurt/M.; Berlin: Limes, 1990
ISBN 3-8090-2292-6

Satz: KCS GmbH, Buchholz/Hamburg
Druck und Verarbeitung: Ebner Ulm
Printed in Germany 1990
ISBN: 3 8090 2292 6

Inhalt

Die Erfahrungen eines Lebens

Der erste Erlebnisbericht von Walburg Lehfeldt, 1985 erstmals als Manuskript nur einem kleinen Leserkreis zugänglich gemacht und später −, 1986 und 1987 −, in zwei Auflagen unter dem Titel *Gut Lehfelde. Eine deutsche Geschichte 1932–1950* veröffentlicht, gehört zu den bisher relativ wenigen autobiographischen Werken deutscher Zeitzeugen aus der alten polnischen Wojwodschaft Posen (vom Ende des 18. Jahrhunderts bis 1918 Regierungsbezirk und Provinz Posen unter preußischer, später deutscher Herrschaft, nach dem Versailler Vertrag 1919 zur Republik Polen gehörend, danach kurz durch die NS-deutsche Regierung im Oktober 1939 eingegliedert in das deutsche Reichsgebiet als »Reichsgau Wartheland«).

Die dortige deutsche Bevölkerung, meistens Bauern, Gutsbesitzer, Großbürger, aber auch Kaufleute, Handwerker, weniger Arbeiter, hat eine ganz spezifische Erfahrung des Nebeneinander- und Zusammenlebens mit den Polen, die dort die überwiegende Mehrheit der Bevölkerung bildeten.

Das Gebiet wurde im Rahmen planmäßiger Politik auf friedliche, aber konsequente Weise im 19. Jahrhundert germanisiert, und so wurde ein Gutsbesitz Powodowo unweit von Wollstein (polnisch: Wolsztyn) Ende des 19. Jahrhunderts in Lehfelde umbenannt, weil es 1855 von Wilhelm Lehfeldt den bisherigen polnischen Besitzern abgekauft worden war.

Als der Urenkel des ersten deutschen Eigentümers dieses Gutes, Wilhelm Lehfeldt, Dr. jur. Dietrich Lehfeldt, 1932 Walburg von Schönberg geheiratet hat, ist sie nach Lehfelde gezogen und wurde ebenso wie ihr Mann polnische Staatsbürgerin deutscher Nationalität. Sie war in Polen privat und menschlich glücklich, es gab für sie kaum Spannungen oder Probleme mit der polnischen Umgebung. Höchstwahrscheinlich ist das auf die persönlichen Eigenschaften des Ehepaars Lehfeldt zurückzuführen, die ihnen das korrekte bis sehr gute Zusammenleben mit den Polen ermöglicht haben.

Die Kriegszeit und die Zeit der NS-deutschen Besatzung dieses Gebiets hat die Familie mit mehreren Problemen und unter permanentem psychologischem Druck überstanden. Probleme hat sie aber ausschließlich mit der örtlichen NS-deutschen Verwaltung und den entsprechenden Polizeidienststellen des Nazisystems gehabt.

In der Nacht vom 20. zum 21. Januar 1945 verließ die Familie Lehfeldt mit ihren drei Kindern – das jüngste war gerade sechs Monate alt – bei minus 20 Grad Kälte auf Befehl der deutschen Verwaltung den Gutshof. »Unser Glück war, daß unsere treuen polnischen Kutscher sich bereit erklärten, mit den von ihnen bisher versorgten Pferden zu fahren und bei uns zu bleiben. Während Dietz sich um Pferde und Wagen, Futter für die Pferde und unsere Leute und die Organisation des Trecks kümmerte, warf ich mehr oder weniger kopflos warme Sachen und Lebensmittel für uns und die Kinder in die Koffer und Truhen. Einen Sack mit Silber sowie einen Teil meines Schmuckes und einen Sack mit Speck und Dauerwürsten gab ich unserem polnischer Verwalter Siebert vom Vorwerk Nelke zur Aufbewahrung. Sehr schwer fiel mir die Trennung von meiner Gordonsetterhündin Halka«, schildert Walburg Lehfeldt.

Später, nach Beendigung des Kriegsgeschehens, ist Walburg Lehfeldt, eine auffallend tapfere, zielbewußte Frau mit tief ausgeprägtem Verantwortungsbewußtsein für ihre Familie, auf abenteuerliche Weise nach Lehfelde zurückgefahren, weil sie mit ihrem Mann – ohne irgendeine Nachricht aus der Heimat zu haben – einen Neuanfang dort erwogen hatte. Das hat sich bei der politischen Nachkriegsentwicklung in diesem Gebiet aber als unmöglich erwiesen. So wurde Walburg Lehfeldt, wie sehr viele deutsche Familien aus dem Kreis und Bezirk, ihrer Heimat beraubt, die seit drei Generationen die Heimat ihres Mannes gewesen war, für sie eine Wahlheimat, in der sie mit Engagement und Sympathie für die Menschen ihr Familienleben aufgebaut hat.

Es folgten fünf weitere Jahre in der sowjetischen Besatzungszone und ganz am Ende in der neu gegründeten DDR, von wo aus die Familie im April 1950 illegal in den Westen umgezogen ist: Wiederum Flüchtlinge mit drei Kindern.

Das zweite Buch von Walburg Lehfeldt über das »Neue Leben« in der Bundesrepublik, damals noch nicht das Land des Wirtschaftswunders, zeugt zum einen aufs neue von den sehr positiven persönlichen Eigenschaften der Autorin als Mensch, Ehefrau und Mutter, ist zum andern aber auch ein soziologisch und historisch bedeutender Beitrag zur Sozialgeschichte der Bundesrepublik. Einige Millionen Menschen haben sich doch damals in einer vergleichbaren Situation befunden.

Die Besonderheit des »Falles Lehfeldt« sehe ich in der absolut objektiven Beurteilung der Vergangenheit, in der gerechten Betrachtung der von den einzelnen Menschen, gleich welcher Nationalität, unverschuldeten Folgen des Zweiten Weltkriegs, auch in zweifelloser Sympathie zu Polen und zu den Polen, die Walburg Lehfeldt in ihrem Leben getroffen hat. Die Sachkenntnis der historischen Situation entwickelte sich bei ihr aus persönlich erlebter Erfahrung in vielen verschiedenen Etappen ihres Lebens:

Bis 1932 in Deutschland als Tochter eines im Ersten Weltkrieg gefallenen Kriegsmarineoffiziers, 1932 bis 1939 in Polen als deutsche Gutsherrin, von 1939 bis 1945 weiter im eigenen Haus, aber unter willkürlicher NS-Herrschaft, von 1945 bis 1949 unter direkter sowjetrussischer Macht in der damaligen Ostzone, endgültig ab 1950 in der Demokratie, in der Freiheit, die sie im Laufe der Zeit immer mehr genießt, ihre Verbindungen mit dem benachbarten Frankreich, ihre zweite Wohnung in der französischen Provinz.

Diese unterschiedlichen guten, aber auch bitteren Erfahrungen haben sie bewogen, auf ausgewogene Weise über die Situation im Osten Deutschlands, im Westen Polens im Jahr 1945 zu schreiben: »Als die polnischen Bewohner der östlichen Provinzen 1945 bei der Umsiedlung gegen ihren Willen in den deutschen Provinzen mit ihrer wenigen Habe ankamen, hatten die Russen Maschinen und Wertgegenstände abtransportiert, das Vieh nach Osten abgetrieben. Die Häuser waren durch das Kriegsgeschehen zerstört, die Einrichtung vernichtet. Es war kein ›blühendes Land‹ mehr, das sie übernahmen. Es war ein ausgeraubtes Land, in dem sie obendrein fremd waren. In den Gebieten wie bei uns in der Provinz Posen mit überwiegend polnischer Bevölkerung blieb der größte Teil der Einwohner an Ort und Stelle und wußte, wie das Land bestellt worden war und welche Industrien man dort aufbauen konnte.

Die Situation ähnelt der nach 1945 in der damaligen Ostzone, jetzt DDR genannt. Auch dort blieben die Menschen, die dort gewohnt haben, zum großen Teil und die mit allem Bescheid wußten. So war es viel einfacher für sie. Aber auch dort hat das kommunistische System den ›fleißigen Deutschen‹ — im Gegensatz zu den ›faulen Polen‹, wie oft hörte ich diesen törichten Satz! — jede Initiative genommen. Sie haben verlernt, selbständig zu denken, etwas zu planen und zu schaffen«, heißt es in Walburg Lehfeldts Erinnerungen.

Das zweite Buch von Walburg Lehfeldt erscheint zu einem Zeitpunkt, zu dem die Autorin über 75 Jahre alt ist und zu dem sich die Situation östlich der Oder und zwischen der Oder und der Elbe von Tag zu Tag positiv entwickelt, ändert und den Menschen die Freiheit im Alltag bringt. Es gibt aber keine authentische Freiheit ohne Wahrheit, weder im Leben der Menschen noch in dem der Völker.

Und so werden im Jahr 1990 die weißen, besser gesagt, die roten, da blutigen Flecken in der zeitgeschichtlichen Erfahrung der Menschen in den bisherigen Ostblockländern immer umfangreicher kommentiert. So hat man 1990 immer neue

Gräber mit Opfer der Willkür, der Grausamkeit der kommunistischen Machthaber in der DDR gefunden. So hat man angefangen, in Polen über den Mord an unschuldigen Menschen durch die kommunistische politische Polizei und Miliz zu schreiben, nicht nur an Polen, sondern auch an Deutschen. Angesichts des Genozids von Stalin waren nämlich alle »unerwünschten« Menschen, gleich welchen Geschlechts oder Alters auf die eine oder andere Weise zur Unterdrückung und Ausrottung verurteilt.

Walburg Lehfeldt kann am jetzigen Punkt ihres Lebens mit Recht die weitere Öffnung der Grenzen und der unbegrenzten Möglichkeiten für die Menschen, gleich welcher Nationalität, nicht nur in ihrer neuen Heimat im Westen, sondern auch in ihrer alten Heimat an der Warthe erwarten. Erst aus dieser Perspektive kann man die Bedeutung ihrer beiden Bücher, die ich als untrennbare Teile des Berichts über ein Leben verstehe, anerkennen.

Wladyslaw Bartoszewski
Friedenspreisträger des Deutschen Buchhandels 1986

Einleitung

»Es galt, als unbekannte, arme Flüchtlinge eine neue Existenz aufzubauen, um den drei Kindern einen Start in die Zukunft zu ermöglichen. Wir waren zuversichtlich. Wir würden es auch dieses Mal schaffen!«

So endete mein Buch *Gut Lehfelde. Eine deutsche Geschichte 1932–1950*.

Das Buch fand als politisch-zeitgeschichtliche Schilderung Anklang und Interesse bei vielen berühmten, bekannten und unbekannten Menschen. Sie hatten Ähnliches erlebt und wollten wissen: Wie ging es weiter, als wir 1950 mittellos in Westdeutschland ankamen. Sie schrieben an mich und baten um eine Fortsetzung.

Ich wehrte mich gegen den Gedanken, eine Fortsetzung zu schreiben. Nachdem in den Jahren 1932 bis 1950 eine ganze Welt in Bewegung gekommen, Europa zusammengebrochen und großenteils zerstört war, die alten Ideale nicht mehr bestanden, – was sollte man von dem Zeitabschnitt danach berichten? Den langsamen, mühsamen Aufbau einer neuen Welt ohne Höhepunkte schildern, ohne Begegnungen mit Menschen, die in die Geschichte eingegangen waren, von denen ich im ersten Buch erzählen konnte?

Dann aber stellte ich fest, daß meine Enkel und deren Generation sich gar nicht vorstellen konnten, daß wir uns einmal Wäscheleinen borgen mußten, daß ein verrostetes Fahrrad eine Kostbarkeit war, und daß man sich zum bestandenen Abitur damals kein Auto wünschte. Über *Gut Lehfelde* sagte mir jemand aus meiner Generation: »Ein Teil der Jugend liest es mit Staunen, doch fast ohne wirkliche innere Anteilnahme. Für diese Jugendlichen ist es wie eine Schilderung aus dem Dreißigjährigen Krieg. Sie können es nicht nach-vollziehen.«

In vielen anderen Gesprächen stellte ich fest, daß auch die Jahre 1950 und danach – wie diese vom deutschen Volk und im besonderen von den Flüchtlingen bewältigt wurden – noch »Dreißigjähriger Krieg« sind.

So entstand bei mir der Wunsch, auch dieses Stück unwie-derbringlich Vergangenes nicht in der Geschichte versinken zu lassen, sondern als Zeitzeuge zu dokumentieren; wissend, daß sich am eigenen Schicksal Millionen der Flüchtlinge aus dem Osten nach Ende des Zweiten Weltkrieges wiedererkennen können.

Nun setzte Ende der achtziger Jahre wieder ein Flüchtlings-strom ein aus den bolschewistisch regierten Ländern in die Bundesrepublik. Auch für sie ist dieses Buch bestimmt. Den Flüchtlingen aus diesen Ländern wird von den staatlichen Stel-len sehr geholfen. Sie bekommen Wohnungen zugewiesen, Überbrückungsgelder, Sachspenden und Kredite.

Sofern sie die deutsche Sprache nicht mehr oder nicht flie-ßend beherrschen, werden sie kostenlos geschult. Sie können neue Berufe erlernen. Alles Dinge, von denen wir damals nur träumen konnten.

Diesen Menschen möchte ich Mut machen und an Hand unseres Schicksals aufzeigen, daß es auch ohne diese Unterstüt-zungen möglich war, vielleicht in einem längeren Zeitab-schnitt und mit mehr Arbeitsstunden, als sie es heute gewohnt sind, in das Wirtschaftswunder hineinzuwachsen und sich ein Heim zu schaffen.

Vieles wird aber auch härter sein für die Menschen, die heute ankommen, nämlich das »heimisch« werden.

Wir sind in der Bundesrepublik heute schneller bereit etwas zu schenken, etwas zu spenden. Wir leben im Überfluß, haben oft die gleichen Dinge doppelt und dreifach. Wenn wir davon etwas abgeben, vermittelt uns das ein Gefühl, etwas Gutes zu tun. Seien wir ehrlich! Ist es nicht eine Befriedigung, Dinge, die wir nicht mehr brauchen, noch verwerten zu können, wenn wir zum Beispiel Pakete für die DDR oder Polen packen? Aber ist nicht vielen Menschen das Porto und die Mühe des Packens, das Ausfüllen der vielen Erklärungen schon zuviel?

Sind wir außer dem Abgeben von materiellen Dingen bereit, Liebe zu schenken? Sind wir fähig, uns in diese Flüchtlinge hineinzudenken und zu verstehen, warum sie zu uns kamen? Die teils verfallenen Häuser, die unmodernen Autos, auf die diese Menschen jahrelang sparten und dann auf die Lieferung warten mußten − sie sind diesen Menschen ebenso ans Herz gewachsen, wie uns unsere praktischen und modernen Wohnungen. Die Trabis und Ladas sind schwerer verdient als unsere Autos, die wir ständig gegen modernere Modelle eintauschen. Wir müssen lernen, die Erzählungen und die Bilder aus der Heimat der neuen Flüchtlinge nicht überheblich und abfällig zu betrachten. Wir müssen ihnen zeigen, daß wir wissen, daß die Mißwirtschaft nicht in der Faulheit dieser Menschen lag, sondern durch das kommunistische System bedingt ist. Wenn Menschen jahrelang unter diesem System leben müssen, resignieren sie. Es lohnt sich für sie nicht mehr, etwas zu schaffen; es wird alles wegorganisiert.

Die wirtschaftlichen Probleme, die wir in der Bundesrepublik in den fünfziger Jahren hatten, waren größer und härter. Aber vielleicht waren die menschlichen einfacher? Auch wir kamen 1950 »zu spät« in die Bundesrepublik. Auch wir hatten menschliche Probleme und wurden schwer warm. Das klingt in meinem Buch zwischen den Zeilen öfter an. Möge es den Flüchtlingen der achtziger Jahre ein Trost sein. Nun ist es unsere Aufgabe, den Alteingesessenen aufzuzeigen, was wir einst empfunden haben und zu versuchen, Liebe und Freundschaft zu geben. Sollte dieses Buch ein wenig dazu beitragen, so hätte sich die viele Arbeit, die beim Schreiben eines Buches entsteht, das schmerzliche Gefühl, sich von ganz privaten Gedanken trennen zu müssen und diese der Öffentlichkeit anzuvertrauen, gelohnt.

Heimat, Heim, heimisch werden...

»Flüchtlinge im Wirtschaftswunderland?« Flüchtling ist ein Mensch, der vor einer Gefahr flieht. Man kann aus einem Ort fliehen, an dem man sich vorübergehend aufhält, aber man kann auch aus der »Heimat« fliehen. Da dies bei uns der Fall war, möchte ich zunächst darauf eingehen.

Als »Heimat« bezeichnet man im allgemeinen den Ort, an dem der Mensch seine Kindheit verbracht hat. Den Ort, an dem er sich in seiner Jugend aufhielt, die erfahrungsgemäß in seinen Erinnerungen im Alter wieder eine große Rolle spielt. Es ist der Ort, an dem man ein Heim hatte, an dem man sich heimisch fühlte.

Als mein Vater Karl von Schönberg als Kommandant des kleinen Kreuzers *Nürnberg* am 8. Dezember 1914 in der Seeschlacht vor den Falklandinseln fiel, war ich zwei Jahre alt. Meine Eltern hatten die Wohnung in Kiel, meiner Geburtsstadt, bereits 1913 aufgegeben. Damals hatte mein Vater den Befehl erhalten, für fünf Jahre in das deutsche Pachtgebiet Tsingtau in Kiautschau in China zu gehen. Meine Eltern schifften sich mit einem Dampfer des Norddeutschen Lloyd nach China ein. Für mich, die damals einjährige Walburg, engagierte man eine deutsche Kinderfrau, die trotz altmodischer Aufmachung mit Häubchen und schwarzer uniformartiger Kleidung offenbar den Mut hatte, für fünf Jahre in die kleine deutsche Kolonie zu gehen.

Kiautschau war im juristischen Sinne keine Kolonie, sondern für 99 Jahre von der chinesischen Regierung gepachtet. Es war als Flottenstützpunkt für unser Auslandsgeschwader gedacht und natürlich auch für die Handelsmarine, die überall Stützpunkte brauchte, um Kohlen aufzunehmen. Schiffe wurden damals nicht mit Öl oder Elektrizität betrieben, sondern mit staubiger Kohle. Das Kohleübernehmen war für alle Mann an Bord eine schwere und schmutzige Arbeit, jeder hatte beim »Kohlen« eine Funktion. Ohne Kohle konnte im Krieg ein Kriegsschiff nicht eingesetzt werden. Es hätte als einzige Alternative tatenlos in einem neutralen Hafen vor Anker gehen können.

Diesem Umstand ist im Dezember 1914 das Auslandsgeschwader des Grafen Spee bei den Falklandinseln zum Opfer gefallen. Der Geschwaderchef Graf Spee wollte versuchen, sich aus dem Stillen Ozean, wo das aus fünf Kriegsschiffen bestehende Geschwader lag, nach Deutschland durchzuschlagen. Trotz der Warnung meines Vaters bei der Kommandantenbesprechung lief er um Kap Horn herum den Hafen Port Stanley auf den Falklandinseln an. Die gesamte Flotte wurde vernichtet, als sie überraschenderweise auf eine dort im Hafen liegende, weit stärkere Flotteneinheit der Engländer traf. Nur der kleine Kreuzer *Dresden* konnte entkommen. Die Schiffe *Scharnhorst, Gneisenau, Leipzig* sowie die *Nürnberg*, die unter dem Befehl meines Vaters stand, wurden von den Engländern versenkt. Wegen der hohen See konnten nur wenige Überlebende aus dem eisigen Wasser gerettet werden.

Die *Dresden* entwich in neutrale chilenische Gewässer, wo später auch sie von feindlichen Schiffen aufgebracht wurde.

Doch es kam 1913 nicht zur Übernahme des Kommandos in Tsingtau durch meinen Vater, da er auf der Fahrt mit dem Lloyd-Dampfer dorthin, auf dem auch wir uns befanden, per Funkspruch nach Deutschland zurückbeordert wurde. Von dort sollte er sich mit einem anderen Lloyd-Dampfer nach Mexiko einschiffen, um das Kommando der *Nürnberg* in einem mexikanischen Hafen zu übernehmen. Das Kriegsschiff sollte vor den mexikanischen Küsten kreuzen, den Schutz der Deutschen während der dort ausgebrochenen Revolution übernehmen und zwischen Regierung und den Aufständischen vermitteln.

So fuhr mein Vater mit dem Lloyd-Dampfer *Amerika* unter dem Kommando von Kapitän Schülke zunächst mit dem Befehl nach Mexiko, nach Beendigung der Unruhen dort die *Nürnberg* durch den Stillen Ozean nach Tsingtau zu führen, wo sie auf der Werft gründlich überholt werden sollte.

Das stellte meine arme Mutter vor die Aufgabe – das Leben der Marinefrauen war nicht leicht –, sich allein mit dem zweijährigen Baby und der Kinderfrau auf die Reise nach Tsingtau zu begeben, sobald mein Vater dort eingetroffen war.

Doch durch den Ausbruch des Krieges im August 1914 kam es dazu nicht mehr. Das war unser Glück, denn sonst wären wir während des ganzen Krieges in China interniert gewesen, was für eine alleinstehende Frau mit Baby sicher viele Probleme gebracht hätte. Ob das Baby – ich – bei dem Klima und den damaligen hygienischen Verhältnissen in Asien überlebt hätte, ist sicher fraglich.

Erst Anfang des Jahres 1915 erfuhr meine Mutter mit Sicherheit, daß mein Vater als Kommandant seines Schiffes in den Tod gegangen war. Mit den wenigen unverletzten Besatzungsmitgliedern hatte er auf der Kommandobrücke noch ein »Vater unser« gebetet. Von der *Nürnberg* wurden nur sieben Mann gerettet. Sie kamen in englische Gefangenschaft.

Der englische Admiral, der die *Nürnberg* versenkte, schrieb in seinem Bericht: »Ich wünschte, meine Leute würden so zu sterben wissen.«

Als ich 1929 als Schülerin der Oberprima in den großen Ferien in einer Familie in Südengland war, um Englisch zu lernen, lag eine größere englische Flotteneinheit vor Anker. Meine Gastgeber berichteten bei einem Besuch des Schlachtschiffes, daß sie die Tochter des Kommandanten des Kreuzers *Nürnberg* zu Besuch hätten. Sofort schickte der Kommandant eine Barkasse, um mich abholen zu lassen und empfing mich – nun ja, zumindest nicht wie ein kleines Schulmädchen – und äußerte sich lobend über den Geist, der in der deutschen Marine geherrscht hatte.

Auch in Frankreich erwähnte Paul Chack in seinem Buch *Histoire Maritime de la première Guerre Mondiale* objektiv und anerkennend den Einsatz des Geschwaders des Grafen Spee und den Namen meines Vaters, obwohl er französische Funkstationen in der Südsee zerstört hatte.

Daraus schließe ich, daß der mir so verhaßte Chauvinismus bei der Kriegsmarine der »Feindstaaten« keinen Eingang gefunden hatte. Man kämpfte für sein Volk, aber man achtete den Gegner.

Da längere Zeit verging, bis die Deutschen in englischer Gefangenschaft über die letzten Stunden des Untergangs der *Nürnberg* schreiben durften, dauerte es wiederum lange, bis ein solcher Brief in Deutschland eintraf. So waren meine Mutter und ich von 1913 bis 1915 ohne Bleibe, sogar ohne die Möglichkeit, diese zu suchen, denn wir warteten von einem Tag zum anderen auf Nachrichten von meinem Vater.

Daß meine Mutter sich von 1915 bis 1921 auch zu keinem Entschluß durchringen konnte, steht auf einem anderen Blatt. Für sie war mit dem Tode meines Vaters, dem Verlauf des Krieges und — für sie so wichtig — dem Untergang der Monarchie ihre Welt zusammengebrochen. Nie wieder hat sie sich davon befreien und erholen können. So bin ich nicht nur ohne »Heimat«, sondern auch ohne »Heim« aufgewachsen.

Ich wußte nicht, wohin ich gehörte. Im Sommer lebten wir auf den Gütern verschiedener Verwandten und Freunde oder in Seebädern. Im Winter hielten wir uns in einer Berliner Pension auf. Von dort aus wurde ich in eine Privatschule geschickt — aber nur im Winter! Auf einen geordneten Schulunterricht im Sommer kann ich mich nicht besinnen. Ich glaube, meine Mutter bemühte sich selbst um das Lesen- und Schreibenlernen der Sechs- bis Achtjährigen. Wie damals üblich und gemäß der Tradition meiner Großeltern Pelet-Narbonne, die aus einer Hugenottenfamilie stammten, brachte sie mir auch einige Kenntnisse der französischen Sprache bei. Zu ihrem Lob muß ich sagen, daß ich in keiner Klasse Schwierigkeiten in der Schule gehabt habe.

Als auf Veranlassung der Schulbehörde das Problem meines Schulunterrichts gelöst werden mußte, entschloß sich meine Mutter 1921 nach Dresden zu ziehen, wo die meisten Verwandten meines Vaters in der Stadt oder auf umliegenden Gütern lebten. So kam ich 1921 in die Privatschule Kox in Dresden. Meine Mutter hatte eine Sechs-Zimmer-Wohnung in der Hohen Straße im sogenannten Schweizer Viertel gemietet. Die Möbel und die vielen Kisten, die seit 1913 auf einem Speicher gestanden hatten, waren erhalten. Während des Ersten Weltkrieges gab es zum Glück keine Bombardierung der Wohnviertel in den Städten, außer direkt an der deutsch-französischen Grenze.

Ich war neun Jahre alt, als die Wohnung in Dresden mein erstes »Heim« wurde. Ein Jahr später mußte sich meine Mutter einer schweren Operation unterziehen. Die Inflation nahte. Lebensmittel waren knapp. Man lebte von einem Tag auf den anderen. So blieb meiner Mutter nichts anderes übrig, als für mich, die ich sehr zart war, einen Platz auf dem Lande zu suchen, wo ich genug zu essen hatte und in der Zeit ihres Krankenhaus- und Genesungsaufenthaltes in guter Obhut war. So kam ich über eine Anzeige zu Frau Sittah von Brand auf das Gut Hasselbusch im Kreis Berlinchen in der Neumark. Dort wurde ich mit ihrer einzigen Tochter Georgy unterrichtet und erzogen. Mein Aufenthalt war für ein Schuljahr gedacht, bis zur endgültigen Genesung meiner Mutter. Doch ich blieb dort zwei Jahre, die sehr entscheidend für mich werden sollten. Dort entwickelte ich die Liebe zum Landleben. Mit meiner Pflegeschwester Georgy teilte ich die Passion für Pferde. Daher bin ich seit meinem zehnten Lebensjahr geritten, habe Pferde − für uns waren es Ponies − angespannt, gefahren und diese gepflegt. Frau von Brand, Tante Sittah, wie ich sie nannte, war Witwe und heiratete bald nach meiner Ankunft Ulrich Thilo. Dieser war auch Landwirt und konnte damals die beiden Domänen Carzig und Gollin erwerben.

Durch Ulrich Thilo, der passionierter Jäger war, lernte ich

mit zehn bis zwölf Jahren schon perfekt zu pirschen. Ich verstand mich anzupirschen, ohne auf Äste zu treten, die Windrichtung zu bestimmen, Gehörne und Geweihe nach Alter und Abschußnotwendigkeit anzusprechen und – natürlich – die Jägersprache. Wir hatten im Revier außer jeder Art von Niederwild viel gutes Rehwild, starke Hirsche und eine Menge Schwarzwild, die viel Schaden anrichteten. Bei Tisch wurden wir in der Jägersprache oft abgefragt wie nach französischen Vokabeln: »Es kommt eine Sau mit ihren Frischlingen an ein Gewässer und will hinüber?« Wehe, wir sagten, sie schwimmt hindurch! »Sie rinnt durch den Bach«, hieß das. Noch heute, nachdem ich nach Verlust des eigenen Reviers kein Gewehr mehr in die Hand genommen habe, zucke ich zusammen, wenn ein Neujäger falsche Ausdrücke gebraucht, obgleich das nun wirklich nicht den wahren Waidmann ausmacht.

Wir Kinder durften auf den Fahrten ins Revier und über die Felder im Kutschwagen mitfahren, saßen dann neben dem Kutscher und mußten versprechen, zu schweigen. Ich war besonders lebhaft und wurde stets unter der Androhung, sonst zu Hause bleiben zu müssen, dazu ermahnt. Dabei hörte ich alle Gespräche mit, was mir für den Ablauf der landwirtschaftlichen Arbeiten sowie für die Pferdezucht später in Lehfelde große Dienste erweisen sollte.

Die drei Jahrgänge der Fohlen waren auf verschiedene Weiden verteilt. Für so passionierte Pferdeleute wie meine Pflegeeltern war es selbstverständlich, daß wir jeden Jahrgang genau begutachteten und von jedem Fohlen die Abstammung im Kopf hatten.

In den zwei Jahren in Hasselbusch wurde der Grundstein dazu gelegt, daß Lehfelde dann meine HEIMAT wurde. Es half mir, auf dem Lande heimisch zu sein, denn alles war mir vertraut, was den täglichen Ablauf des Landlebens anbelangte.

Schulisch wurden meine Pflegeschwester und ich von einer Hauslehrerin betreut. Sie war das einzig Negative an dem Aufenthalt, trotz ihres an sich guten Unterrichts. Ich war von schnellerer Auffassung und hatte die Antwort schon bereit, ehe Georgy antworten konnte. Das veranlaßte Fräulein Gnuschke, so hieß diese Lehrerin, mich ständig zurückzusetzen und sehr ungerecht zu behandeln. Manchmal schlug sie mir sogar die Bücher und Noten um den Kopf. Wenn meine Pflegemutter das merkte, griff sie gerechterweise immer ein. Ich kann nicht genug betonen, welch großartige Frau sie war; wie großartig sie später auch ihr schweres Schicksal mit Flucht und Verarmung ohne Klage ertrug. Sie war eine Persönlichkeit, die mir immer ein Vorbild sein wird.

Noch hatte ich nirgendwo ein HEIM im Sinne des Wortes. Mit zwölf Jahren kam ich zurück zu meiner Mutter nach Dresden und ging wieder in meine alte Privatschule Kox. Dort war ich gern. Der Unterricht fiel mir leicht. Nebenbei lernte ich noch Esperanto, was ich später jedoch nie gebrauchen konnte. Meine Mutter, die im Luisenstift in Berlin, einem privaten Mädchenpensionat, unterrichtet worden war, gab mich dann ins Augusta-Stift nach Potsdam, wo ich als Kriegshalbwaise eine »Freistelle« bekam.

Inzwischen war durch die Inflation das erhebliche Vermögen meiner Mutter zusammengeschmolzen. Wir lebten von der Pension meiner Mutter und Verkäufen von Kunstgegenständen, die wir aus der großen Aussteuer meiner Mutter und dem Erbe meiner Großeltern Pelet-Narbonne gerettet hatten, an Ausländer. Während der Inflation und in den Jahren danach kauften viele Ausländer in Deutschland Schmuck, Glas, Porzellan, Bilder und Antiquitäten aller Art zu billigen Preisen von den verarmten alten Familien auf. Und wir waren froh, wenn sie es taten!

So war es für meine Mutter ein Glück, daß sie diese Freistelle im Augusta-Stift für mich bekommen hatte, die mir außer gutem Schulunterricht den Umgang mit Kindern aus anderen Offiziers- und Landkreisen garantierte. Dies erschien meiner Mutter, die immer noch in der Vergangenheit lebte, so wichtig.

Ich war von April 1926 bis 1928 im Augusta-Stift und

machte dort mein Einjähriges. Anschließend daran wurde ich in der Kapelle des Augusta-Stifts in Anwesenheit der Kronprinzessin Cecilie eingesegnet. Sie schenkte jedem von uns das Buch von Thomas a Kempis mit dem jeweiligen Konfirmationsspruch, von ihr handschriftlich eingetragen. Keiner von uns konnte sich unter dem Inhalt etwas vorstellen. So fiel es, leider unverstanden und ungelesen, im Januar 1945 in die Hände der russischen Armee.

Im Augusta-Stift war ich sehr unglücklich. Der ständige Zwang, der preußische Drill, die Uniform, die wir tragen mußten, die Heucheleien, zu denen wir gezwungen wurden, entsprachen nicht meinem Wesen. Praktisch war alles verboten, was jungen Mädchen, sagen wir ruhig Backfischen, Freude macht, was ihnen das Gefühl gibt, langsam in das Erwachsensein hineinzuwachsen. Wir durften nur Fotos von Eltern und Geschwistern haben. Jungen waren als Spielgefährten streng verboten. Süßigkeiten bekam man nur zum Sonntag aus den Paketen der Eltern zugeteilt. Wir durften lediglich die Bücher aus der Bibliothek des Stiftes lesen. Unsere Briefe mußten offen abgegeben werden und wurden kontrolliert. Nur die Post an die Eltern durften wir zukleben. Niemals konnten wir allein in die Stadt gehen und Einkäufe machen. Geld mußte abgegeben werden, Schmuck und Armbanduhren waren verboten. Ich kann diese sinnlosen und heute unvorstellbaren Verbote und Gebote gar nicht alle aufzählen.

Einmal wurde ich mit dem Tragen der grünen Kokarde bestraft, die man mehrere Tage tragen mußte, um seine »Schande« allen zu zeigen, und im Klassenbuch stand die Eintragung: »Walburg von Schönberg benutzte die dem Lehrkörper reservierte Haupttreppe und sang und pfiff dabei!«

Das war weder ein Heim, noch fühlte man sich geborgen. Der große Vorteil war, daß wir uns gegen die strengen Vorschriften so eng zusammenschlossen, daß daraus Freundschaften für das Leben entstanden. Insofern habe ich es nicht bereut, dort gewesen zu sein. Außerdem war der Unterricht ausgezeichnet. Da wir ständig beaufsichtigt wurden, auch bei den Schularbeiten, habe ich zwangsläufig soviel gelernt, daß ich nach den zwei Jahren im Stift in den letzten drei Jahren bis zum Abitur kaum Schularbeiten zu machen brauchte.

So hatten diese zwei schweren Jahre – wie so vieles im Leben – zwei Seiten, die sich die Waage hielten. Auch wurden die Sprachen Englisch und Französisch außerhalb der Schulstunden geübt. Ich war beide Jahre in einem »englischen« Schlafsaal, wo wir beim Aufstehen und Waschen nur englisch sprechen durften. Das wurde von der Lehrerin überprüft. Bei Tisch hatten wir die Möglichkeit, abwechselnd an einem deutschen, einem englischen oder einem französischen Tisch zu sitzen.

Als ich nach der Konfirmation, gerade sechzehn Jahre alt, zu meiner Mutter nach Dresden zurückkehrte, war dies die langersehnte Freiheit. Meine Mutter ermöglichte mir jede Art von Sport: Reiten, Tennisspielen, Ski- und Schlittschuhlaufen, Florettfechten.

Kurz, ich konnte mich, nachdem ich zwei Jahre eingesperrt war, so richtig austoben – was ich auch gründlich tat. Die Schule machte mir von Obersekunda bis Oberprima keinerlei Schwierigkeiten, und zu den zwei Fremdsprachen Englisch und Französisch kam Latein dazu. Das Lernen von Esperanto hatte ich mangels Sprachgelegenheit inzwischen aufgegeben.

Dresden war keine Heimat für mich, dafür war ich zu sporadisch dort, aber ich wurde heimisch.

Als ich mit achtzehn Jahren das Abitur bestand, wollte ich Journalistik und Sport studieren und hatte bereits einen Studienplatz in Berlin bekommen. Doch meine Mutter bestand darauf, daß ich erst ein halbes Jahr lang Haushalt lernte, und zwar in der Provinz Posen auf dem Gut Gabel bei ihrer Freundin Mika von Loesch.

Mein Widerstand nützte nichts, ich wurde dorthin verfrachtet, wie man im wahrsten Sinne des Wortes sagen kann. Was hätte ich auch tun können? Damals waren wir erst mit einundzwanzig Jahren mündig, Bafög oder ähnliches gab es noch nicht. Ein verbilligter Studienplatz an der Universität als Kriegswaise war schon eine große Vergünstigung.

So kam ich zu Frau von Loesch nach Gabel im Kreis Lissa. Der Kreis war bei der zweiten Teilung Polens 1793 an Preußen abgetreten und 1919 durch den Versailler Friedensvertrag wieder Polen zugeteilt worden. Die deutsch-polnische Grenze verlief direkt an den Feldern des Gutes. Die Besitzer und die Beamten des Gutes wie Inspektor und Förster waren Deutsche, die Dorfbevölkerung und damit die Arbeiter vorwiegend Polen. Das Nebengut Roniken, das auch der Familie Loesch gehörte, wurde von dem deutschen Gutsbesitzersohn Dr. Dietrich Lehfeldt verwaltet. Dieser war, wie auch Loeschs, nach der Option 1919 polnischer Staatsangehöriger geworden.

Zu meinen Haustochterpflichten gehörte es, nachmittags die jungen Pferde von Loeschs einzureiten, und mein Weg führte mich auf einsamen und wegen der jungen Pferde recht riskanten Ritten meist über die Felder von Roniken. So ergab es sich, daß der zunächst um mich besorgte, dann verliebte Dietrich Lehfeldt versuchte, mich zu begleiten. Das Resultat war, daß wir uns verlobten.

Meine Mutter, die mich in die Provinz Posen geschickt hatte, war nun entsetzt. Ihr einziges Kind auf Dauer so weit weg in einem Land zu wissen, in dem politisch ungeklärte Verhältnisse herrschten! Für jede Reise aus und nach Polen brauchte man ein Visum und auch Devisen. Kurz, ich war eingesperrt in einem Land, das schwierige Verhältnisse für die deutsche Minderheit bereithielt. Kulturell konnte uns wenig geboten werden. Es gab einige Theateraufführungen von deutschen Laiengruppen, Vorträge in deutschen Clubs, Treffen in deutschen Verbänden – aber alles gegen den Widerstand der Polen, die die deutsche Minderheit verdrängen wollten. Meine Mutter versuchte alles, um mich von meinem Entschluß abzubringen.

»Bedenke, mein Kind, kein Theater, Kino, Tanz!« schrieb sie

mir. Doch inzwischen hatte ich so viel Freude an dem Landleben, meine Naturverbundenheit überwog alle Bedenken und vor allem natürlich meine Liebe zu meinem neun Jahre älteren Mann, der in allem mehr Erfahrung besaß. In den komplizierten politischen Verhältnissen sah ich eine Aufgabe. Sie schreckten mich nicht ab. Es reizte mich, mich darin zu bewähren, zu beweisen, daß man gerade im Ausland eine gute und bewußte Deutsche sein konnte, um Sympathie für sein Vaterland zu erwerben. Ich nahm die politische Herausforderung bewußt und freudig an! Am wichtigsten erschien mir, die polnische Sprache zu erlernen, denn wie sollte ich mich mit einem polnischen Paß und in Polen lebend einleben können, wenn ich die Landessprache nicht verstand?

Laut Dokument der Heimatauskunftsstelle HOK Wartheland/Polen hatte Lehfelde 1910 genau 400 Einwohner, bei denen keine Volkszugehörigkeit angegeben wurde. Alle hatten deutsche Pässe, also waren sie für die deutschen Behörden »Deutsche«. Im Jahr 1921, zu polnischer Zeit, hatte Powodowo, wie es nun wieder hieß, nachdem es 1919 laut Versailler Vertrag an Polen abgetreten werden mußte, in demselben Dokument 366 Einwohner, davon 307, die sich als Polen erklärten, und 59 Deutsche. Also ein Dorf mit zwei Volkszugehörigkeiten und vorwiegend polnischer Bevölkerung nur zehn Kilometer von der neuen deutsch-polnischen Grenze. Als ich 1932 heiratete, gab es drei deutsche Familien im Dorf – außer den Stellen des Inspektors, Gärtners und Försters, die wir bewußt nur mit Volksdeutschen besetzten. Zur polnischen Zeit hatte ich immer nur deutsche Mädchen im Haus, Töchter deutscher Bauern aus der Umgebung. Als wir 1939 durch die deutsche Besetzung zum »Warthegau« erklärt wurden, waren nur die Kinderschwester und ein Mädchen deutsch. Köchin, Küchenmädchen, Diener-Chauffeur, Kutscher waren Polen, denn die Deutschen waren zum Militärdienst eingezogen oder zu den Parteiämtern abkommandiert.

Doch zurück zum Jahr 1932, dem Jahr, in dem ich heiratete

und als viel zu junge Gutsfrau mit neunzehn Jahren in Lehfelde einzog. Trotz der Sprachschwierigkeiten, denn die jungen Leute im Dorf konnten nach dreizehn Jahren polnischer Herrschaft nicht mehr deutsch, trotz der völlig anderen Verhältnisse als im »Reich«, wie wir Deutschland damals nannten, wurde ich sofort heimisch. Vom ersten Jahr an, das ich in Lehfelde verlebte, war es meine HEIMAT!

Gerade das einfache Leben auf dem Lande, das Fehlen von Dingen, die im Reich selbstverständlich waren – modische Kleidung, hübsche Haushaltsgegenstände und Möbel – verbanden mich noch mehr mit dem Ort. Man mußte sich Geschenke und schöne Dinge für das Haus selbst basteln und schaffen. Zeitungen und Bücher bekamen wir aus dem Reich. Aber für alle kulturellen Veranstaltungen mußten wir selbst sorgen. Dabei halfen uns die sehr guten deutschen Organisationen.

Da auf polnischem Territorium viele Minderheiten wie Deutsche, Ukrainer, Litauer, Weißrussen und Juden lebten, taten die Polen sich schwer, einen einigermaßen funktionierenden Staat aufzubauen. Darauf beruhte auch die Hoffnung der Deutschen, das Gebiet wieder für Deutschland zurückgewinnen zu können.

Merkwürdig und für meine späteren Handlungen ausschlaggebend war, daß ich zwar immer einkalkulierte, mal zu Polen und mal zu Deutschland zu gehören, aber nie auf die Idee kam, den Ort zu verlassen, der meine Heimat und der Geburtsort meiner Kinder geworden war. Endlich hatte ich nach den unruhigen Jugendjahren einen Ort gefunden, der mir »Heimat« war.

Ich war bereit, die Zugehörigkeit zu Polen wie zu Deutschland, jede wirtschaftliche und jede kulturelle Einschränkung in Kauf zu nehmen. Aber ich war nicht bereit, diese Heimat, in der die Familie meines Mannes seit 1855 lebte, nun in der vierten Generation wieder zu verlassen. Nicht der Besitz war wichtig für mich. Wichtig war, daß man dorthin gehörte, daß man Weg und Steg kannte, und daß man eine Verantwortung für die Menschen im Dorf trug. Ganz besonders verbindend fand ich die Forstwirtschaft. Ich liebte den Wald. Dort pflanzte man Schonungen an und wußte, daß man selbst keinen Nutzen davon haben würde. Man schlug Bäume, die die Vorfahren vor sechzig bis achtzig Jahren gepflanzt hatten.

Wenn die Leute im Dorf krank wurden, dann kamen sie zunächst ins »Schloß«, wie fast jedes Gutshaus genannt wurde. Und wir — meist war ich es, denn Dietz war im Betrieb bei der Arbeit, hörte mir ihre Leidensgeschichten an und riet, was sie bekommen sollten: Rizinus, Umschläge, Stärkungsmittel oder Aspirin. Wenn die Sache ernster aussah, rief ich den Arzt in Wollstein an.

Der Arzt wurde von uns monatlich mit einer Pauschale bezahlt. Er kam dann ins Dorf und ordnete, wenn nötig, den Transport ins Krankenhaus an. Das geschah aber sehr selten. Kinderkrankheiten, normale Grippen, Verstauchungen oder Entbindungen wurden im Dorf gepflegt beziehungsweise vorgenommen. Bei schweren Fällen machte ich Krankenbesuche. Das mir von meiner Mutter und im Augusta-Stift anerzogene preußische Pflichtbewußtsein, die Fürsorge für die Menschen im Dorf ohne Ansehen, ob diese polnisch- oder deutschstämmig, katholisch oder evangelisch waren, band mich immer mehr an die Heimat.

So waren wir, als wir am 21. Januar 1945 beim Herannahen der russischen Armee in eisiger Winternacht Lehfelde in Pferdewagen verlassen mußten, »Flüchtlinge, die ihre HEIMAT verließen«.

Wir lebten bis April 1945 auf dem Lande bei Freunden und wurden, als sich auch dort die Russen näherten, »Flüchtlinge, die vor einer Gefahr, in diesem Fall Lebensgefahr, aus einem Ort flohen«, den sie kurz vorher aufgesucht hatten.

Im April 1950 flohen wir erneut, diesmal aus dem Kreis Torgau, der damaligen sogenannten Ostzone. Dort hatten wir uns in den fünf Jahren von 1945 bis 1950 wieder ein Heim geschaffen. Doch niemals war es eine Heimat für uns, obwohl uns das kommunistische Regime aus dem Besitz der Frau von Heynitz vierzig Morgen Land als Siedler übereignet hatte. Wir flohen, weil man uns, die wir mit den politischen Verhältnissen nicht einverstanden waren, verhaften wollte. »Flüchtlinge, deren Freiheit bedroht war«. Nach aufregender Flucht, jedes Familienmitglied für sich, nur ich mit dem jüngsten damals fünfjährigen Sohn Jobst zusammen, kamen wir nach Zwischenaufenthalt in Berlin in Bremen an. Wir hatten jeder nur 100 DM in der Tasche, aber unsere körperliche und geistige Freiheit gerettet.

Damit endet mein Buch *Gut Lehfelde – eine deutsche Geschichte 1932–1950*. Wie der Aufbau einer Existenz als Flüchtling in diesen Jahren aussah, wie wir selbst in das Wirtschaftswunder hineinglitten, davon will ich in diesem Buch erzählen.

In der Baracke

Am 28. April 1950 schliefen wir die erste Nacht in »unserer Baracke«. Als Betten dienten uns die aus Lehfelde mitgebrachten Matratzen. Wir ahnten nicht, daß uns die Baracke für sechs Jahre ein Heim sein sollte, daß wir uns schließlich darin so »heimisch« gefühlt haben, daß wir sie nur ungern verließen.

Nach unserer Ankunft in Bremen am 26. April 1950 hatte uns Edu Schilling, unser Freund und Besitzer einer Kaffeefirma, zunächst für zwei Nächte in einem kleinen Hotel in der Nähe der Baracke untergebracht. In der leeren Baracke lagerten die vielen Pakete und die fünf Kisten, die wir aus der Ostzone hatten schicken können. Zu dieser Zeit war es erlaubt, Pakete mit gebrauchten Sachen bis zum Gewicht von fünf Kilogramm von Ost- nach Westdeutschland zu schicken.

Die Kisten waren für den Transport nach dem Westen extra von einem Tischler in einem Nachbardorf von Dröschkau, Kreis Torgau, angefertigt worden, wo wir von 1945 bis 1950 gelebt hatten. Sie kamen mit normalen Versandpapieren – von einer 80jährigen Tante Schönberg, als Erbgut für ihren Sohn deklariert – in den Westen und wurden zur Firma Kaffee-Schilling umdisponiert.

Nun packten wir aus und versuchten, uns so gut es ging mit den wenigen Habseligkeiten einzurichten. Ein kleines Zimmerchen am Ende der Baracke diente uns fünf Personen als Schrank. Dietz, mein Mann, bei der Firma Kaffee-Schilling angestellt, hatte neue Kaffeesäcke mitgebracht. So bekam jeder von uns einen Kaffeesack, den er auf die Erde legte und darauf seine Wäsche und Pullover stapelte. Die Kleider hängten wir auf Nägel, die wir in die Holzwände der Baracke schlugen. Wir bekamen sogar einige Kleiderbügel geschenkt.

Die Kisten wurden als Möbel benutzt. Zwei Kisten wurden umgestülpt, mit Teppichen bedeckt und zu Tischen erklärt. Eine Kiste hoch aufgestellt, mit einem Einlagebrett versehen, wurde zum Küchenschrank umgearbeitet.

Die Baracke hatte nach der Zerstörung der Geschäftsräume der Firma Kaffee-Schilling als Büro gedient. So waren sieben winzige Stübchen entstanden, die immer zu zweit durch ein eisernes Öfchen verbunden waren, das in dem Verbindungsloch der Wand stand. Es befanden sich auch zwei Toiletten in der Baracke mit kleinen Handwaschbecken, aber ohne warmes Wasser.

Das eine Zimmer erklärten wir zur »Küche«. Aber zunächst war außer der Kiste, in denen unsere wenigen Küchensachen standen, nichts, was an eine Küche erinnerte. Weder ein Wasserhahn noch ein Ausguß. Wir kochten auf einer elektrischen Kochplatte mit zwei Kochstellen und holten uns das Wasser aus dem Kaltwasserhahn in der Toilette.

Aber Edu Schilling kümmerte sich rührend um uns, und Ende Mai, also bereits einen Monat später, war das Schlimmste vorbei. Wir bekamen einen Wasseranschluß mit Ausguß und zum Abwaschen einen kleinen elektrischen Boiler.

Schilling hatte inzwischen sein altes Geschäftshaus, die Weserburg, mit Büro, Lagerräumen und Versandhallen wieder aufbauen können und bezogen. So war die Baracke freigeworden. Sie stand auf einem zerbombten Grundstück, Kurfürstenallee 2a, das Schilling gehörte. Auf dem großen Vorplatz zur Schwachhauser Heerstraße 83 gab es zwei Garagen und Parkplätze. Hinter der Baracke befand sich ein kleiner Garten mit Rasen und einigen Bäumen. Zur Kurfürstenallee hin war während des Krieges eine Voliere für Hühner geschaffen worden, die wir dann als Hundezwinger benutzten.

Der reichliche Platz um die Baracke herum und die Tatsache, daß man dort nichts zerstören konnte, denn das hatten die Bomben besorgt, war ideal für die Kinder zum Spielen und später für meine jungen Setterhunde zum Toben. Das bot uns einen Ausgleich für die primitive Baracke und gab uns fast das Gefühl, »auf dem Lande« zu sein.

Von dem wenigen geretteten Geld, pro Person 100 DM, kauften wir eine alte Nähmaschine und zwei gebrauchte Fahrräder. Unsere beiden rostigen Räder aus der Ostzone hatten wir zunächst nach Berlin befördern lassen, und waren dann mit viel Angst über die Grenze von Ost- nach Westberlin geradelt, und hatten sie schließlich als Luftfracht bis Bremen geschickt. Mit dem Erwerb von zwei weiteren alten Radruinen waren wir nun wieder »verkehrstüchtig«. Allerdings kostete das Schlauchflicken abends dem armen Dietz oft viel Zeit.

Am 2. Mai trat Dietz seine Stellung als juristischer Berater in der Firma Schilling an. Dieser Posten war extra für ihn geschaffen worden. Er bekam 500 DM Gehalt, die Wohnung in der Baracke frei und nicht zu vergessen: ein Pfund Schilling-Kaffee pro Monat! Wir waren dankbar und zufrieden.

Dietz stand auf dem Standpunkt, daß unsere Lage unsicher sei und er nicht wisse, ob wir geborgtes Geld auch zurückgeben könnten. So wollte er für die unbedingt notwendigen Anschaffungen keinen Kredit aufnehmen. Das erschwerte mir das Leben als Hausfrau sehr. Mir fehlten Eimer, Besen, Putzlappen – kurz, die primitivsten Dinge des Haushalts. Mit einem Kredit von nur 1000 DM hätten wir das Nötigste anschaffen können.

Aber bei den vielen Reisen von Dröschkau nach Berlin hatte ich in Koffern und Taschen die geretteten Silbersachen in den Westen bringen können. So verfügten wir über Kannen, Schüsseln und vor allem Bestecke aus Silber. Die wurden nun täglich benutzt, denn sie mußten alle einfachen, im normalen Haushalt selbstverständlichen Gerätschaften ersetzen. Sie liefen an, wurden unansehnlich und mußten geputzt werden. Zu einer Bremer Dame, die uns besuchte, soll ich gesagt haben: »Bei der nächsten Flucht nehme ich kein Silber und kein Zinn mit.« So erschien diese liebenswerte Dame eines Tages in unserer Baracke und schenkte mir ein Silberputztuch. So eine Bequemlichkeit kannten wir aus dem Osten nicht. Das waren die kleinen Freuden des Lebens, die kleinen Dinge, die von Hilfsbereitschaft und Sympathie sprachen, und die uns so gut taten.

Wir hatten die schönen Zinnteller und -löffel aus der alten Anrichte in der Diele in Lehfelde auf den Treck mitgenommen. Diese brauchte man nicht zu putzen. Aber sie waren unpraktisch. Sie waren ziemlich schwer, wurden durch heiße Gerichte sehr warm und hinterließen Ränder auf den Tischplatten und ließen sich kaum anfassen. Außerdem nahmen manche Gerichte einen sonderbaren Geschmack an. Die Löffel waren so groß, daß wir sie kaum in den Mund brachten. Ob unsere Vorfahren größere Münder gehabt hatten? Das Zinn stammte aus dem 18. Jahrhundert.

Die kleinen Geschenke und die unerwartete Fürsorge taten uns gut. Denn oft erlebten wir Dinge, die den Menschen wohl nicht bewußt waren, die uns aber tief verletzten. Wenn der Herr aus dem Vorderhaus mit der Melone auf dem Kopf zur Handelskammersitzung ging und sein Mercedes mit Chauffeur vorgefahren war, schnitt er mir grußlos den Weg ab und stolzierte zuerst durch die Gartenpforte, während ich mein rostiges Fahrrad hinterher schob. Leicht ist es uns von den Bremer Kaufleuten nicht immer gemacht worden! Doch rückblickend empfinde ich große Dankbarkeit, daß wir uns in Bremen ein neues Heim schaffen konnten, und daß wir doch sehr viel mehr Freundschaft als unangebrachten Hochmut erlebten.

Doch nun zurück zu unserem Alltag ohne die nötigsten Gebrauchsgegenstände. Wir hatten Kleidungsstücke aus meist sehr guten Stoffen aus Lehfelde gerettet. Wir hatten unsere Verkehrsmittel, die alten Fahrräder, mit denen auch Dietz in das relativ weit entfernte Büro radelte. Aber ... In der Küche für den Haushalt hatte ich praktisch nichts.

Ich besinne mich noch, wie Dietz zum ersten Mal zu unserem Freund, dem Forstmeister Keck, nach Hannover fuhr, der uns in Lehfelde als Besatzungsoffizier im Polenfeldzug so sehr geholfen hatte. Ich konnte nicht mitfahren, denn zwei Fahrkarten wären zu teuer gewesen. So bat ich Dietz: »Wenn sie dich fragen, was uns fehlt – Dinge, die sie vielleicht doppelt haben, dann bitte doch um ein Holzbrett zum Schneiden in der Küche«. Ich erwähne dies nur, um deutlich zu machen, um welch primitive Dinge sich meine Wünsche drehten. Natürlich kam Dietz ohne Küchenbrett wieder, denn Dietz war nicht der Mann, solche Bitten vorzubringen. Wenn ich mich recht erinnere, brachte er Bücher mit. Auch das war sehr schön, obwohl wir in diesen Genuß am leichtesten kommen konnten. Es gab gute und billige öffentliche Bibliotheken und 1950, was Bücher anbelangt, schon einen für uns ungewohnten »Wohlstand«!

Die Menschen, die ihre Geschäfte wieder aufbauten, hatten, selbst wenn sie ausgebombt gewesen waren, in ihren neuen Wohnungen teils gerettete, teils neue Möbel. Sie verdienten genug, um sich das kaufen zu können, was sie brauchten. Die meisten Ehepaare, die in den Schilling-Häusern um uns herum wohnten, hatten bereits wieder Autos, einige sogar mit Fahrer, sowie Hilfen im Haushalt. Auch Schilling besaß mehrere Wagen und Fahrer. Es war fast wie vor dem Krieg. Am 27. Mai schickte uns Tante Tilde Martin aus Koblenz Möbel aus der zerbombten Wohnung eines Onkels von Dietz, die ziemlich beschädigt waren, da sie einige Zeit in einer Ruine ohne richtiges Dach gestanden hatten. Doch Dietz bastelte, leimte und malte abends und an den Wochenenden unermüdlich daran herum. Die Erziehung und Ausbildung im Internat des Arndt-Gymnasiums in Berlin-Dahlem, in dem man auch auf handwerkliches Arbeiten großen Wert gelegt hatte, bewährte sich hier sehr. Außerdem kam Dietz natürlich zugute, daß wir vieles bei unseren eigenen Handwerkern in Lehfelde, wie Schmied und Stellmacher, hatten anfertigen lassen, und er diese immer angeleitet und beobachtet hatte.

Im Lager, einem großen Raum am Ende unserer Baracke, gab es Stoffballen, die zum Export nach Afrika und Mittelamerika — wohl auch im Austausch gegen Kaffee — bestimmt waren. Davon konnten wir der Firma Schilling zu günstigen Preisen einiges abkaufen. Ich nähte daraus Kleidung für die Kinder, die aus den alten Sachen inzwischen herausgewachsen waren. Wir brauchten auch Gardinen vor den kleinen Barackenfenstern, da sonst jeder bei uns hereinsehen konnte. Ich bemühte mich, die verschlissenen Bezüge der alten Sessel von Onkel Eugen zu benähen. Dazu kam mir die gleich nach unserer Ankunft in Bremen gekaufte Nähmaschine sehr zustatten.

Ein großes Problem war die Wäsche. Mit dem kleinen elektrischen Boiler konnten wir nicht waschen, und um die Wäsche wegzugeben, hatten wir kein Geld. Nun lag unsere Baracke hinter dem gut erhaltenen Haus Kurfürstenallee 2a, das im Besitz von Edu Schilling war. Dort befand sich eine Waschküche, und die durfte ich benutzen. Doch dort gab es nur einen mit Kohle und Holz beheizbaren Kessel und hölzerne Waschtröge mit Rubbelbrett. In dieser Waschküche erwies ich mich nun keineswegs als Künstlerin. Zunächst wollte das Feuer einfach nicht brennen. Dann stand ich ziemlich hilflos vor den großen Laken und Bettbezügen, nachdem die endlich mit Seifenpulver gekocht worden waren. Zum Spülen und Auswringen gehörten Kraft und Geschicklichkeit, die ich nicht hatte. So habe ich diese Waschtage noch immer in schrecklicher Erinnerung. Hatte ich den Kessel endlich richtig angeheizt, mußte ich schon wieder in die Küche der Baracke, um das Essen für die Familie zuzubereiten.

Der Entschluß, nach dem Essen und Abwasch wieder in die furchtbare Waschküche zu gehen, war schwer, aber ich mußte dorthin, um den Rest der Wäsche zu spülen und die Waschküche zu putzen. Die Mieter des Vorderhauses hatten Hausangestellte, die das alles viel besser konnten und natürlich keine unordentliche Waschküche von mir übernehmen wollten.

Das Aufhängen der Wäsche war dagegen im Sommer ein Vergnügen in dem Gärtchen um die Baracke. Wenn es nicht regnete wie so oft in Bremen. Dort gab es Platz, und Dietz hatte Haken für die Wäscheleine an den Bäumen befestigt. Nur die Leine und Wäscheklammern mußte ich mir in den ersten Monaten noch leihen. Zur Anschaffung reichte das Geld nicht, da waren andere Dinge noch wichtiger.

Es kamen die Schulferien des Sommers 1950, und Karin und Jobst sollten ihre Ferien haben! Wolfgang war noch in Jena im Internat. So schickten wir die Kinder zu Freunden. Aber die Reise mit Bekannten – Karin mußte einmal sogar mit einem Lieferwagen fahren, wollten bezahlt sein. Die Kinder benötigten auch neue, passende Schuhe. So war für meine Haushaltswünsche zunächst kein Geld vorhanden.

Jobst wurde am 6. August 1950 sechs Jahre alt, und wir hatten uns bereits bei unserer Ankunft im Mai um seine Einschulung bemüht. Aber man richtete sich stur nach Geburtsstichtagen, und Jobst hätte im Juli oder davor geboren sein müssen. Es wäre einfacher für das Kind gewesen, wenn es gleich Schul- und damit Spielkameraden gehabt hätte. So wären auch meine Möglichkeiten größer gewesen, schon damals etwas dazu zu verdienen. Doch es gelang uns nicht.

Doch nun will ich den Lesern, die *Gut Lehfelde* nicht kennen, erst einmal von unserer Familie erzählen. Mein Mann Dietz, 1903 geboren, war Dr. jur., Referendar und gelernter Landwirt. Er hatte seinen Assessor nicht machen können, da er durch die Abtretung der Provinz Posen an Polen nach 1919 polnischer Staatsangehöriger geworden war. Aber er war in Deutschland zur Schule gegangen und hatte das Abitur auf dem Arndt-Gymnasium in Berlin gemacht. Dann hatte er Jura in Freiburg und München studiert und seine Doktorarbeit und sein Referendarexamen in Breslau abgelegt. Wie alle Volksdeutschen in Polen hatte er danach anderthalb Jahre polnischen Militärdienst absolvieren müssen.

Verschiedene Lehrstellen auf deutschen Gütern in der ehemaligen Provinz Posen bildeten den Abschluß seiner Ausbildung zum Landwirt, bevor er dann 1932 die Bewirtschaftung des väterlichen Guts Lehfelde übernahm, auf dem wir so glückliche Jahre verlebten. Als mein Schwiegervater 1937 starb, erbte Dietz das Gut und zahlte mit dem in Deutschland geerbten Geld und Zuwendungen aus Lehfelde seine Schwester Vera Rimann aus. Sie lebte nach 1932 im Altreich, wie wir Deutschland damals nannten. Mein Schwiegervater hatte für sie, ihren Mann und ihre beiden kleinen Jungen das Gut Eichstädt bei Berlin gepachtet.

Die Großeltern, Dr. Gustav und Elise Lehfeldt, starben im Januar 1935 innerhalb von vierundzwanzig Stunden nebeneinander in ihren Betten, ohne daß der Überlebende den Tod des anderen wahrnahm. Sie waren zweiundneunzig und einundneunzig Jahre alt. Dies ist eine so seltene Gnade des Schicksals, daß sie verdient, aufgezeichnet zu werden. Nach dem Tod der Großeltern siedelten Rimanns von Eichstädt nach Borkau über, und unser Schwager, Hans Rimann, übernahm für die Erbengemeinschaft die Bewirtschaftung. Er war gelernter Landwirt, passionierter Jäger, und stammte von einem Gut in der Provinz Posen, war damals also Volksdeutscher wie wir.

Nachdem ich 1931 in Dresden das Abitur gemacht hatte, schickte mich meine Mutter als Haustochter auf das Gut Gabel im Kreis Lissa in der Provinz Posen (damals Polen).

In Gabel lernte ich Dietz kennen, der das Nebengut Roniken verwaltete. So kam es, daß wir uns verlobten — natürlich zu Pferde, wie hätte es für mich, eine so begeisterte Reiterin auch anders sein können. Außer dem Sommer als Haustochter auf Gut Gabel hatte ich also keinerlei Erfahrung mit der Haushaltsführung. In Lehfelde hatten wir, wie in den östlichen Gebieten üblich, viele Hausangestellte. Ich besprach die Arbeit abends mit der Köchin und dem ersten Stubenmädchen, aber mir fehlte jede eigene Praxis.

Die schrecklichen Jahre der Flucht und die Zeit in Dröschkau zwangen mich zunächst dazu, auf dem Felde und im Garten zu arbeiten, um Eßbares zu beschaffen. Die Mahlzeiten waren sehr einfach, da wir außer Graupen, Kartoffeln, Sirup und Milch kaum etwas zu essen hatten. Morgens aßen wir Grütze mit Milch und Sirup und tranken Gerstenkaffee. »Himmel und Erde« war unser Lieblingsgericht: Kartoffelbrei mit Apfelmus und – wenn man ihn hatte – ein bißchen ausgelassenen Speck darüber. So waren meine Kochkünste recht bescheiden.

Da wir alle auf dem Feld arbeiteten, und die Kinder ständig die große Treppe in den Garten hinauf- und hinunterliefen, wurde nur der gröbste Schmutz beseitigt. Richtig geputzt konnte nicht werden. Es gab auch gar keine Reinigungsmittel bis auf schlechte Besen und Tücher, und selbst die waren knapp.

In Bremen war ich dann von sehr akkuraten Hausfrauen umgeben, die über Putzhilfen und genügend Geld für Lebens- und Reinigungsmittel verfügten. Mit großer Bewunderung stellte ich fest, daß man sonnabends sogar die Messingklinken der Eingangstüren und die Wasserhähne im Vorgarten zum Glänzen brachte. Zum Essen wurden gestärkte Tischdecken und Servietten aufgelegt. Dem allen stand ich ziemlich mittel- und hilflos gegenüber.

Unser ältester Sohn Wolfgang, geboren 1933, war in Jena im Internat, als wir aus der DDR flohen. Damit er sein Schuljahr beenden konnte, ließen wir ihn bis Weihnachten dort. Da das unauffälliger war, hatten wir ihm einen Teppich und ein paar große Koffer nach Jena geschickt. Die bekamen wir dann 1950 von dem Internatsleiter Dr. Trüper über Schleichwege nach Bremen geschickt. Sie leisteten uns gute Dienste, wie überhaupt jeder Gebrauchsgegenstand in dieser Zeit eine Kostbarkeit für uns war.

Unsere Tochter Karin, geboren 1935, wurde einen Tag nach meiner Flucht mit dem kleinen Jobst von Frau von Kuczkowski, einer guten Bekannten, aus Torgau mit dem Zug zu uns nach Berlin gebracht. In Bremen kam Karin dann in die Vietorschule, die unserer Baracke gegenüber an der Schwachhauser Heerstraße lag. Sie gewöhnte sich schnell ein, kam gut in der Schule mit und brachte viele Freundinnen mit nach Hause.

Eine große Hilfe war uns, daß die Lateinlehrerin der Schule Karin in ihrer Freizeit umsonst Nachhilfestunden gab, damit sie den Leistungsstand der Klasse erreichte. Karin hatte in der Ostzone lediglich Russisch und Englisch gelernt.

Für den 1944 geborenen Jobst gab es zunächst kaum Kinder in seinem Alter. Zum Glück konnte er sich wenigstens auf dem großen Platz vor, und in dem kleinen Garten hinter der Baracke austoben. Als uns dann die geliebte Setterhündin Asta mit einem Lastwagen nachgebracht wurde, hatte unser kleiner Sohn einen Spielgefährten. Wir hatten Asta vor der Flucht nach Berlin in Torgau bei der Familie Kuczkowski zurückgelassen, die sich des Hundes rührend angenommen hatten.

Wir waren glücklich, nun in einer Demokratie zu leben, in der man seine Meinung äußern konnte und frei war in seinen Handlungen. Welch ein Unterschied zu der damaligen Ostzone, wo man selbst seinen Freunden gegenüber vorsichtig sein mußte wie einst zur NS-Zeit, und wo man ständig bespitzelt wurde. Man wagte nicht, sich zu irgend etwas zu äußern. In jeder Versammlung, auch wenn es nur um den Anbau von Kartoffeln ging, wurde zunächst Stalin und das kommunistische System gelobt. Jedes Theater, jeder Film war »motiviert«. Für das Geld gab es nichts zu kaufen. Sobald man Beziehungen zu dem Westen hatte oder gar Care-Pakete aus den USA bekam, war man verdächtig.

Wie groß die Ablehnung jeder Hilfe aus dem Westen war, zeigte sich darin, daß Karin eines Tages auf dem Weg zur Schule im nächsten Dorf von den Kindern verprügelt wurde, weil sie an diesem Tag nicht wie sonst und wie alle anderen Holzpantinen trug, sondern bereits getragene Lederschuhe aus einem Care-Paket.

Am schlimmsten war, daß oft versucht wurde, Menschen mit Beziehungen zum Westen zu Spionagediensten zu gewinnen. Nun waren wir auf einmal freie Menschen, die ohne Angst leben konnten. Für das wenige Geld, das wir verdienten, konnten wir in den Läden alles kaufen, ohne Beziehungen oder Tauschobjekte haben zu müssen. Nach den schrecklichen Jahren der NS-Herrschaft und den fünf Jahren unter dem kommunistischen System in der Ostzone kam man innerlich wieder zur Ruhe, kam man zu sich selbst. Wir waren darüber sehr dankbar.

Andererseits empfand ich die erste Zeit in der Bundesrepublik aber auch bitterer als die Jahre in der Ostzone. Dort hatte niemand Geld und größeren Besitz gehabt. Alle, ob Flüchtlinge, ob Einheimische, die durch das Kriegsgeschehen und die sowjetische Armee Verluste erlitten hatten, waren arm und lebten, wenn auch teils in eigenen Häusern, von der Hand in den Mund. Dazu kam, daß das dortige kommunistische System Besitz nicht zuließ. Folglich wußten diejenigen, die noch etwas besaßen, nicht, ob sie es behalten konnten. Der Unterschied zwischen Flüchtlingen und Einheimischen war nicht sehr groß.

Dietz, der ein ausgezeichneter Landwirt war, hatte sich im Kreis Torgau die hervorragende Position des Kreislandwirts erarbeiten können. Dazu hatte er mit seinen beruflichen Leistungen die kommunistischen Vorgesetzten davon überzeugen müssen, daß auch Kapitalisten für das Allgemeinwohl durchaus nützlich sein könnten.

Seine Kenntnisse der slawischen Mentalität nach den zwanzig Jahren unter polnischer Herrschaft haben ihm dabei sicher geholfen. Als er im Jahre 1950 von der Stellung eines Kreislandwirts trotz unserer verdächtigen Vergangenheit als Großgrundbesitzer ins Landwirtschaftsministerium nach Halle berufen wurde, war das eine ungewöhnliche Beförderung. In der Ostzone war Dietz jemand, den man wegen seiner Kenntnisse in der Landwirtschaft anerkannte.

Ich konnte ihm, außer daß ich als Siedlerin für die Ernährung der Familie sorgte, nur wenig helfen. War ich doch mit der Ernährung der fünfköpfigen Familie und den Schulproblemen der beiden Ältesten voll ausgefüllt.

Jobst, der erst ein Jahr alt war, als wir in Dröschkau ankamen, brauchte ständige Betreuung. So war es mir unmöglich, mich weiterzubilden oder einen Beruf zu erlernen. Wir — ein Siedler, den Dietz als Ersatz für sich fand, eine Frau und ich arbeiteten täglich auf dem Feld. Wir nahmen Jobst mit und setzten ihn am Wegrain ab, oder ich vertraute ihn Mutter Heller oder ihrer Tochter an, falls sie uns nicht auch auf dem Feld halfen. Durch die Kenntnisse von Dietz und meine Passion für Hunde und Pferde konnten wir größere Erträge erzielen als die anderen Siedler.

Dietz, der am Wochenende aus seinem Büro in Torgau zu uns in die Siedlung nach Dröschkau kam, bestimmte mit seiner Erfahrung unsere Arbeit während der Woche auf dem Feld. Er beriet uns auch, wie und womit wir die Tiere füttern sollten. Ich arbeitete mich schnell ein und war eine der wenigen unter den Siedlern, die die gemeinsame Drillmaschine für Getreide auch auf Rübensamen »eintarieren« konnte. So nannte man das Einstellen der Maschine auf das Säen von Samen verschiedener Mengen und Stärken.

Mit meiner Zucht der irischen Setter verdiente ich jedes Jahr dazu, denn die jungen Hunde mit Abstammungspapieren verkauften sich gut. Auch brachte uns meine geliebte Anglo-Araberstute Fasana jedes Jahr ein Fohlen. Den Hengst für sie suchte ich persönlich aus. Ich ritt dann zu dem Deckhengst in eine mir unbekannte Gegend. Zum Glück klappte es bei Fasana auch immer gleich bei dem ersten »Sprung«. Denn ohne die Begründung, daß die Stute gedeckt werden mußte, durfte ich nicht reiten. Das war zu »kapitalistisch«, und bei der vielen Arbeit in Feld, Wald (zwei Morgen) und auf dem kleinen Hof hatte ich auch keine Zeit dazu.

So hatten wir es verstanden, »jemand zu sein durch Leistung«, den man zwar wegen seiner Herkunft nicht liebte, aber doch achtete.

Wir waren bitter arm, denn außer den vierzig Morgen Siedlung, die uns das kommunistische Regime zur Verfügung gestellt hatte, und dem Inventar darauf, das wir uns mühsam verdient hatten, besaßen wir nichts – das heißt, nur das, was wir bei der Flucht im Januar 1945 auf dem Treckwagen mitgebracht hatten. Das Land, das uns übereignet wurde, die Möbel, mit denen wir wohnten, haben wir nie als »unsere« betrachtet. Sie gehörten der Familie von Heynitz. Wir besaßen kaum etwas von Wert, das wir hätten mit uns nehmen können. Aber wir hatten nicht mehr und nicht weniger als die Menschen um uns herum.

Nun kamen wir durch die zweite Flucht aus politischen Gründen in eine ganz andere Lage. Wir kamen zu spät. Die meisten Flüchtlinge waren in den Jahren 1945 bis 1948 übergesiedelt. Durch die Währungsreform und die Hilfe der westlichen Alliierten hatten viele Einheimische von 1948 bis 1950 ihre Häuser aufbauen und Geschäfte neu gründen können. Die Flüchtlinge, die bereits angekommen waren, hatten die verfügbaren Stellen erhalten. Wir kamen im April 1950 um fünf Jahre zu spät! In Bremen gab es kaum Möglichkeiten für einen Landwirt, der nicht täglich auf dem Feld arbeiten wollte. Stellen wie in der Verwaltung der Landwirtschaft, Landwirtschaftskammer und ähnliches waren längst in fester Hand.

Wir hatten bei der Flucht in den Westen nicht die Absicht gehabt, uns finanziell zu verbessern. Im Rahmen der Möglichkeiten in der DDR waren wir »gut gestellt«. Was uns zur erneuten Flucht bewog, war nur der Wunsch, der verhaßten Diktatur zu entgehen. Erst lebten und litten wir sechs Jahre unter Hitler, nun fünf Jahre unter Stalin. Alles, was wir zur Zeit Hitlers so bitter empfunden hatten – den Zwang, die Unfreiheit der Gedanken, das Eingeschlossensein – alles das erlebten wir in der stalinistischen Ära wieder. Wir wollten geistig frei sein, nichts gegen das eigene Gewissen tun, nicht mehr lügen und uns verstellen müssen.

In Bremen waren wir jedoch nicht nur sehr arm, wir galten

zunächst auch nichts. Wir waren keine Bremer, nicht »Tagenbare«, hatten weder Geld noch eine Firma. Das waren die Dinge, die hier zählten. Ich fand mich damit ab und betrachtete es mit Humor. Doch Dietz konnte sich schlecht daran gewöhnen. Die Selbständigkeit fehlte ihm, die Tatsache, daß man bekannt und seit Generationen angesehen war. Er wurde bis zu seinem Tode nie wieder das, was er im Osten gewesen war: die selbstsichere, humorvolle Persönlichkeit mit der umfassenden Bildung.

Dazu kam in Bremen die verständliche Abneigung gegen die Flüchtlinge, die den Einheimischen die wenigen Wohnungen und Arbeitsplätze streitig machten. Wie tief diese ungerechte Beurteilung wurzelte, wurde mir im Jahre 1986 klar, als ich auf der Straße eine Dame traf, die ich auf einer Veranstaltung gesehen hatte, auf der mein Buch vorgestellt wurde.

Sie hielt mich an und sagte: »Ich habe mir neulich Ihr Buch gekauft und muß Ihnen sagen, es hat meine bisherigen Ansichten geändert. Meine Mutter hatte immer einen Haß auf die Flüchtlinge, aber nachdem ich las, was Sie durchmachen mußten, habe ich den Flüchtlingen manches abzubitten. Besonders hat mich die Stelle berührt, in der Sie schildern, wie Sie auf dem Treck bei zweiundzwanzig Grad Kälte Ihr Kind in einer Schule trockenlegten, während die Frau neben Ihnen ihr Kind auswickelte, das in seinen nassen Windeln erfroren war. Dies hat mich noch tagelang beschäftigt.«

So war es wirklich gewesen. Wir hatten es uns abgewöhnt, »von zu Hause« zu erzählen. Man nahm ohne weiteres an, daß wir übertrieben. Auch waren die Verhältnisse in den Hansestädten so ganz anders als auf dem Lande im Osten. Bremen war immer mehr nach dem Westen, nach England und zu den USA orientiert. Man wußte doch kaum, wo die ostdeutschen Städte lagen.

Als mein Buch 1986 herauskam, stellte ich mit Erstaunen fest, daß man auf der Fluchtkarte zwei alte deutsche Städte, die nun zur DDR gehörten, falsch geschrieben hatte. Eine andere Generation!

Immer wieder erlebe ich es jetzt in den achtziger Jahren, daß die Generation meiner Enkel sagt: »Ja, unsere Familie kommt auch aus dem Osten.« Wenn ich dann frage woher, wissen sie allenfalls noch Ostpreußen, Pommern oder Schlesien. Aber schon beim Fragen nach den Orten kommt ein Zögern.

»Ja, wie hieß das doch? Irgendwo bei Königsberg oder Breslau, glaube ich.« Daß Königsberg zur Sowjetunion und Breslau jetzt zu Polen gehört, wissen die wenigsten. Meist geht die Unterhaltung dann weiter. »Wir sind auch nie dort gewesen. Die Orte heißen jetzt anders. Wir wüßten gar nicht, wo wir sind. Was sollen wir dort?«

Alle dieses Begegnungen haben mich darin bestärkt, diese Dinge, auch den so schweren Anfang in der Bundesrepublik, aufzuschreiben.

In Bremen kannten wir außer Edu Schilling, der sich zunächst sehr um uns kümmerte, nur noch das Ehepaar Bünemann, das 1937 auch in Sulden zum Skilaufen gewesen waren, als wir Schilling kennengelernt hatten. Unsere Freundschaft zu Schilling begann bei einer Hochtour in den Alpen.

Edu Schilling hatte sich bei der Abfahrt vom Eisseepaß in fast 3000 Meter Höhe den Knöchel gebrochen. Wir banden ihn auf seine Ski und zogen ihn zu Tal. Damals hat er uns gesagt und es später auch in unser Gästebuch geschrieben, daß er für uns einstehen wolle, falls es uns je schlecht gehen sollte. Daher übernahm er 1944 die Patenschaft für unseren jüngsten Sohn Jobst. Bünemanns hatten im selben Hotel gewohnt und waren mit Schilling gut bekannt, wir waren abends immer zusammen. Als wir nach Bremen kamen, waren sie die ersten Bremer, die uns in ihr Haus einluden.

Wir spielten öfter Bridge miteinander. Sie liehen uns auch einen Schrank, der ihrer Nichte gehörte. Es war der erste, den wir in der Baracke hatten. Ein Fortschritt nach den Nägeln in der Wand. Als die Nichte bald darauf heiratete, gaben wir den weißen Kiefernschrank — ich sehe ihn noch heute vor mir — wieder zurück. Wenn ich Fragen hatte, konnte ich jederzeit zu ihnen radeln, denn sie wohnten nicht weit entfernt. Doch bereits im Juli 1950 ertrank Herr Bünemann auf Norderney. Das Ehepaar war, wie schon oft zuvor, durch die Brandung getaucht, aber diesmal war die Strömung so stark, daß sie nicht zurückschwimmen konnten. Frau Bünemann wurde gerettet, aber für ihren Mann kam jede Hilfe zu spät.

Frau Bünemann hat sich von dem Schock nie wieder erholt und starb bald darauf. So verloren wir diese Bremer Freunde.

Nun aber kamen unsere Freunde aus dem Osten zu Besuch, die wir endlich in Westdeutschland wiedergefunden hatten, wie Tante Sittah Thilo, ihre Tochter Georgy, Poncets, W. Forstmann, Günthers und aus England Herbert Leeser. Sie alle übernachteten bei uns, wenn sie keine Gelegenheit zur Rückfahrt hatten. Wie, ist mir später nie richtig klar geworden. Ich nehme an, daß die Kinder auf Matratzen auf der Erde schliefen, und die Gäste in den »Betten« — wenn man die altmodischen Sprungfedermatratzen auf Beinen so bezeichnen kann.

Typisch für diese Zeit war, daß meine Tante Lotte Pelet, damals über fünfzig Jahre alt, mit einer Vespa — ihre Tochter Marion auf dem Sozius — aus Garmisch bei uns ankam, um eine Nacht bei uns zu bleiben und dann nach Sylt weiterzufahren, wo die Familie Schöppenthau ein Sommerhaus besaß.

Fahrräder, Motorräder — alles war recht, was kein Geld kostete. Eine Eisenbahnkarte war viel zu teuer! Ich hatte diese kleine Episode schon vergessen, aber meine Kinder erinnerten sich daran. Wobei die immerhin etwas »betagte« Dame auf dem Motorroller weniger imponiert hatte als die Tatsache, daß jemand unserer Bekannten ein Häuschen auf Sylt hatte. Welch ein Luxus!

Tief beeindruckt hat mich der Abschied von Raczynskis Sigismund — genannt Six —, war einer der besten Freunde von Dietz aus der Zeit im Dahlemer Internat und später einer unserer besten Freunde und Nachbarn im Posenschen. Es gab eine deutsche Familie Raczynski, die evangelisch war, und eine sehr bekannte polnische Linie, die katholisch war.

Six hatte wie so viele Landwirte keine passende Stellung gefunden und wanderte mit seiner Frau Bertha Luise, geb. von Oppen, und seinen fünf Kindern durch Vermittlung der evangelischen Kirche nach Chile aus. Er hatte sich bisher am Englischen Institut in Stade mit der Bibliothek beschäftigt, was jedoch die Familie nicht ausreichend ernähren konnte. Seine alte Mutter, die Gräfin Raczynski, eine geborene Baltin, früher eine außergewöhnliche Jägerin auf dem fast 50 000 Morgen großen Besitz und inzwischen fast taub, ging mit ihnen in die ungewisse Fremde.

Die alte Gräfin wurde in einer kleinen billigen Pension untergebracht und beide Razcynskis mit den fünf Kindern kampierten irgendwie bei uns in der Baracke auf der Erde. Am 2. Oktober 1950 fuhr ich die Familie mit einem geliehenen Volkswagen mit Gepäck in Etappen zum Bahnhof. Dietz arbeitete bei Schilling und konnte sich nicht freinehmen. So machte ich mit dem Gepäck drei Transporte und jedesmal, wenn wir ankamen, suchten wir wieder eins der Kinder.

Als alle im Zug nach Bremerhaven waren und aus den Fenstern zum letzten Abschied winkten, zog sich mir im wahrsten Sinne des Wortes das Herz zusammen. Du siehst sie nie wieder, durchfuhr es mich. Die alte Gräfin und die Kinder, die sich in alle Welt verheirateten, sah ich auch nie mehr. Zum Glück kam das Ehepaar noch mehrfach nach Deutschland und besuchte uns auch später in der Lothringer Straße.

Raczynskis hatten vor den Kriegen einige ihrer Gemälde als Leihgaben an das Kaiser-Friedrich-Museum in Berlin gegeben, darunter Botticellis »Madonna mit den Engeln«. Als Raczynskis völlig mittellos im Westen angekommen waren, wurde der Besitz des Bildes vom Staat zunächst angefochten. Aber nach einigen Jahren gewann ein Rechtsanwalt den Prozeß — »auf Erfolgshonorar«, denn sie hatten kein Geld, ihn zu bezahlen. Das Bild wurde ihnen zugesprochen und vom Staat angekauft. Davon erwarben Raczynskis später eine Farm in Chile und ein Haus in Santiago. Das Bild ermöglichte ihnen auch ihre Reisen nach Deutschland. Nach kurzem Zwischenaufenthalt in Westdeutschland während der politischen Unruhen in ihrer neuen Heimat gingen Raczynskis nach Chile zurück, wo Six starb. Der 2. Oktober 1950 mit dem Abschied von diesen Freunden ist mir immer im Gedächtnis geblieben und hat mich bedrückt — selbst später, als es ihnen wieder gut ging.

Auch wir dachten an eine Auswanderung und erkundigten uns mehrfach auf der Auswanderungsstelle. Doch wir hatten nirgendwo Freunde, zu denen wir fahren und die uns in der ersten Zeit beistehen konnten. Für Landwirte gab es die günstigsten Angebote in Australien und Kanada. Das war für uns am Ende der Welt. Sollten wir den Kindern das antun? Wir zögerten. Inzwischen war Dietz achtundvierzig Jahre alt und körperlich nicht sehr kräftig. Sowohl Australien als auch Kanada nahmen nur Einwanderer auf, die bereit waren, körperlich zu arbeiten. Dietz war ein ausgesprochen kluger und geistreicher Mann. Aber seine innere Spannkraft, sein Lebensmut, sein Humor waren durch die politischen Verhältnisse während der Kriegszeit, durch den Verlust der Heimat, den Druck in der Ostzone und durch die Armut in der Westzone gemindert, wenn nicht sogar in vielerlei Hinsicht zerstört worden. So bedaure ich es sehr, daß meine Kinder so wenig Erinnerung an ihren einst so strahlenden, geistreichen, humorvollen und kontaktfreudigen Vater haben. Er wurde bis zu seinem Tode, auch dann, als es uns pekuniär schon wieder gut ging, nie wieder die alte Persönlichkeit.

Die Verhältnisse verschoben sich auch innerhalb unserer Ehe. Er, der immer der Führende, mir auch bildungsmäßig Überlegene war, überließ mir resigniert immer mehr Pflichten und Entscheidungen. Ich erkannte die Gefahr sofort und habe dies nie gefördert. Ich sprang nur ein, wenn ich es der Kinder wegen tun mußte.

Doch neben all dem Bedrückenden gab es auch Positives. Im November hatte ein Freund von Schilling, der auch eine Kaffeefirma besaß, mehr aus Versehen als aus Absicht bei einer Versteigerung von Rennpferden die Hand gehoben und fand sich so unvermutet im Besitz eines ausgedienten Rennpferdes wieder. Da er keinerlei Reitutensilien besaß, hatte Schilling ihm geraten, sich mit uns in Verbindung zu setzen, weil wir unsere beiden Sättel und Trensen gerettet hatten. So kam Herr Krochmann zu uns, borgte sich meinen Sattel und bot mir dafür Proben seines ungebrannten Kaffees an.

Damals war Kaffee auch in der Bundesrepublik noch teuer. Wer Gelegenheit hatte, röstete die grünlichen Bohnen in einer Pfanne und mahlte sie in einer der altmodischen Mühlen, die jetzt auf den Flohmärkten teuer gehandelt werden. Ich lehnte das Angebot mit der Begründung ab, daß wir in der Ostzone auch keinen Kaffee gehabt hätten und das eine Pfund von Schilling für unseren Sonntagskaffee reiche. Statt dessen bat ich, das Rennpferd reiten zu dürfen. Darauf ging Herr Krochmann um so lieber ein, als er selbst nicht täglich reiten konnte und ein Rennpferd natürlich viel bewegt werden muß.

So ging ich zum ersten Mal in meinem Leben zum Reiten auf die Rennbahn. Bisher hatte ich bei Rennen nur zugesehen. Das Hinaufwerfenlassen, die Gepflogenheiten der Trainer und Jockeys, waren mir neu. So lernte ich auch dies und das Reiten mit den extrem kurzen Bügeln, mit denen man dressurmäßig kaum Einfluß hatte. Als man wegen des Winters nicht mehr draußen reiten konnte, durften wir die Rennpferde zu bestimmten Stunden in der auf dem Renngelände befindlichen Reithalle reiten. Nun versuchte ich, aus dem Rennpferd langsam ein Reitpferd zu machen, verlängerte die Bügel und änderte meine Reitweise.

Das Reiten war natürlich nicht einfach, besonders bei der Kälte und in der Bahn, wo sich die Pferde nicht auslaufen konnten. Oft buckelte das Pferd, Halali hieß es, und ich lernte, sehr fest zu sitzen, was mir später bei den vielen Reitjagden auf fremden Pferden sehr zugute kam. Ich besinne mich, daß mich Halali einmal buchstäblich herunterkatapultierte. Ich hatte das Gefühl, fast bis an die Decke geflogen zu sein. Zum Glück passierte mir nichts, denn ich wurde mehr denn je zu Hause gebraucht. Mein Kalender, nach dem ich diese Erinnerungen schreibe, vermeldet, daß ich mich nach den schrecklichen Wäschetagen mit dem Reiten tröstete. Auf dem rostigen alten Fahrrad konnte ich zur Reitbahn herausradeln. Das war nicht so weit.

Aber der Winter war gekommen und noch immer fehlten uns so viele dringend nötige Dinge. Ich beschloß, auf der Volkshochschule einen Kurs für Buchführung und einen für Handels-Englisch zu belegen. Das war hart, denn es bedeutete, an vier Abenden nicht zu Hause zu sein, die Kurse waren für Berufstätige gedacht. Lernen mußte ich dafür auch noch. Doch ich mußte versuchen, etwas dazuzuverdienen. Die Stelle, die Dietz hatte, war zwar sicher, aber sie bot ihm, der von Kaffee nichts verstand, kaum Aufstiegsmöglichkeiten. Als Absolvent eines Humanistischen Gymnasiums fehlten ihm mit Englisch und Spanisch, die Sprachen, die in den Kaffeeländern gesprochen wurden.

Natürlich suchten wir immer wieder, auch von Schilling unterstützt, eine andere Anstellung für ihn. Zu jener Zeit bestand jedoch ein Problem, das inzwischen in Vergessenheit geraten ist. Selbst wenn man eine Stelle nachweisen konnte, gab es die Zuzugsgenehmigung in eine andere Stadt nicht so ohne weiteres, und schon gar nicht eine Wohnung. In unserer Baracke hatten wir aber Platz, allmählich wurde sie auch gemütlich.

Der Winter brachte allerdings auch hier manche Probleme. Es gab eben nur die kleinen Kanonenöfchen, die mit Briketts geheizt werden mußten. Wie schon beschrieben, war ein Teil der Wand zwischen zwei Zimmern herausgeschlagen, und der Ofen heizte beide Räume. Also mußte immer einer von uns im Hause sein. Zunächst, um die Öfen anzuheizen, dann nachzulegen und am Morgen wieder zu säubern.

Im Herbst war Anni Heller, unsere Hilfe aus der Siedlung

in Dröschkau, unerwartet als Flüchtling bei uns aufgetaucht. Wir nahmen sie auf, räumten ihr das kleine Schrankzimmer ein, aber ernähren konnten wir sie nicht. Sie nahm eine Stelle in der Wäscherei eines nahe gelegenen Krankenhauses an, dem St. Joseph Stift. Dort war sie den ganzen Tag, aber abends konnten wir uns wenigstens beim Heizen abwechseln. Sie saß sowieso bei uns, zumal ihr Zimmer wie die Küche und unsere Schlafzimmer nicht beheizbar waren. Nachdem wir auf dem Treck und in der Ostzone schon so gefroren hatten, war dies Problem für uns nicht so groß. Außerdem besaßen wir noch unsere Pelze und Filzstiefel aus Polen. Soweit ich mich besinne, schafften wir später kleine elektrische Heizventilatoren an.

Aber das Waschen und Trocknen der großen Wäsche wurde im Winter 1950/51 zu einem Problem, da wir nun sechs Personen in der Baracke waren. Ich weiß noch, daß ich, wenn alle im Bett waren, in dem geheizten Wohnzimmer die Wäschestücke zu trocknen versuchte. Später ließ Herr Schilling seinen Lagerraum in unserer Baracke räumen. Die dort befindlichen Sachen waren besser und bequemer in dem Geschäftshaus untergebracht, von wo aus sie verkauft wurden. So hatten wir dann diesen Raum, um die Wäsche aufzuhängen und unsere fünf Räder unterzubringen. Wieder ein großer Fortschritt. Jobst hatte sich auf einem großen Rad der Geschwister das Radeln beigebracht. Wir kauften ihm ein Kinderrad und konnten sonntags zu fünft Familienradfahrten veranstalten.

Zu Weihnachten 1950 war auch Wolfgang aus dem Internat aus Jena mit einem »Kindertransport«, dann auf Möbelwagen der Firma Schenker über Berlin zu uns gekommen. Weihnachten 1950 gingen wir in die Ansgari Kirche an der Schwachhauser Heerstraße, zu deren Gemeinde wir gehörten. Dankbar bin ich Herrn Pastor Liske, der uns von Anfang an rührend half und die Kinder in Jugendgruppen hervorragend betreute. Dort fanden die Kinder in Freizeitveranstaltungen, Musiktreffen Anschluß und ein zweites Heim.

Zu Weihnachten waren nicht nur Wolfgang und Anni das

erste Mal bei uns im Westen, sondern auch Dorothea von Kuczkowski, die aus Torgau herübergekommen war und bei einer Bremer Familie eine Stelle als Haustochter angenommen hatte. So kam auch ihre Mutter häufiger mal mit Lastwagen und ähnlichen, in dieser Zeit üblichen, Fahrgelegenheiten nach Bremen. Sie wohnte dann bei uns. Schwarzfahrten aus der Ost- in die Westzone waren vor dem Mauerbau 1961 noch möglich, wenn auch alles andere als komfortabel und nicht ganz ungefährlich. Dorothea kam an ihren freien Tagen oft in die Baracke. Ihre Mutter hatte uns die Setterhündin Asta nachgebracht. Sechs Personen und ein großer Hund in der Baracke! Aber immer wieder gab es genügend Schlafgelegenheiten und Essen für Freunde. Wie — frage ich mich beim Schreiben dieser Zeilen.

Ich weiß nur, daß Bechamelkartoffeln und, wie schon beschrieben, »Himmel und Erde« Lieblingsgerichte waren.

Bücklinge und Makrelen waren damals ein billiges Nahrungsmittel, das wir sehr oft abends aßen. Da die Fische fett waren, brauchte man keine Margarine oder gar Butter auf das Brot.

Wolfgang, mein ältester Sohn, erinnert sich dankbar an die Päckchen, die wir ihm nach Jena ins Internat schickten, und in denen sich jeweils ein Würfel Sanella-Margarine befand, die sich die Eltern abgespart hatten, wie er sagte.

Wieder schließt sich der Kreis. Jetzt, 1989, schicke ich Margarine und Pflanzenfett nach Polen in unser Dorf — also Lebensmittel aufs Land... Aber ich brauche mir die Margarine nicht mehr abzusparen. Ich bekomme alles in jedem Lebensmittelgeschäft, und es belastet mein Monatsbudget nicht. Ich lebe im Land des Wirtschaftswunders.

Schritt für Schritt versuchten wir, in Bremen Fuß zu fassen. Zunächst änderten wir unsere Postanschrift: Kurfürstenallee 2a, Baracke, in »Holzhaus«, später in »Gartenhaus«. Dann ließen wir uns für die Eingangstür ein Kupferschild mit der Gravur »Dr. Lehfeldt« machen. Bei dem Umzug in die Lothringer

Straße wurde es durch ein viel edleres Messingschild ersetzt. Aus Nostalgie nahm ich das alte Kupferschild 1974 mit in mein Appartement nach Frankreich. Da dort ein »Dr.« ein Arzt ist, nahm man zunächst immer an, Dietz sei Mediziner gewesen – oder ich. In dem Appartement hängen übrigens, da wir von Nostalgie sprechen, auch die Schlüssel, die wir in der schrecklichen Fluchtnacht am 21. Januar 1945 aus Lehfelde mitnahmen – von Haus, Safe, Speicher, Mausoleum und so weiter. Die Kinder haben sie mir schwarz gefärbt und an ein hübsch grün gestrichenes Wandbrett gehängt.

In einer zerbombten Schule in Bremen-Walle hatte ich einen baltischen Altwarenhändler ausfindig gemacht, der alte Möbel verkaufte, in Zahlung nahm oder umtauschte. Ab und an fuhr, d. h. radelte ich dorthin und suchte mir bei Herrn von Haaken, so hieß der gute und schon recht betagte Mann, alte Möbel aus. Mit dem Auge meines Vaters für Antiquitäten stürzte ich mich auf wirklich alte Dinge, um die ich dann, weil sie schon sooo alt waren, erbittert handelte.

Dafür mußte Herr von Haaken ein paar unserer scheußlichen, meist geschenkten Sachen abnehmen. Ein klobiger Eckschrank von Onkel Eugen, der in die kleine Baracke überhaupt nicht paßte, wurde getauscht. Dafür kam ein wunderschöner alter Eichenschrank von etwa 1790 – allerdings zerlegt und ohne Garantie, daß alle Teile vorhanden seien – für sage und schreibe 100 DM in unseren Besitz. Für den Schrank sind mir inzwischen bis zu 8000 DM geboten worden.

Als wir 1956 in das Haus an der Lothringer Straße zogen, betrieb Herr von Haaken noch sein Geschäft. Inzwischen war das Dach der alten Schule ausgebessert worden, die Sachen nicht mehr so verstaubt und beschädigt, dafür aber auch teurer. Dort habe ich noch manches schöne antike Stück herausgeholt, um das ich immer wieder beneidet werde. Dann wurde die Schule ihrer ursprünglichen Bestimmung wieder zugeführt und Herr von Haaken entschwand bedauerlicherweise meinen Blicken.

Von Anfang an, seit wir uns wieder etwas anschaffen konnten, war ich bestrebt, nur Antiquitäten zu kaufen — selbst wenn sie in schlechtem Zustand waren. Sie konnten später ausgebessert werden und wuchsen ins Geld. Viel später stellte ich in meinem Beruf auch fest, daß man sich an modernen Möbel schnell übersieht. Sie verlieren an Wert und landen vielfach auf dem Sperrmüll oder bei kirchlichen Sammlungen.

So gelang es mir nach und nach, die Baracke wohnlich und, soweit das möglich war, chic zu gestalten. Wesentlich trugen dazu unsere geretteten Teppiche bei, die zunächst bewirkten, daß es nicht mehr so fußkalt war, die dann aber dem Ganzen auch ein gewisses Flair gaben.

Dietz ließ mir bei der Einrichtung freie Hand und freute sich an dem von mir fast ohne Mittel Geschaffenen. Aber 1951, als ich schon die Stelle bei Herrn von Fritsch angenommen hatte, hatte ich mit ihm einen langen Kampf: um ein Telefon. Ich wollte endlich wieder mit den Freunden verbunden sein und meine Lehr- und Arbeitsstelle erreichen können. Doch inzwischen zeichnete sich bereits der Koreakrieg ab. Aus seinen Erfahrungen mit den Russen in Torgau hatte Dietz einen solchen Schock zurückbehalten, daß er auch uns bald wieder von den Russen überrannt sah. Er lehnte Telefon und weitere Anschaffungen ab. »Es lohnt sich nicht, bald sind die Russen auch hier«, sagte er. Mit viel Geduld und Ausdauer erreichte ich, daß ich die aus billigen Hemdenstoffen — ursprünglich für den Afrikaexport der Kaffeefirma Schilling bestimmt — genähten Gardinen durch neue ersetzen durfte. Erleichternd war für mich, daß ich inzwischen dazu verdiente — wenn auch wenig genug. Ich hatte einen zweiten Buchführungskursus an der Volkshochschule absolviert und mich im englischen Institut am »Play reading« beteiligt. Wir lasen englische Stücke mit verteilten Rollen und wollten diese zum Ende des Semesters aufführen. Doch dazu kam es bei mir nicht mehr.

Durch meinen Kinderfreund Püda von Brand, früher Gut Lauchstädt in der Neumark, hatte ich einen anderen Kindergespielen, Thomas von Fritsch, in Bremen wiedergetroffen. Er war Vertreter der pharmazeutischen Firma Grünenthal für den Bereich Bremen. In seiner kleinen Wohnung hatte er sich einen Raum als Büro und im Keller ein Auslieferungslager eingerichtet. Seine reizende baltische Frau, eine geborene von Hahn, war mit Haushalt und zwei Kindern, das dritte wurde erwartet, voll beschäftigt. Er machte tagsüber mit einem Firmen-VW Arzt- und Krankenbesuche. Er brauchte jemanden, der die Apotheken belieferte, Karteien führte und Briefe schrieb. Zum Glück waren es nicht viele. Schreibmaschine schreiben ist nie meine Stärke gewesen.

Fritsch, ein früherer Beamter, war besonders eigen und gab mir jeden Brief mit Tippfehlern und Umschläge zurück, auf die die Marken schief aufgeklebt waren. In ihm hatte ich einen strengen, aber guten Lehrherrn. Die Arbeit bei ihm legte den Grundstein zu meinem späteren Beruf.

Es war das erste Mal in meinem Leben, daß ich für Geld bei fremden Menschen arbeitete. Ich bekam 90 DM im Monat und arbeitete abwechselnd vor- und nachmittags sechs Tage in der Woche. Damals war es üblich, auch am Sonnabend bis mittags zu arbeiten. Von Januar 1951 bis Oktober 1952 war ich dort tätig. Als ich ging, um mich selbständig zu machen, mußte er für meine halbe anderthalb Arbeitskräfte einstellen.

Von den 90 Mark, die ich verdiente, gab ich am Ende des Monats 80 in die Familienkasse. Zehn Mark behielt ich für mich. Ich weiß noch genau, daß ich mir von den ersten zehn Mark eine Reitgerte kaufte. Von dem nächsten Monatsgeld gab es dann Sporen. Reithosen und die Skisachen hatte ich schon aus praktischen Gründen auf den Treck mitgenommen.

Neben der Arbeit bei Fritsch und meinem Reiten belegte ich einen Buchführungs- und Steuerkursus bei der Volkshochschule. Ich tat dies ungern und habe mich auch später nie dazu geeignet. Es erschien mir aber nötig — gerade weil ich nichts davon verstand und es so ungern tat.

Der netten Frau von Fritsch zuliebe nahm ich auch die kaputten Schreibtischstühle in Kauf, an denen ich mir regelmäßig meine kostbaren Nylonstrümpfe aus den Care-Paketen zerriß. Zu dieser Zeit waren Nylonstrümpfe fast unerschwinglich für mich. Hatten sie Laufmaschen bekommen, wurden diese aufgenommen. Dazu brauchte man ein Holzei mit einer Rille und einen kleinen, sehr feinen Häkelhaken. Das war eine arge Belastung für die Augen. Einige unserer Freunde aus dem Osten verdienten sich zu Hause ein bißchen Geld mit dem Aufhäkeln der heruntergefallenen Maschen.

Damals trug man noch Nylonstrümpfe, keine Strumpfhosen. Die Amerikaner schickten uns in den Care-Paketen nur einzelne Strümpfe. Offenbar ließ man in den USA zerrissene »Nylons« nicht reparieren. Es war unserer Geschicklichkeit überlassen, die Strümpfe nach Farbe, Naht und Zwickel so zusammenzustellen, damit man nicht sofort sah, daß es sich um verschiedene Strümpfe handelte.

Karin war inzwischen mit knapp sechzehn Jahren in einem Alter, in dem man heute in Diskotheken geht. Sie bettelte mir eins der kostbaren Paare ab. Mit der Ermahnung, die Strümpfe auf keinen Fall beim Radeln zu tragen, gab ich sie ihr »für gut«, wie man sagte. Natürlich zog sie Karin doch auf dem Rad an, denn sie waren so schick. Und ebenso selbstverständlich fiel sie mit dem Rad um, und beide Strümpfe hatten unreparable Löcher an den Knien. Mit Schrecken denke ich daran, daß ich dem armen Mädchen in meinem Kummer um diesen »Familienverlust« fast eine Ohrfeige gegeben hätte. So schwach waren unsere Nerven nach all den Entbehrungen!

Thomas von Fritsch war Vorsitzender der Bremer Vereinigung des Adels in Bremen. Im Januar 1951 arrangierte er den ersten Adelsball in der *Glocke* in Bremen. Auch Prinz Louis Ferdinand von Preußen und Prinzessin Kyra nahmen daran teil. Alte Fräcke, Smokings mit Mottenlöchern und altmodische, meist geerbte Abendkleider wurden wieder herausgeholt. Das tat aber unserem Vergnügen keinen Abbruch. Wir tanzten bei Coca-Cola und kalter Ente bis in den Morgen. Ein Vetter unseres Freundes Jochen von Loesch aus Posen tauchte im Laufe des Abends auf und bat, bei uns übernachten zu dürfen. So nahmen wir ihn morgens einfach mit. Und es ging. Ich weiß nur nicht mehr wie.

Wolfgang war inzwischen achtzehn Jahre alt. Auf der sehr individuellen Schule des Dr. Trüper in Jena war er nicht für das westdeutsche Abitur vorbereitet worden. So ließen wir durch die Handelskammer überprüfen, zu welchem Beruf er wohl geeignet sein könnte. Es kamen uns wieder die Beziehungen von Schilling zugute, und ich muß dankbar Herrn Dr. Kettler von der Handelskammer erwähnen, der sich des Jungen sehr nett annahm. Merkwürdigerweise stellte man fest – was mir immer ein Rätsel bleiben wird –, daß er sich für Elektrotechnik eignete. Er bekam eine Lehrlingsstelle als Elektriker bei der Autofirma Lloyd Motoren, die zu Borgward gehörte. Er war manuell nicht besonders geschickt und die kleinen Anschlüsse und Schrauben bereiteten ihm einige Schwierigkeiten. Doch er bestand programmgemäß seine Lehrzeit und war auch beliebt bei seinen Arbeitskollegen. Aber sein beruflicher Erfolg bahnte sich erst an, als er nicht mehr im Kleinen basteln mußte, sondern sich in der Verwaltung betätigen konnte, wie später bei den Fernsehanstalten. Seitdem habe ich aber große Bedenken gegen diese Tests und psychologischen Untersuchungen, denen man die Jugend unterzieht.

Im April wurde dann Jobst eingeschult, während Wolfgang bereits sein erstes Lehrlingsgehalt bekam. Das Leben begann nun für mich etwas einfacher zu werden.

Dietz arbeitete seit Beginn acht bis zehn Stunden täglich bei Schilling, was mit dem Weg dorthin etwa neun bis elf Stunden Abwesenheit von zu Hause bedeutete. So lagen die Hauptlast der Betreuung der Kinder und die Behördengänge bei mir.

Das erste Jahr, 1950, hatte hauptsächlich dem Kampf um die nötigsten Dinge wie Wäscheklammern und Töpfe gegolten. Nun konnten wir unsere Kleider in geborgte Schränke hängen, statt auf Nägel, und wir konnten schon mal an eine kleinere Reise oder eine Neuanschaffung denken.

Vertreterin für Ultraschallgeräte

Mit meinem Freund Püda von Brand, der als HNO-Assistenz-arzt im Josef-Stift damals 300 Mark verdiente, fuhr ich in sei-nem alten VW nach Heppenheim. Mein Freund aus Kinderta-gen wollte zu einem Corpsfest nach Heidelberg. Den alten VW konnte er nur halten, weil er ihn zwischendurch vermie-tete. Auch ich zahlte nun die Hälfte der Benzinkosten.

Zunächst besuchten wir die Ziegelei Bonaforte in der Nähe von Holzminden, der wir noch in der Lehfelder Zeit eine Hypothek von 100 000 RM gegeben hatten. Inzwischen war sie nur noch ein Zehntel wert, konnte aber von dem Besitzer dennoch nicht ausgelöst werden. Die Ziegelei stand zum Ver-kauf. Doch wir besaßen kein Geld, sie zu erwerben, und ver-standen auch nichts von Ziegelsteinen und deren Verschiffung auf der Werra. So blieb es bei einer Informationsbesichtigung.

Dann fuhren wir weiter nach Heppenheim, wo der Vetter von Dietz, Dr. Wilhelm Lehfeldt, eine Fabrik für Ultraschall-geräte eröffnet hatte. Dank seiner Tüchtigkeit ging sie gut. Nie werde ich die kleine Episode vergessen, die so typisch für die damalige Zeit war, und die sich kaum noch jemand vorstellen kann. Püda und ich fuhren den VW abwechselnd. Als wir in die Kasseler Berge kamen und die Strecke abschüssig wurde, rief er ganz entsetzt: »Nimm doch das Gas weg und den Gang raus, dann rollen wir kostenlos!« Als ich mich beim nächsten Berg weigerte, weil es mir als zu gefährlich erschien, wurde er ernsthaft böse.

Die Tage, die Püda bei seinem Corps verbrachte, blieb ich bei unseren Verwandten Lehfeldt. Während der Zeit fand gerade eine Schulung für die Vertreter der medizinischen Ultraschallgeräte statt, die die Fabrik herstellte. Ein Koffergerät, wie wir es damals nannten, kostete 1500 DM und ein Standgerät für größere Praxen und Krankenhäuser 3000 DM.

Ich nahm an der Schulung teil und ließ mir anschließend in der Firma das Gerät und seine Handhabung nochmals genau erklären. Zum Ende meines Aufenthalts bat ich Wilhelm Lehfeldt darum, uns ein Koffergerät zur Probe mitzugeben. Durch meine Arbeit bei Fritsch kannte ich die Bremer Ärzte und hatte gelernt, mit ihnen umzugehen. Das Ultraschallgerät bedeutete keine Konkurrenz für pharmazeutische Präparate. Püda war Arzt und kannte die ärztlichen Anwendungen dafür und konnte seinen Kollegen davon erzählen. Also wollten wir versuchen, mit meinen neu erworbenen Kenntnissen ein Gerät zu verkaufen.

Wilhelm Lehfeldt ging darauf ein. Natürlich blieb der Vertrieb einzig und allein an mir hängen, denn Püda durfte nicht in den Verdacht geraten, neben seiner ärztlichen Tätigkeit kommerzielle Interessen zu verfolgen. Außerdem verstand er davon noch weniger als ich, die ich wenigstens eine dreitägige Schulung mitgemacht hatte.

So fing ich nach meiner Rückkehr Ende Juni mit meinen Bemühungen an. Nachdem ich vormittags bei Fritsch gearbeitet und über Mittag die Familie versorgt und die Wohnung saubergemacht hatte, fuhr ich nachmittags die Ärzte besuchen. Das kostbare Gerät im braunen Lederkoffer wurde auf dem Gepäckträger meines rostigen Fahrrades vertäut. Ich radelte von Arzt zu Arzt. Natürlich war zunächst alles umsonst. Wie ich diesen erfolglosen Anfang durchgestanden habe, weiß ich heute selbst nicht mehr. »Not lehrt beten«, ist die einzige Erklärung. Ich wußte nur, es mußte etwas geschehen, wenn wir aus der Misere heraus wollten. Und das mußten wir doch auch wegen der drei Kinder!

Ultraschall war damals gerade erst zu medizinischen Zwecken entwickelt worden und kaum bekannt. Die Ärzte hatten in ihrer Ausbildung noch nichts davon gehört. Also mußte man sie dafür interessieren. Bei jedem Besuch lernte ich aus den Fragen der Ärzte hinzu. Alles, was über Ultraschall veröffentlicht wurde, versuchte ich mir zu beschaffen. Natürlich wurde ich darin von der Firma Lehfeldt nach Kräften unterstützt. Bremen unterstand damals einem Bezirksvertreter aus Oldenburg, Herrn Koch. Er kam am 22. August 1951 erstmals zu mir und gab mir Anweisungen. Und – o Wunder! – am 29. August verkaufte ich das erste Ultraschallgerät an Dr. Castens, einen Internisten in Bremen. Mein Glück war kaum zu beschreiben. Ich kaufte einen Blumentopf und eine Flasche Martini für 99 Pfennig bei Karstadt. So feierten wir den großartigen Verkaufserfolg. Mit einem Gerät hatte ich mehr verdient als während des ganzen Monats bei Fritsch.

Bald besuchte ich bis zu neun Ärzte am Tag. Ultraschall wurde nun auch bekannter. Ich hatte verschiedene ernsthafte Interessenten. Im September 1951 fuhr ich wieder nach Heppenheim und übernahm für die Lehfeldt Ultraschallgeräte eine Untervertretung für Herrn Koch im Bezirk Bremen. Bei Fritsch kündigte ich und meldete endlich mit Dietz' Erlaubnis unser eigenes Telefon an. Ende September konnte ich ein großes Klinikgerät an das Krankenhaus Blumenthal verkaufen und mußte dort selbst auf der Unfallstation die Patienten beschallen. Damit begann ein neuer Abschnitt in meinem Leben: die Vertretung für die Firma Lehfeldt, die zunächst nur diese beiden medizinischen Ultraschallgeräte herstellte. Für die Vorführungen mietete ich mir jeweils tageweise einen VW. Von meinem Chef Fritsch bekam ich ein sehr gutes Zeugnis und wir trennten uns im Einvernehmen. Er sah ein, daß diese Vertretung, auch noch unter meinem Namen Lehfeldt, eine große Chance für mich bedeutete. Später habe ich ihm dann noch mal kurzfristig ausgeholfen, als er in seinem Büro einen Engpaß hatte.

Im März 1952 konnte ich mir das erste eigene Auto auf dem Gebrauchtwagenmarkt kaufen. Es war ein BMW 6 Zylinder mit einem Baujahr aus den dreißiger Jahren. Ein Cabriolet, hellgrün lackiert mit Ledersitzen — sofern diese noch vorhanden waren. Der Wagen gehörte Herrn Steup, der in der Lothringer Straße wohnte und der mir dann netterweise noch die Ersatzreifen und Türverkleidungen aus seiner Garage schenkte. Der Wagen kostete 800 DM und verbrauchte — o Schreck! — sechzehn Liter Benzin auf hundert Kilometer. Aber wir waren so stolz auf das erste eigene Auto! Sonntags taten wir uns mit Posener Freunden Achim und Imma von Guenther zusammen.

Wir luden die Kinder, Colaflaschen und Schnitten ein und fuhren ins Grüne. Dort picknickten wir und lernten die Umgebung Bremens kennen. Die Benzinkosten teilten wir uns. Unsere Freunde hatten zwei Jungen, Gernot im Alter von Jobst und einen Nachkömmling von wenigen Monaten. Alle und alles paßte in den BMW.

Wenn ich geschäftlich in die kleinen Heidestädtchen der Umgebung von Bremen mußte, nahm ich mir zur Stärkung Schnitten und eine Thermosflasche mit. Ein Mittagessen in einem Restaurant konnte ich mir nicht leisten. So fuhr ich, wenn die Ärzte mittags die Praxen schlossen, an den Rand der Städtchen, breitete eine alte Wagendecke aus Lehfelde aus und »vesperte«. Auch einen Wecker nahm ich mit, damit ich mich, sobald der erste Arzt seine Praxis wieder öffnete, wieder auf den Weg machen konnte. Abends fuhr ich dann wieder nach Bremen. Eine Übernachtung wäre zu teuer gewesen.

Im April 1952 nahm mich die Firma Lehfeldt zum ersten Mal zur Hannover Messe mit. Ich gehörte zur Standbetreuung. Mit den Geräten war ich nun schon gut vertraut und konnte sie den Interessenten erklären. Die Arbeit auf der Messe machte mir Freude. Bei Freunden wohnte ich kostenlos.

Bis 1957 war ich nur zur Standbetreuung für die Firma Lehfeldt auf der Messe. Nach Gründung der eigenen Firma fuhr ich nach 1957 erneut jedes Jahr zur Messe. Doch nun auch im eigenen Interesse. Ich kaufte ein und suchte Artikel aus, die ich neben den rein medizinischen Geräten anbieten konnte. Es gab frühmorgens einen Messezug von Bremen nach Hannover, der um 18 Uhr wieder zurückfuhr. Eine sehr vernünftige Einrichtung. Dann und wann betätigte ich mich auf der Messe auch als Dolmetscherin für Einkäufer, die englisch oder französisch sprachen. Da ich das Programm der verschiedenen deutschen Firmen gut kannte, konnte ich die ausländischen Käufer beraten und schnell zu den jeweiligen Ständen führen.

Daß das sehr anstrengend war, empfand ich damals noch nicht. Durch die Jahre in der Siedlung war ich gut trainiert. Das körperliche Training durch die Feldarbeit half mir auch beim Reiten. Ich war damals vierzig Jahre alt, und rückblickend staune ich, was ich physisch ausgehalten habe. Mein Tag hatte immer fünfzehn bis sechzehn Arbeitsstunden. Er bestand größtenteils aus körperlicher Arbeit: Aufräumen im Haus gleich nach dem Frühstück, Verladen der schweren Geräte, diese bei den Ärzten unermüdlich aus- und einpacken. Nach der Rückkehr dann Reiten mit Springen und das meist auf schwierigen fremden Pferden. Wer vertraute schon ein gut gerittenes Pferd jemandem an, der kein Berufsreiter ist? Abends mußten dann wieder Mahlzeiten für fünf Personen vorbereitet und Hausarbeit erledigt werden. Wenn wir in der Baracke feierten, tanzten wir immer bis in den Morgen. Dietz war dafür bekannt, daß er kaum ins Bett fand und immer als Letzter ging.

Dank der Hundezucht
erste Urlaubstage

Vor unserer Baracke befand sich ein Zwinger aus der Kriegszeit, der als Voliere für Hühner gedacht war. Den nutzten wir
nun zur Hundezucht. Wir hatten die liebe Setterhündin Asta,
deren Papiere wir aus der Ostzone gerettet hatten, von einem
Rüden mit Stammbaum decken lassen, und Asta brachte sieben Junge zur Welt. Wenn die Welpen eingetragen werden sollten, durfte die Hündin nur fünf Junge zum Säugen behalten.
Also gaben wir zwei Welpen zu einer Hundeamme und behielten fünf. Sie machten Arbeit, aber auch viel Freude. Mehrmals
am Tage mußten die Jungen zugefüttert, die Hündin gepflegt
und gebürstet, der Zwinger sauber gemacht werden. Alle drei
Kinder halfen, und unsere Freude an den reizenden Jungwel-
pen war groß.

Wenn ich jetzt die Regale mit den Mengen von Dosenfutter
für Hunde und Katzen sehe, bei deren Reklame sich die einzelnen Firmen in Lobpreisungen überbieten, denke ich oft:
»Auch die Hunde erleben das Wirtschaftswunder.«

Wir kauften für die Aufzucht der Rassehunde billigen
Bruchreis, den die Kinder mit dem Rad aus einer Reismühle
holen mußten. Wenn der gekocht war, gossen wir außer etwas
Milch warmes Wasser darüber, mit dem wir unsere Kochtöpfe
gespült hatten, damit das Ganze ein wenig Geschmack erhielt.
Alle anfallenden Knochen und Abfälle wurden für die Hündin verwertet, und diese gedieh unter diesen Bedingungen
prächtig!

Nach und nach gelang es uns, die Hunde zu verkaufen. Und
das ermöglichte Dietz und mir den ersten gemeinsamen
Urlaub in Duhnen an der Nordsee. Wir waren beide von dem
Wattenmeer nicht besonders angetan, denn wir wollten so viel

wie möglich schwimmen. Es war Pfingsten und das Wetter noch kühl. Wenn es etwas wärmer wurde, herrschte prompt Ebbe. So wanderten wir traurig durchs Watt bis zur nächsten Pfütze und hängten, wie Dietz sagte, »unsere Bäuche in den Pfuhl hinein«. Aber es war unser erster Urlaub! Wir wohnten in einer kleinen Pension. Nach all den Schrecken und Strapazen kamen wir ein bißchen zu uns selbst und zueinander.

Meine englischen Freunde Woods hatten uns für die großen Ferien zu sich nach Südengland eingeladen, wenn die Kinder bei Verwandten untergebracht sein würden. Doch Dietz hatte seinen knappen Urlaub – drei Wochen im Jahr waren es damals – für einen Skiurlaub im Winter vorgesehen. Wie ich war er passionierter Skiläufer und hoffte, die jährlichen Skiferien wieder aufnehmen zu können. Also fuhr ich allein per Schiff nach Harwich und von dort nach London zu unseren Freunden Leesers. Sie zeigten mir London und ich besuchte viele Museen. Von dort aus reiste ich zu Woods nach Devonshire.

Es waren zehn herrliche Tage! Man konnte nicht glauben, daß dieser grausame Krieg, die bedrückenden Jahre in der Ostzone nun hinter uns lagen und versuchte, alle Schrecken zu vergessen. Während in Bremen noch ganze Stadtviertel in Schutt und Asche lagen, sah man in England weniger von den Kriegsfolgen.

Bei meinen Freunden war ich eingeladen, die Reise bezahlte ich vom Erlös für meine jungen Hunde. In der Ostzone war es die Pferdezucht gewesen, die Fohlen meiner Araberstute Fasana, die uns die kleinen Reisen, das bißchen Glanz in das öde spartanische Leben gebracht hatten. Hier war es die Hundezucht.

Mit frischem Mut und neuen Anregungen kam ich aus den Ferien zurück. Inzwischen hatte die Firma Lehfeldt ihr Herstellungsprogramm erweitert. Man hatte die Kurzwellenfirma Scillo aufgekauft, und deren Modelle wurden nunmehr unter dem Namen »Lehfeldt Kurzwelle« angeboten. Zunächst mußte ich mich mit der ganz anders gearteten Anwendung und Wirkungsweise dieser Bestrahlungsgeräte vertraut machen.

Die Kurzwellentherapie war jedoch viel bekannter, risikoloser und daher auch besser und schneller verkäuflich als Ultraschall, auf den man die Ärzte erst langwierig vorbereiten mußte. Auch die Behandlung stellte weniger Anforderungen. Man legte den Patienten die Elektroden an und konnte sie dann zehn bis zwanzig Minuten darunter sitzen lassen. Bei der Ultraschallbehandlung mußte dagegen eine Sprechstundenhilfe, die auch über Anatomiekenntnisse verfügen sollte, den Ultraschallkopf während der ganzen Zeit massierend gezielt auf die kranke Stelle in bestimmter Geschwindigkeit gerichtet halten, entsprechend dosieren usw. Es war sehr angenehm, nun beide Geräte anbieten zu können.

Außerdem hatte sich die Firma Lehfeldt mit meinem sehr risikofreudigen und einfallsreichen Vetter an der Spitze auf ein Gerät für den Zahnarzt − Dentatron − eingelassen. Mit Hilfe von Ultraschall wurde der entzündete Zahn betäubt, und so konnte dann schmerzfreier gebohrt werden. Die »schmerzlosen« Bohrgeräte gab es damals noch nicht. Das Gerät war klein, gut zu transportieren und hatte die Form des Ultraschall-Koffergerätes. In dieser Hinsicht gab es keine Probleme. Doch hat es sich nie richtig bewährt und wurde bald von neuen Erfindungen überholt. Wir steckten mit Prospekten, Anleitungen, Literatur und Vorführungen auf Kongressen viel Arbeit und Kosten hinein − leider vergeblich.

Unter Anleitung von Professor Raimar Pohlmann, dem Schwager von Dr. Wilhelm Lehfeldt, begann man nun, den Ultraschall für industrielle Zwecke nutzbar zu machen. Es entstanden die ersten Ultraschallgeräte für Materialprüfung. Das war nun ein ganz neues Gebiet für mich.

Metallteile wurden durchschallt und auf Lunker und Risse überprüft. Ich habe mich intensiv in diese Dinge einarbeiten müssen und mir viel Mühe damit gegeben. Denn zunächst bot ich auch die technischen Geräte mit an. Ich vermittelte eine Vorführung in der Technischen Fachhochschule in Bremen über einen unserer Ingenieure. Nach einigen Wochen der Probeaufstellung gelang es mir tatsächlich, das Gerät dort auch zu verkaufen. Natürlich war ich auf meinen ersten Erfolg mit technischen Geräten sehr stolz und mein Ansehen in der Firma wuchs.

Zu jeder Schulung und Besprechung fuhr ich nach Heppenheim entweder mit dem braven BMW oder mit dem Zug nach Hannover, von dort aus mit einem unserer Generalvertreter im Auto weiter zur Fabrik. Doch der BMW kostete mit seinen Reparaturen und dem hohen Benzinverbrauch zu viel. Der Wunsch nach einem neuen Wagen wurde immer größer. Damals kam nur der VW-Käfer in Frage, der sich überall bewährte. Doch noch verdiente ich nicht genug für einen neuen Wagen. Und Dietz' Auffassung, bei Freunden oder Banken keinen Kredit aufzunehmen, hatte noch Bestand. So blieben nur unsere Ansprüche an den langsam anlaufenden Lastenausgleich.

Man erhielt von den uns zustehenden Geldern eine gewisse Summe ausgezahlt, wenn man auf einer Nebenerwerbssiedlung (das war die Bezeichnung) ein Haus bauen oder eine Firma gründen wollte. »Existenzaufbau für den selbständigen Mittelstand« war das Schlagwort. Als Angestellter von Schilling hatte Dietz keine Möglichkeit, an das Geld heranzukommen. So stellten wir einen Antrag auf Bewilligung von 5000 DM für einen Personenwagen. Für einen Vertreter mit Vorführgeräten war das eine Existenzgrundlage.

Damit begannen endlose Laufereien, das Ausfüllen von Fragebogen, das Beibringen von Zeugen für das verlorene Hab und Gut im Osten und so weiter. Es waren Gänge, die uns jahrelang beschäftigten. Kam man auf das Ausgleichsamt, so saßen dort in den häßlichen, schmutzigen Fluren Schlangen verhärmt aussehender Menschen, und das Warten begann. Kam man endlich an die Reihe, waren die Beamten meistens mit ihrem Frühstück beschäftigt und bedeuteten uns deshalb, noch etwas zu warten. Waren sie uns gewogen, ließen sie uns reden und knisterten dabei ungeniert mit ihren Butterbrotpapieren.

Diese Gänge zu den Behörden sind mir in bedrückender Erinnerung. Einmal rief uns — die wir 1250 Hektar, ein Gutshaus und ein ganzes Dorf zur Entschädigung geltend gemacht hatten — einer dieser »Sachverständigen« an und sagte, nun habe er sich die Akte vorgenommen. Wir hätten den Verlust eines Ponyhengstes angemeldet. Was der wohl wert gewesen sei? Dazu muß man wissen, daß wir von den »Friedenswerten«, die bei Pferden zwischen 500 und 2000 RM lagen, nur zehn Prozent bekamen — und das auch nur bis zu einer bestimmten Höhe. So konnte so ein Pony höchstens mit dreißig bis fünfzig Mark zu Buche stehen. Betrugen die gemeldeten Ansprüche mehr als eine Million, so bekam man davon nur fünf Prozent. In diesem Fall ging es also um fünf Prozent von fünfzig Mark!

Über diese Unkenntnis dieser Angestellten konnte man nur staunen. Dadurch wurde die Abwicklung unglaublich zähflüssig. Andererseits muß man dankbar anerkennen, daß das arme übervölkerte Westdeutschland überhaupt eine Entschädigung für die Flüchtlinge aufbrachte. Als Jahre später der Lastenausgleich ausgezahlt wurde — in unserem Fall Ende der Sechziger Jahre — war das die Existenzgrundlage für die meist immer noch armen Flüchtlinge.

Nach zähen Kämpfen und unendlichen Stunden auf dem Lastenausgleichsamt bekamen wir im März 1954 endlich 8000 Mark für den Volkswagen bewilligt.

Inzwischen hatte ich mich bemüht, der Sanitätsabteilung der Borgward-Werke ein Ultraschallgerät zu verkaufen. Es war in den Betrieben wie Borgward sehr nützlich, da man mit seiner Hilfe Unfälle wie Verstauchungen und Blutergüsse schnell beheben konnte. Der alte Herr Borgward behielt sich die Entscheidung vor und machte sie davon abhängig, daß ich für den

Preis des Ultraschallgerätes einen gebrauchten Borgward im Tausch übernahm.

Zum Glück blieb ich fest und lehnte das ab. Als Borgward später Konkurs anmeldete und das unter anderem auf die recht eigenwillige einmischende Art des Chefs schob, dachte ich an diese Episode und fand die Vorwürfe berechtigt. Als Chef einer Weltfirma hatte er nur einen solchen »Kuhhandel« in der Größenordnung von 1000 bis 2000 Mark vorgeschlagen und trat nach meiner Ablehnung von einer nötigen und nutzbringenden Anschaffung zurück.

Sehr schwer war es, den BMW zu verkaufen. Ich verlor bei meinen Versuchen unnötig Zeit. Schließlich wurde er für ein paar Mark ausgeschlachtet. Der Motor war noch tadellos, alles andere aber mehr oder weniger Schrott und auch nicht mehr zu ersetzen. Ich glaube, das Auto war Baujahr 1936

Auf meinen neuen Volkswagen war ich sehr stolz und baute hinten eine Ladefläche ein, die mir den Transport der Geräte wesentlich erleichterte.

Erfreulich war, daß Karin mühelos ihr Einjähriges bestand. Da sie keine besonderen Studienpläne oder Begabungen außer künstlerischen hatte, meldeten wir sie bei der Wirtschaftsoberschule an, die zum Abitur führte. Diese Schule war für alle Studiengänge zugelassen, die nicht das große Latinum forderten, und bot eine gute Grundlage für kaufmännische Berufe. Denn nun waren sowohl Dietz als auch ich im Kaufmännischen gelandet. Dazu kam, daß Bremen eine Kaufmannsstadt ist und oft nur der »tagenbare Kaufmann« mit eigener Firma etwas gilt. Unser Bekanntenkreis, der sich langsam aufbaute, bestand fast ausnahmslos aus Kaufleuten, auch bei der Reiterei. Dort fanden wir unsere Freunde.

Ich reite mich in
die Herzen der Bremer

Nachdem die Abendkurse bei der Volkshochschule nicht mehr nötig waren, die Halbtagsarbeit bei Fritsch entfiel, alle drei Kinder in Lehre oder Schule untergebracht waren, konnte ich mich meiner alten Passion, den Pferden wieder zuwenden.

Wenn ich gefragt wurde, wie es mir gelungen sei, so schnell als mittelloser Flüchtling unter den verschlossenen und zurückhaltenden Bremern persönliche und geschäftliche Freunde zu gewinnen, antwortete ich: »Ich habe mich in die Herzen der Bremer hineingeritten.« Sicher war es später auch die Gründung einer eigenen, korrekt arbeitenden Firma. Doch die Freunde, die ich bei der Reiterei fand, haben wesentlich dazu beigetragen, daß ich mich bald heimisch fühlte. Wie schwer es ist, in Bremen anerkannt zu werden und Kontakt zu »Tagenbaren« aufzunehmen, bekamen wir in den ersten Jahren zu spüren. Wenn wir Bremer kennenlernten und uns lange und nett mit ihnen unterhielten, sagten diese oft: »Sie müssen ganz bald zu uns kommen. Wir werden Sie einladen.« Aber dabei blieb es.

Dazu kam, daß man in Bremen meist nur Menschen einlädt, die sich schon untereinander kennen. Kaufleute mit Kaufleuten, Ärzte mit Ärzten und so fort. Das geht manchmal so weit, daß man sogar in den einzelnen Interessengebieten versucht, nur Kaffeekaufleute mit Kollegen, Reeder und ähnliche Berufsgruppen, die sich schon lange kennen, zusammenzubringen. Für einen unbekannten Gast entschuldigt man sich oft, bevor der überhaupt gekommen ist und betrachtet ihn zunächst mit Mißtrauen.

Das war nun ganz anders als bei uns im Osten. Dort war man froh über jeden unbekannten Gast, der die Möglichkeit zu neuen Gesprächsthemen gab. Ich möchte sagen, daß man geradezu danach hungerte, sich mit Menschen aus anderen Kreisen als der Landwirtschaft, also Künstlern, Beamten und so weiter zu unterhalten. Doch bei der Reiterei fielen die Überlegungen weg, wen man mit wem zusammen einlud. Es waren die Pferde, die Menschen mit ganz verschiedenen Interessen und Berufen verbanden. Dazu kam, daß man in den wenigsten Fällen ins Haus einlud, sondern sich in einem ländlichen Lokal bei Bier und mehreren »Klaren« zusammensetzte.

Durch das Reiten der Rennpferde, das im Winter bei Eis und Schnee in der Reitbahn stattfand, hatte ich die Besitzer der Privatpferde kennengelernt, die mir nun ihre Pferde zur Verfügung stellten, wenn sie diese selbst nicht reiten konnten. Die Reitbahn gehörte Herrn Hermsen. Er hatte zwei Reitlehrer angestellt, Herrn Peters und Herrn Feldmann, die aber beide zu alt waren, um sich noch auf fremde junge Pferde zu setzen, diese zuzureiten oder zu bewegen. So bekam ich mehr Pferde zum Reiten angeboten, als ich aus Zeitgründen annehmen konnte. Herr Peters hielt nicht viel von Gelände- und Springreitern, sondern nur von Dressurreitern und dann meist auf eigenen Pferden. Er setzte seine Schüler gut auf das Pferd und hatte bis in sein hohes Alter viele dankbare Schüler unter den alten Bremer Reitern. Ich hatte bei ihm in den beiden Damenstunden dienstag- und donnerstagnachmittags auf den mir zur Verfügung gestellten Privatpferden angefangen zu reiten. Um mir ein Schulpferd zu mieten, hatte ich kein Geld.

Es gab damals im Reitstall Hermsen zwei feste Kreise, die auf Gedeih und Verderb zusammenhielten. Bei den Herren war das der »Seitensprung«, bei den Damen »Der goldene Hufnagel«. In den Reitstunden, die für diese zwei Kreise reserviert waren, durfte man nicht so einfach mitreiten. Nein, man mußte eigens dazu aufgefordert werden. Wenn man einige Mal zur Zufriedenheit des Reitlehrers und ebenso wichtig, des Präsidenten des »Seitensprungs«, oder der Präsidentin des »Hufnagels« daran teilgenommen hatte, wurde man feierlich aufgenommen und »durfte« viele Runden spendieren. Die Herren ritten montagabends und feierten sehr feucht fröhlich in dem Rennbahnrestaurant Vahsing, die Damen ebenfalls dort oder in einem in der Nähe gelegenen ländlichen Restaurant.

In diesem Kreis verabredete man sich auch zu Ausritten, die meist die Herren arrangierten und dann die Damen dazuluden. Zunächst konnte man noch direkt vom Stall aus ausreiten, indem man die Wiesentore öffnete. Dann ging es manchmal — heute kaum zu glauben — über die neugebaute Autobahn, auf der damals wenig Verkehr herrschte, und wir kamen in die ländlichen Gegenden von Oberneuland und in die Wümmewiesen.

Es gab sogar eine kleine, sehr bescheidene Jagdstrecke, die man da anlegen konnte, indem man einige Baumstämme und Gatter auf den Sandwegen anbrachte. »Jagd« ist sehr kühn gesagt, es war mehr ein Ausritt mit einigen Hindernissen, der von einem Master, meist war es Herr Hermsen selbst, geführt wurde.

Da die beiden Reitlehrer zu alt waren, um Ausritte zu führen oder Springunterricht zu geben, holte Herr Hermsen Herrn Spillner in den Stall. Dieser war ein bekannter Spring- und Jagdreiter und hatte mit Oberst Bürkner in Berlin die Reit- und Jagdschule Düppel geführt. Ich hatte in meiner Jugendzeit Erfahrungen als Jagd- und Springreiterin aus der Zeit bei den Reiterregimenten 12 und 10 in Dresden, Großenhain und Grimma sammeln können. Bei Spillner hatte ich durch meine Unerschrockenheit beim Springen und Ausreiten mehr Chancen als bei Peters.

So bekam ich sehr guten Springunterricht bei Herrn Spillner, und er vermittelte mir die Pferde dafür. Er nahm mich später, nachdem ich mich auf verschiedenen Pferden bewährt hatte, in seine Springquadrille auf. Ich wechselte vom Rennpferdreiten zum Jagd- und Springreiten über, wovon ich auch wesentlich mehr verstand.

Im September 1951 ritt ich die erste Reitjagd auf der Rennbahn auf einem Leihpferd namens Fels, was dann von Herrn Lübbers gekauft wurde. Ich habe Fels später regelmäßig geritten und gesprungen.

Auch vertraute mir Herr Bülau, dessen Reitpartnerin ich für viele Jahre werden sollte, seine Pferde an. Er hatte einen guten Blick für Pferde und kaufte sie, ungeritten, beim Roßschlächter zum Schlachtpreis.

Im Oktober 1951 nahm ich zum ersten Mal mit Fels an einem Reitturnier in unserem Stall teil. Während der Turniere konnte ich mittags nicht für die Familie kochen. Das tat dann Anni, die bei uns wohnte. Nach Protesten der beiden großen Kinder erklärte Jobst, der Jüngste, einmal »weise«: »Kinder, sagt nichts, Mami bringt dann immer Silber nach Haus.« Damals waren die Preise noch hübsche kleine Gegenstände aus Silber, in die Ort und Datum des Turniers graviert waren, und nicht wie jetzt Geld und die Riesenpokale aus einfachem Metall, die mich immer an Fußballpokale erinnern.

Durch die Reiterei kamen wir nun in ganz verschiedene Kreise, und die gesellschaftlichen Schwierigkeiten entfielen. Wir waren doch immer noch in unserer Baracke und konnten uns für ein Essen bei unseren Freunden, die Kaufleute waren und wieder in ihren hübschen, nach den Bombenschäden renovierten Villen saßen und Hausangestellte hatten, nur schlecht revanchieren.

Das spielte sich meist in billigen Lokalen ab, und wir zahlten abwechselnd. So ungezwungen und in Reitkleidung gingen wir dann auch mal in die nahegelegenen Privatwohnungen der Reiter, denn Autos hatten wir Damen noch nicht. Wir kamen mit dem Rad. Das Ehepaar Spillner, das sehr lustig und gesellig war wie echte Berliner, wohnten nur einige Häuser weiter. So kam dieser Kreis auch öfter mal in unsere gemütliche Baracke. Eine besondere Anziehungskraft übte diese natürlich in dem Sommer aus, als Asta Junge bekam. Die reizenden Irish-Setter-Welpen begeisterten auch meine Reiterfreunde. So fühlten wir uns allmählich zugehörig, und der Lebensmut erwachte wieder.

Im Februar 1953 fuhren wir in unseren ersten Skiurlaub, für den sich Dietz seine freien Tage bei der Firma Schilling aufgespart hatte. Dietz hatte Mittelberg ausgesucht, und wir wohnten in einer kleinen bescheidenen Pension. Auf der Hinfahrt machten wir einen Tag Station in Oberstdorf. Dort hatte die Frau von Justizrat Dr. Rudolf Dix — unser Anwalt zur NS-Zeit und Patenonkel von Jobst — im Hotel Hirschen für das ganze Jahr ein Appartement gemietet. Frau Dix war dorthin gezogen, nachdem ihr Mann von einer Bergtour nicht zurückgekommen war. Sein Leichnam wurde sehr viel später in einer Gletscherspalte gefunden.

Rudolf Dix war der Verteidiger vieler Menschen im Widerstand gegen Hitler gewesen und hatte im Nürnberger Prozeß den Freispruch des früheren Finanzministers Dr. Schacht erreichen können. Sein Nürnberger Plädoyer hat er uns auf dem schlechten gelblichen Papier des Jahres 1946 geschickt, und ich besitze es noch heute. Rudolf Dix wird von Professor Dr. Robert Kempner, zu dem ich 1986 durch mein *Gut Lehfelde* Kontakt bekam, sehr lobend in dessen Buch *Ankläger einer Epoche* erwähnt.

Unser Freund Achim von Guenther, ein Flüchtling wie wir, besuchte uns für einige Tage in Mittelberg und wir waren glücklich, wieder Ski laufen zu können. Die primitiven Verhältnisse unserer Pension störten uns nicht. Wir hatten diesen entsetzlichen Krieg überlebt, und das war die Hauptsache. Dennoch hatten wir irgendwie das Selbstbewußtsein, die gesellschaftliche Sicherheit verloren. Das merkten wir in der Westzone, in der das Wirtschaftswunder bereits eingesetzt hatte, deutlicher als im Osten. Zwei Beispiele dafür sind mir erst später bewußt geworden.

André François-Poncet, von 1931 bis 1938 französischer Botschafter in Berlin und danach bis 1940 im Italien Mussolinis, kam in den fünfziger Jahren als Hoher Kommissar nach Westdeutschland. In seiner Jugend war er von 1908 an in Berlin gewesen, um Deutsch zu lernen. Er hatte oft im Hause meiner

Großeltern Pelet in Berlin verkehrt und sich mit meinem Onkel Ebbo von Pelet-Narbonne angefreundet, dem einzigen Bruder meiner Mutter. Später hatte er meinen Onkel auch in sein Elternhaus nach Paris eingeladen und ihm über den Ersten Weltkrieg hinweg die Treue gehalten.

Als er in den dreißiger Jahren nach Berlin kam, war mein Onkel die rechte Hand von Stresemann. So trafen sie sich wieder, und Poncet verkehrte im Hause meines Onkels. Dort hatte ich ihn als Schülerin des Augusta-Stifts in Potsdam erlebt.

Als wir in Bremen noch in der Baracke wohnten, lasen wir in der Zeitung, daß Poncet nach Bremen kommen würde, um das neugegründete Institut Français zu eröffnen. Wir hatten erwogen, hinzufahren und uns bei ihm zu melden. Doch die Vorstellung, mit den rostigen Fahrrädern und in unseren besten Sachen zum Institut Français zu radeln − die Straßenbahn war zu teuer − und Poncet einfach anzusprechen, hinderte uns daran. Sicherlich hätte er das damalige Schulmädchen auch gar nicht wiedererkannt... Da waren wir nicht mehr sehr selbstbewußt...

Das zweite Beispiel ereignete sich 1954, als wir Justizrat Dr. Lifschütz kennengelernt hatten, der versuchen wollte, für uns 50 000 niederländische Gulden zu retten, die wir während des Krieges als Amsterdamer Stadtanleihe gekauft hatten. Die Papiere waren enteignet worden, wie alle niederländischen Papiere, die während der Besetzung von Deutschen erworben worden waren.

Dr. Lifschütz war als »Nichtarier« die Flucht vor den Nationalsozialisten nach Holland geglückt, und er hatte den Krieg dort Gott sei Dank überlebt. Er vertrat den Standpunkt, daß Dietz zur Zeit des Kaufes kein deutscher Staatsangehöriger gewesen sei, da er von den Nationalsozialisten nicht eingebürgert worden war. Doch um eine Entschädigung zu bekommen, mußte man ein Gnadengesuch an Königin Juliane der Niederlande richten. Obwohl wir 1954 für 50 000 Gulden ein Haus kaufen, zumindest aber eine neue Existenz hätten aufbauen können, lehnte Dietz ab. Nein — ein »Gnadengesuch« stelle er nicht. Wir hätten so viel durchgemacht und im Osten verloren, aber es wäre immer weitergegangen — ohne »Gnade«. Und so unterblieb es.

Dank des unermüdlichen Einsatzes des sehr klugen Dr. Lifschütz bekamen wir dann doch eine gewisse Summe, mit der ich mir die erste eigene Waschmaschine nach dem Krieg kaufen konnte. Damit entfiel die entsetzliche Plagerei mit der Wäsche. Dr. Lifschütz verzichtete auf sein Erfolgshonorar, das für die Wiederbeschaffung der 50 000 Gulden ausgemacht worden war. Das war sein privater Lastenausgleich für uns. Er schenkte uns sein Buch *Sorge um das Recht.* Dr. Lifschütz war ein bedeutender, angesehener Mann, der in Bremen die Entnazifizierung nach Ansicht vieler Bremer gerecht durchgeführt hatte.

Als ich dann im Mai 1986 durch mein Buch *Gut Lehfelde* Prinz Bernhard der Niederlande kennenlernte und von ihm so reizend im Palais Soestdyck empfangen wurde, fiel mir diese Angelegenheit, die ich inzwischen ganz vergessen hatte, erst nach der Rückkehr aus Holland wieder ein.

Ich erwähne diese beiden Episoden nur, um zu zeigen, wie schwer es war, sich in der veränderten Welt zurechtzufinden. Die Menschen aus dem Osten haben nicht nur finanziell, sondern auch seelisch die Hauptlast des von Hitler vom Zaun gebrochenen Krieges getragen. Wer in Westdeutschland sein Geschäft oder sein Wohnhaus durch Bomben verloren hatte, der besaß zumindest noch das Grundstück und — was so wichtig war — seinen Namen als Geschäftsmann, Angestellter, Jurist oder Beamter, was immer er auch gewesen sein mochte.

Die Flüchtlinge kamen unbekannt in eine Stadt und Umgebung, in der die Einheimischen einander seit Generationen kannten, wo sie als Mensch und im Beruf »einen Namen hatten«. Dazu kam in unserem Fall, daß wir durch das Angebot von Schilling für eine Wohnung, also für die Baracke in Bremen im Norden Westdeutschlands, in einer kleinen amerikanischen Enklave hängengeblieben waren. AE (American Enclave) waren damals die Buchstaben unserer Autonummern. Unsere alten Freunde aus dem Osten wohnten jetzt meist so weit entfernt, daß wir die Reise zu ihnen nicht bezahlen konnten.

In meinen kleinen Taschenkalendern, mit deren Hilfe ich diesen Bericht schreibe, fand ich eine Notiz vom Mai 1953 darüber, daß wir uns den ersten elektrischen Kühlschrank kaufen konnten. Das erscheint mir erwähnenswert, da heute doch jeder eine Waschmaschine, einen Kühlschrank, meist auch einen Gefrierschrank, einen Farbfernseher und mehrere Radios besitzt. Von 1950 bis 1953 hatten wir uns in der Baracke ohne Kellerraum mit einem Monstrum aus Holz als einziger Kühlmöglichkeit für unsere Lebensmittel beholfen. In ein mit Blech ausgeschlagenes Fach konnte man Eis geben, das man aber natürlich nur kaufte, wenn Besuch erwartet wurde oder das Wetter besonders heiß war. Sonst wäre das Eis, das wir auf den Fahrrädern von irgendwo holten, zu teuer gewesen. Derartige Notizen sind Anlaß zum Nachdenken. Wir waren zufriedener und dankbarer für unsere mühsam erworbene Freiheit − für das, was wir schon als »Wohlstand« ansahen −, als unsere heute so gut ausgestatteten Mitmenschen und viele unserer Jugendlichen. Warum sind die Menschen nur so unzufrieden in diesem Wohlstandsstaat?

Geschäftlich versuchte ich meine Tätigkeit auszuweiten, auch um die Unkosten für den VW hereinzubekommen. So verkaufte ich von 1953 an Spritzen und Kanülen der Firma Henke sowie die Inhalationsgeräte der Firma Pari. Jetzt kamen auch Perlonstoffe in Mode, die sich leicht waschen ließen und nicht gebügelt zu werden brauchten. Ich übernahm die Vertretung des Textilhauses Horn in Bremen-Oberneuland. Zunächst begann ich damit, Arzt- und Schwesternkittel aus Perlon anzubieten, führte aber bald auch Blusen und ähnliches im Auto mit, die man den Ärzten als »Praxisblusen« für die Ehefrauen anbieten konnte.

Da ich merkte, daß sich das gut anließ, nahm ich zur Weihnachtszeit ein Verkaufsprogramm auf, das sich über die Praxis abwickeln ließ und doch die Ehefrau erfreute.

Dazu gehörten auch kleine Tablett-Tische, die als Instrumentenablagetische eingekauft wurden. Man konnte die Beine einklappen und dann dienten sie mit ihrer Resopalplatte als Tablett. Ich hatte sie auf irgendeiner Messe entdeckt. Viele, viele Jahre später traf ich sie noch in den Haushalten an. Sie haben sich wirklich bewährt.

Was mich immer mehr beschäftigte und interessierte, waren die technischen Geräte der Firma Lehfeldt, die ständig weiterentwickelt wurden. Daran arbeitete nicht nur unser Vetter Dr. Wilhelm Lehfeldt, der Inhaber der Firma, sondern auch sein Schwager Prof. Dr. Pohlmann. Sie entdeckten laufend neue Möglichkeiten des Einsatzes der Geräte, ohne daß diese schon richtig durchkonstruiert waren. Der Wissenschaftler und der Erfinder waren dem Kaufmann voraus. Wir haben alle viel Zeit und Unkosten in diese Erfindungen gesteckt, die sich erst viel später rentierten und jetzt ganz alltäglich sind.

Natürlich konnte ich nur die Vorführungen der technischen Geräte bei den entsprechenden Firmen in die Wege leiten und vorbereiten. Dann kam einer der Ingenieure aus dem Werk in Heppenheim und führte die Geräte vor. Meist war es Herr Bandow, dessen Frau Chefsekretärin bei Lehfeldt war. Zunächst sprach ich alle Werften an. Wir kletterten mit dem Gerät an den Schiffsrümpfen herum und versuchten, die Schweißnähte zu prüfen. Dann waren es die Automobilfirmen, deren Bleche, Vergaser oder Kugellager wir mit Ultraschall überprüften. Selbst bei Klöckner konnte ich Vorführungen für das Walzwerk arrangieren. Man durchschallte die Bleche, die aus der Walze kamen, bevor sie durch die Schere gingen. Das war das größte Objekt, an dem ich »beteiligt« war, das heißt, durch das ich eine Vermittlungsprovision bekommen hätte. Leider kam es zu keinem Abschluß mit unserer Firma.

Doch trotz mancher Fehlschläge am Anfang begann sich

diese Methode bald zu bewähren. Ich verlor aber zu viel Zeit mit den Kontaktaufnahmen und Besuchen bei den Industrieunternehmen und verdiente zu wenig dabei. Viel weniger als mit meinen medizinischen Verkäufen, die stetig zunahmen und die ich fachlich kaufmännisch überschauen konnte. Als mir Wilhelm Lehfeldt nach einigen Jahren vorschlug, den technischen Sektor aufzugeben, ging ich darauf ein. Die Fabrikation und deren Umsatz waren inzwischen auch zu groß und erfolgreich geworden, als daß man eine Frau, die weder Ingenieur noch Techniker war, zu den großen Firmen schicken konnte.

Nun hatte ich wieder mehr Zeit und nahm nach und nach immer mehr Verkaufsartikel auf medizinischem Gebiet dazu. Besonders guten Umsatz machte ich in den kleinen Städten in Niedersachsen, beispielsweise in Verden, vor allem in der Lüneburger Heide. Rotenburg/Wümme, Bremervörde, Walsrode und Fallingbostel waren die Ziele meiner Fahrten. Der Volkswagen bewährte sich sehr, Benzin und Unterhaltung waren billig.

Ich wurde eine so gute VW-Fahrerin, daß die VW-Vertretung auf mich aufmerksam wurde und mir eine Vermittlungsprovision von drei Prozent anbot, wenn ich bei den Ärzten für den VW warb und ihn auch vorführte. Wenn ich ein medizinisches Gerät anbot, das etwa 3000 Mark kostete, hatten mir Ärzte oft gesagt: »Nein, in diesem Jahr können wir das noch nicht kaufen. Wir brauchen ein neues Auto«. So erfuhr ich von diesen Kaufabsichten oft früher als die Autovertreter. Ich versuchte, etwas dazu zu verdienen, wo ich nur konnte. »Tipp-Provision« nannte man das. Als eine andere Autofirma davon erfuhr, bot sie mir fünf Prozent. Aber die herablassende Art des Angebots stieß mich ab. »Wir geben Ihnen mehr, weil Sie ein armer Flüchtling sind«, wurde erklärt.

Das Erstaunliche war, daß ich kein Büro hatte. Der alte, von Onkel Gertz aus Koblenz geerbte, Schreibtisch stand im Schlafzimmer der Baracke, in der wir bis 1956 lebten. Dietz machte abends meine Buchführung sehr genau und gut, und von September 1954 an hatten wir auch einen Steuerberater. Es war das Büro Jungmann. Wir begannen uns zu »etablieren«. Die gute Buchführung von Dietz und das Steuerbüro Jungmann haben später dazu beigeholfen, die Firma zu gründen.

Noch kamen keine Ärzte zu mir, noch hatte ich nur jeweils ein Vorführgerät auf Lager — also störte uns die Baracke nicht. Wir waren sehr gern dort. Man wohnte »versteckt«, und für die Kinder war es herrlich. Sie hatten einen Garten, wenn man den Rasen mit einigen Büschen so nennen kann, und genügend Auslauf für Kinder und Hund auf dem Hof des Grundstücks Schwachhauser Heerstraße 83. Es ging uns besser als vielen einheimischen Bremern, von denen viele noch in Notwohnungen lebten. Fast zwei Drittel aller Wohnhäuser in Bremen waren 1945 durch Bomben zerstört. Wir suchten nach keiner anderen Wohnung.

Aber es wurde eine Bestimmung erlassen, daß die Baracken abzureißen und die Grundstücke möglichst zu bebauen seien. So mußten wir die Baracke räumen. Es ergab sich, daß uns gegenüber in der Lothringer Straße 58 — das Haus konnten wir vom Garten aus sehen — die Mieter eines Hauses von Schilling auszogen, weil sie sich ein schönes Eigenheim in Oberneuland gebaut hatten. Als Schilling uns das Haus zu einer für uns erschwinglichen Miete anbot und noch dazu einige Restaurierungsarbeiten übernahm, griffen wir zu.

Umzug in ein richtiges Haus

So kam 1956 der große Moment: Wir zogen von der Baracke in ein hübsches Einfamilienhaus an der Lothringer Straße. Die Lothringer Straße wurde später in Argonnenstraße umbenannt, als man die Kurfürstenallee zum Autobahnzubringer ausbaute. So kam es, daß unsere Adresse von Lothringer Straße 58 zu Argonnenstraße 10 wurde, wir aber im selben Haus blieben.

Das Jahr 1956 brachte aber noch eine weitere große Verbesserung. Dietz bekam eine ihm mehr zusagende Stellung als stellvertretender Geschäftsführer des Deutschen Transportversicherungsverbandes, DTV genannt, in Hamburg. Immer wieder hatte Dietz versucht, sich beruflich zu verbessern. 1954 waren wir mit dem VW nach Bonn gefahren, um die früher führenden Leute der deutschen Volksgruppe in Posen, Dr. Klusack und Dr. Kohnert, aufzusuchen sowie die Herren Kraft (Waldemar, später Bundesminister, und seinen Bruder Adolf. Wir besuchten auch den Sohn von General Oster, der im Bundesverteidigungsministerium tätig war. Doch die wenigen Stellen, die mit der Landwirtschaft zusammenhingen, aber man nicht körperlich arbeiten mußte, waren schon vor unserer Ankunft 1950 an die vielen Ostflüchtlinge vergeben worden. Kurz: Die Bemühungen von Dietz hatten zu keinem Resultat geführt.

Nun wurde ihm diese Stelle durch unseren Freund Achim von Guenther angeboten, der Erster Geschäftsführer des DTV war. Natürlich griff Dietz zu, denn die Arbeit lag ihm wesentlich mehr als die Kontrollen des Kaffeeversands an die Haushalte.

Es entstand aber auch ein neues Problem. Dietz mußte nun

täglich nach Hamburg fahren. Wir waren gerade erst in das geräumige Haus in der Lothringer Straße umgezogen. Guenthers wohnten ebenfalls in Bremen. Sie hatten sich vom Lastenausgleich und ihren beiden Gehältern — Imma arbeitete als Journalistin — ein hübsches Eigenheim in Bremen gebaut. So fuhren Dietz und Achim mit dessen VW täglich nach Hamburg und wieder zurück. Das wurde aber zu anstrengend, denn man arbeitete bis 18 Uhr und sonnabends bis mittags. Die beiden mieteten sich jeder ein möbliertes Zimmer in Hamburg und fuhren Montag früh nach Hamburg, kamen Mittwoch abend nach Hause, und dann wieder zum Wochenende. Es mag um 1958 gewesen sein, daß das Wochenende glücklicherweise schon am Freitagabend begann.

Aber es war nicht leicht für Dietz mit nunmehr mehr als fünfzig Jahren, wie ein Student in einem scheußlich eingerichteten Zimmer zu hausen, bei einer in Pantoffeln umherschlurfenden »Schlummermutter«, wie man das früher nannte.

Auch für das Familienleben war es eine arge Belastung, denn die heranwachsenden Kinder brauchten natürlich ihren Vater.

Ich hatte mir inzwischen so viel Arbeit aufgeladen, daß ich die Geister, die ich gerufen hatte, kaum noch loswerden konnte. Da ich jedoch Erfolg hatte, machte es mir zunächst Spaß. Doch mitunter hatte ich den Eindruck: »Du möchtest dich am liebsten nur mit der Feuerzange anfassen!« Ich wurde abends eigentlich nie mit der Arbeit in dem gutgehenden Geschäft fertig, abgesehen von der Arbeit im Haushalt. Auch die Kinder kamen zu kurz. Wolfgang und Karin waren mit dreiundzwanzig und einundzwanzig Jahren in einem Alter, in dem sie sich eigentlich abnabeln sollten. Aber Jobst war erst zwölf, also in einem Alter, in dem Jungen die Eltern sehr brauchen. Vielleicht war das der Grund dafür, daß mir gerade dieses Kind, in das ich in den Jahren des Trecks und des Aufbaus die meiste persönliche Entsagung, die größte Liebe gesteckt hatte, mir nach dem Tod von Dietz so viel Schwierigkeiten bereitete. Schuld auf beiden Seiten? Hervorgerufen durch die

Not der Existenzfragen? Zum Glück glich sich das dann aus, als er ein »Mann« wurde und selbst eine Familie gründete.

Besonders unsere Silberhochzeit ist mir im Gedächtnis, die wir am 12. Januar 1957 in dem schon recht hübsch eingerichteten Haus Lothringer Straße feierten. Ich fand nicht die Zeit, mir zu diesem Anlaß ein nettes Kleid zu kaufen. Der Weg in die Stadt, der Verlust eines ganzen Nachmittags, waren »einfach nicht drin«. So ging ich in eine Boutique in unserer Nähe und erstand das einzig passende Kleid. Das Resultat bestand darin, daß ich es nach der Silberhochzeit nie wieder anzog. Aber aus dieser Zeit habe ich Verständnis für meine Freunde, die in ähnliche Situationen rutschen. »Rutschen« sage ich mit Absicht, denn finanziell war es nicht mehr nötig. Ich fand aber einfach den Absprung nicht. Ich hatte weder die Übersicht noch die ruhige Überlegung, meine Arbeit zu rationalisieren. Ich konnte nicht übersehen, was auf die Dauer das eigentlich Wichtige war.

Dazu kam, daß ich mich auch gern mit der Einrichtung des Hauses beschäftigte. Mein Freund, der Altwarenhändler Haaken, war zwar nicht mehr in seiner zerbombten Schule, aber doch in irgendeinem Bunker, er nahm noch Möbel in Zahlung. So kaufte ich systematisch nur Antiquitäten mit der richtigen Prognose, daß diese »modern« blieben und ins Geld wüchsen. Natürlich tat ich inzwischen auch andere Antiquitätenhändler auf. Es wurden mir Schönberg'sche Stiche angeboten, die ich sofort kaufte. Ich konnte auch mehrere der bekannten Darstellungen unserer Ahnen, die französische Marschälle waren, für die Kinder als Geschenke erwerben. Wir schafften neue Gardinen und Lampen an. Kurz, es wurde wohnlich bei uns.

Unsere Silberhochzeit feierten wir in den neuen hübschen Räumen. Als größte Überraschung und Freude erschien Agnes Zuralski, die deutsche Frau unseres netten polnischen Gynäkologen und Freundes. Er war 1939/40 von den Russen in Katyn mit anderen polnischen Offizieren und Angehörigen der polnischen Intelligenz ermordet worden. Agnes wohnte mit ihren beiden Kindern nach dem Kriege in Stettin, das nun Szczecin hieß und Polen zugesprochen worden war. Ihre Anträge zur Rückführung als Deutsche nach Deutschland waren bisher abgelehnt worden. Da sie keine Rente hatte, mußte sie sich als Musiklehrerin durchbringen. Da ihr Reisen nach Westdeutschland stets abschlägig beschieden worden waren, hatte sie eine Reise zu einer Freundin in Holland beantragt und genehmigt erhalten. Dort hatte sie auf dem deutschen Konsulat das Visum für Westdeutschland bekommen und stand nun plötzlich vor uns.

Zu unserer großen Freude hatte sie uns die schöne silberne Zigarettendose meines Vaters mitgebracht. Sie hatte die Silberschachtel schwarz anlaufen lassen und als Seifen- und Zahnputz-Etui benutzt. Welch eine Freude, welch ein Geschenk!

Aber auch sonst hatten wir unsere Freunde um uns. Morgens gaben wir den in Bremen üblichen Empfang und abends kamen Dieter von Schönberg und Frau, Guenthers, Püda von Brand und Elsemie, Kreßner, Tante Tilde und meine Freundin Georgy. Karins Freudinnen boten Aufführungen, und wir feierten bis vier Uhr früh. Darin waren wir in diesen Jahren unbeschwert und unverwüstlich. Wie oft tanzten wir zu den Klängen des Grammophons, später der Radioanlage, bis in den frühen Morgen. Wir waren noch jung. Ja — waren wir es wirklich? Nach all den schweren Jahren und Entbehrungen? Bestimmt zufriedener als es die meisten Ehepaare in unserem damaligen Alter jetzt sind. Eines steht fest: Die Entbehrungen hatten uns nicht geschadet.

Auch die Kinder hatten ihren Weg gemacht. Wolfgang hatte ohne große Schwierigkeiten seine Gesellenprüfung bei Lloyd bestanden und war dort angestellt worden. Er versuchte sich in Abendkursen auf dem Technikum weiterzubilden. Leider geriet er in den Einfluß linksorientierter Arbeitskollegen, die ihm einredeten, sie würden bei Lloyd nicht genügend bezahlt. Unüberlegt kündigte dieser kurzsichtige Kreis, zog Wolfgang mit, und sie gingen zu den Werften. Die Elektro-Arbeiten auf den Schiffen sind natürlich ganz anders geartet als das in der Autobranche Erlernte, und Wolfgang scheiterte, wie von uns vorausgesehen, sehr schnell. Zum Glück stellte ihn Borgward wieder ein. Aber das sind die üblichen Jugenddummheiten, die wir wohl alle gemacht haben.

Karin hatte ihr Abitur bestanden und eine Lehrstelle in einer Exportfirma angenommen. Danach fanden wir für sie eine Au-pair-Stellung in einem kleinen Hotel im südenglischen Eastbourne. Dort konnte sie ihre englischen Sprachkenntnisse auf einer Sprachenschule so erweitern, daß sie vor der Rückkehr neun Monate später ihr großes Cambridge-Examen ablegen konnte. Das ist ihr heute noch nützlich. Sie unterrichtet und übersetzt aus dem Englischen.

Nach der Rückkehr nahm sie eine Stelle in einer Exportfirma in Bremen an. Aber das Büroleben gefiel ihr nicht. Sie stellte sich auf eigene Füße und ging nach Spanien. In der Schule hatte sie Spanisch gelernt und ihre beiden Sprachen Englisch und Spanisch ständig in Abendkursen, Sprachkränzchen und ähnlichem verbessert. Sie fand in Saragossa eine Stellung an der Berlitz-Schule und gab Unterricht in Deutsch und Englisch. Sie hatte bei der Einstellung kühn erklärt, sie sei mit beiden Sprachen aufgewachsen. Ihr Vater sei Deutscher und ihre Mutter Engländerin. Ganz clever. Jedenfalls erfüllte sie ihre Pflichten, behielt ihre Stellung und brachte sich allein durch.

Jobst machte ebenfalls das Abitur auf der Wirtschaftsoberschule, absolvierte seine Militärzeit und machte anschließend eine Lehre im Bankhaus Neelmeyer. Doch das war später, nach dem Tod von Dietz. Jobst hat der Vater am meisten gefehlt.

Heimweh: Besuch in Lehfelde

Wilhelm Lehfeldt schrieb mir am 3. Mai 1957, daß die Firma Dr. Lehfeldt & Co. vom 9.–23. Juni auf der Posener Messe ausstellen würde. Er bot mir an, mit ihm im Auto mitzufahren und mit meinen polnischen Sprachkenntnissen am Stand der Firma bei der Ausstellung zu helfen. Am 13. Mai beantragten wir das polnische Visum in Berlin. Ich bat das Ministerium für Auswärtige Angelegenheiten in der DDR um Zusendung der erforderlichen Formulare zur Erlangung eines Durchreisevisums. Keine Antwort. Es stellte sich heraus, daß zunächst ein Messeausweis in Frankfurt besorgt werden mußte. Mein Antrag auf Aufenthalt in der DDR, um in Potsdam in das Auto zusteigen zu können, wurde abgelehnt. Ja, so einfach war es zwölf Jahre nach dem Krieg durchaus nicht, durch Ostdeutschland zu fahren, auch nicht als Aussteller der Messe in Posen, für die so viel Propaganda gemacht wurde. Nach fünf Wochen hatte ich die Papiere immer noch nicht, und Vetter Lehfeldt fuhr allein von der Leipziger Messe über Glogau und Lehfelde nach Posen.

Inzwischen war die herzliche Einladung unseres alten Zahnarztes in Posen, Dr. Spizewski, eingetroffen, bei ihnen in Posen zu wohnen. Frau Zuralski, die schon erwähnte Frau unseres Gynäkologen, wollte extra aus Stettin (Szczecin) nach Posen kommen, um mich zu sehen. Auf Anraten von Dietz entschloß ich mich, am Dienstag nach Pfingsten einfach nach Berlin zu fahren und mein Glück zu probieren. Das Durchreisevisum bekam ich in Marienborn an der Grenze von einem Diensthabenden mit den Worten, die Ausstellung sei nicht statthaft, da zunächst das polnische Visum vorliegen müsse. Ich sollte auf meinen westdeutschen Ausweis in Berlin einreisen.

Die Verhandlungen dauerten lange, und ich mußte meinen ganzen Charme einsetzen, dem Uniformierten – war er nun Russe, Pole oder DDR-Kommissar? Ich konnte die Uniformen nicht unterscheiden. Schließlich setzte sich der Zug mit meinem Gepäck in Bewegung. Mit dem kostbaren Visum in der einen, meiner Kostümjacke in der anderen Hand, sprang ich zum ersten Mal im Leben auf einen fahrenden D-Zug. Der an der Tür stehende Volkspolizist musterte mich unwillig und half mir in keiner Weise, die Tür zu öffnen oder einzusteigen. Ich hatte das Gefühl, er hätte sich gefreut, wenn ich wieder runtergefallen wäre. Ich tat ihm den Gefallen nicht. Das Visum war blanko ausgestellt und hatte nichts gekostet. Aber, o Wunder, es erwies sich bei der Ein- und Ausreise als gültig.

In Berlin gelang es mir mit meinen polnischen Sprachkenntnissen am nächsten Tag tatsächlich, innerhalb einer Stunde das Visum auf dem Polnischen Konsulat zu bekommen. Ich traf mich mit einigen Freunden und übernachtete bei Rolf Moebius, der am 12. Juni mit mir um drei Uhr früh aufstand und mich eine Stunde später zum Bahnhof Zoo brachte, wo um fünf Uhr der Messezug abging. Es war ein Dieseltriebwagen, der nur Wagen der Ersten Klasse führte und uns in dreieinhalb Stunden nach Posen brachte. Die Fahrkarte kostete 33 Mark. In diesem Zug, der für lebhaften Messeverkehr berechnet war, saßen sieben Herren und meine Wenigkeit. Arme polnische Eisenbahn!

Hinter Frankfurt an der Oder, also auf polnischer Seite, waren die Felder leidlich bestellt, teils besser als in der Ostzone. Die Namen waren polnisch und man wußte nicht, wo man sich befand. Aber mit Überschreiten der alten Grenze von 1919 bei Bentschen waren die Felder wieder gepflegt, die Dörfer bewohnt. Das alte Zollgebäude in Zbaszyn (Alt-Bentschen) stand unverändert, ebenso der Bahnhof, der unsere D-Zug-Station gewesen war. Pünktlich 8.30 Uhr, dort war es 9.30 Uhr Ortszeit, kamen wir in Posen an. Aber trotz meines Telegramms war niemand da. Man hatte sowohl Wilhelm Lehfeldt als auch Dr. Spizewski erklärt, daß um diese Zeit kein Zug ankäme. Der Messezug, der in Berlin überall angeschlagen war und täglich fuhr, war hier noch unbekannt. Kurz, es war wie früher − recht unorganisiert.

Im Zug hatte ich Herrn Tesdorf, einen Neffen von Herrn von Rège aus Lubosin, getroffen. Er wollte zum Gut seines Onkels fahren, sprach aber kein Wort Polnisch. Wir beschlossen, die Erkundungsfahrten zusammen zu machen. Aber zunächst standen wir ohne einen Pfennig Geld auf dem Bahnhof. Also konnten wir auch keine Straßenbahn benutzen. Es war verboten, auch nur einen Zloty nach Polen einzuführen. Kurz entschlossen bestiegen wir eine der üblichen Pferdedroschken, die wenn möglich noch wackliger waren als früher, und nannten die Adresse meines Zahnarztes. Er war glücklicherweise zu Hause, »löste uns aus« und borgte Herrn Tesdorf Geld für die Fahrt in ein Hotel.

Spizewskis nahmen mich herzlich auf und bewirteten mich mit dem Besten, das sie auftreiben konnten. Dann ging es an das Erzählen. Sie hatten unendlich viel durchgemacht, nachdem sie 1939 von Posen mit zwanzig Kilo ins sogenannte Generalgouvernement nach Warschau zwangsumgesiedelt worden waren. Das schön eingerichtete Haus und die zahnärztliche Praxis hatten sie ersatzlos zurücklassen müssen. Sie hatten gehungert und gefroren. Am schlimmsten waren die furchtbaren Bombenangriffe auf Warschau und die Zerstörung der Stadt gewesen. Es ging ihnen auch jetzt noch schlecht, denn er durfte nur Privatpatienten behandeln, von denen es nicht viele gab. Beide hatten gesundheitlich sehr gelitten, waren schwach und übernervös: an diesem schrecklichen Krieg zerbrochene Menschen.

Nach den ersten Erzählungen ging ich auf die Messe und traf dort Wilhelm Lehfeldt. Das Straßenbild von Posen hatte sich grundlegend geändert. Statt der schicken Polinnen und gutangezogenen Herren sah man nur Arbeiterbevölkerung mit müdem Gesichtsausdruck und in fast genormter Arbeitskleidung. Besonders auffallend waren die schlechten Schuhe aus Igelit, Holz oder Leinen.

Die Gebäude der Stadt waren zum Teil restauriert, die Straßen aufgeräumt, aber überall fehlte Farbe. Das deutsche Diakonissenkrankenhaus, in dem meine beiden ältesten Kinder geboren waren, stand noch unversehrt.

Die Messe war großzügig aufgebaut. Die Menschen, die eigentlich dort gar nichts kaufen konnten, drängten sich durch die sauberen Hallen und bestaunten die Produkte des Westens.

Abends fuhren wir mit unserem polnischen Vertreter in Wilhelms Mercedes an den See in Puszczykowo zum Baden und konnten dort gut essen. Nach langem Warten und Anstehen hatten wir auf einer offiziellen Stelle das uns zustehende Geld zu einem viel zu hohen Kurs tauschen können. An den nächsten beiden Tagen handelte ich am Alten Markt (Stary Rynek) mit diversen Taxichauffeuren den Preis für die Fahrten nach Lubosin aus, dem Gut von Herrn von Rège, und am Tag darauf nach Grzybno zum Gut von Herrn von Guenther. Den Ausschlag gaben alte Schuhe von Herrn Tesdorf und irgendwelche Kostbarkeiten meiner Garderobe. In den Läden wurde einfach nichts angeboten. An diesen heißen Tagen lagen lila Herrenunterhosen aus warmen Barchentstoffen in den Auslagen der wenigen Geschäfte. Offensichtlich hatte Posen gerade eine Zuteilung bekommen!

Wir hatten uns natürlich die am besten aussehenden Taxis ausgesucht, aber auch die konnten auf den holprigen Wegen nicht schneller als dreißig Kilometer in der Stunde fahren. Wir badeten an beiden Tagen in den Seen und in der Warthe. Seen und Flüsse waren sauber, die Natur unberührt. Industriebetriebe gab es dort nicht. Die Gutshöfe waren leidlich in Ordnung, die Gutshäuser verfallen und von vielen Familien bewohnt. Die polnischen Arbeiter, mit denen wir uns unterhielten, waren freundlich. In Lubosin sagte man uns, daß ein Zimmer in Ordnung gehalten würde, falls *Wielmozny Pan*, der gnädige Herr, käme.

Den Rest des Tages verbrachte ich auf der Messe. Doch zu größeren Abschlüssen konnte es nicht kommen. Die Devisen für die Käufe der polnischen Interessenten mußten erst genehmigt werden, und es war kein Geld vorhanden. So blieb es mehr oder weniger bei dem großen Interesse der Polen.

Mit Frau Spizewska ging ich in das Museum der Stadt und natürlich in eine »Kawiarnia«, in eine Konditorei. Dort verbringen die Polinnen viele Stunden. Sie legen weniger Wert auf ein gepflegtes Heim, als sich mit ihren elegantesten Sachen in ein Café zu setzen – wovon jetzt allerdings kaum die Rede sein konnte. Der Kaffee wurde aus Gläsern getrunken und bestand meist aus Kaffeesatz.

Am Sonnabend fuhren Wilhelm und ich nachmittags von Posen in das achtzig Kilometer entfernte Wollstein und sahen uns das unzerstörte Kreisstädtchen an. Eine Straße ist Ulica Roberta Kocha benannt, nach dem deutschen Arzt und Entdecker des Tuberkelbazillus. Sein Haus steht noch, allerdings bisher ohne Gedenktafel. Leider hatten wir dort eine Reifenpanne und kamen daher später als vorgesehen über Nelke (Nialek Wielki) nach Lehfelde (Powodowo).

In Nelke war unser Vorwerk. Das Land wurde an Siedler aufgeteilt. Die Hofgebäude waren meist abgerissen, und wenig erinnerte mich an früher. Nur der See war unverändert, wenn auch schmutzig. In Lehfelde besuchten wir unseren Gärtner Bruno Obst. Leider hatte er durch den Besuch von Wilhelm Lehfeldt bei dessen Hinreise Schwierigkeiten mit der Polizei bekommen. Er hatte Wilhelm bereitwillig überall herumgeführt, ohne zuvor die Genehmigung des Herrn Direktors der Landwirtschaftsschule einzuholen. So wollte ich ihm keine Unannehmlichkeiten machen und betrat weder den Park noch den Hof.

Wir fuhren zu unserem Mausoleum im Walde. Die Urnen waren verschwunden, die Marmorplatten von den Wänden gestemmt. Aber im Garten um das Mausoleum fand ich unter Büschen noch die Grabplatte meines dritten Kindes Bernd, der wenige Tage nach seiner Geburt im Dezember 1942 starb. Ich hatte mir aus »unserer« Gutsgärtnerei ein paar Blumen von Bruno geben lassen. Auch der daneben liegende kleine evangelische Friedhof war zerstört. Die Grabsteine gestohlen oder umgestürzt und von schönen Adlerfarnen überwuchert, die dort immer mit Maiglöckchen zusammen gestanden hatten.

Im Gegensatz zu diesen Bildern der Zerstörung stand die Herzlichkeit und Anhänglichkeit der Dorfbewohner. Um Bruno Obst nicht in neue Schwierigkeiten zu bringen, hatten wir uns nur ganz kurz in seinem Haus aufgehalten. Aber immer wieder kamen alte ehemalige Gespannführer und Gutsarbeiterinnen herein, um mir die Hand zu schütteln oder in polnischer Höflichkeit die Hand zu küssen. Nirgends empfand man Ablehnung oder Feindschaft.

Nach diesen Erlebnissen sehr bewegt, fuhren wir abends über Züllichau-Crossen zur Grenze bei Frankfurt. Da erwartete mich eine große Überraschung. Unser alter Zöllner Krolikiewicz, der zuvor auf der polnischen Seite am Übergang Unruhstadt Dienst getan hatte, war jetzt Leiter des Zollamtes bei Frankfurt. Hätte ich das gewußt, hätte ich die von Agnes Zuralski so fürsorglich nach Posen gebrachten kleinen Silbersachen mitgenommen, die sie uns aufgehoben hatte. Aber ich hatte sie in Posen zurückgelassen. Ich wollte Wilhelm und seine Firma auf keinen Fall in Schwierigkeiten bringen. Man durfte weder Wertgegenstände noch Lebensmittel aus Polen ausführen. Ich war sprachlos und wagte im Beisein eines anderen Zöllners nicht, Krolikiewicz nach seiner Tochter zu fragen. Auf seine Bitte hin hatten wir sie 1940 als Mädchen für Küche und Garten bei uns aufgenommen. Damals wollte man das etwa 16jährige Schulmädchen in eine Fabrik im sogenannten Altreich stecken, da es üblich war, die polnischen Familien zu trennen. Sie wurde bei uns während des ganzen Krieges als Gartenarbeiterin geführt, schlief im Haus und arbeitete meist in der Küche. Sie war strebsam und fleißig und hat sich abends selbst weitergebildet. So konnte sie nach 1945 den Abschluß einer polnischen höheren Schule nachholen. Sie hat einen Förster geheiratet und mir später ein Foto von sich und ihren beiden Kindern geschickt. Dann haben wir uns leider aus den Augen verloren. Ich glaube, es war für ihren Mann in seiner staatlichen Stellung zu riskant, mit Deutschen – noch dazu mit ehemaligen »Kapitalisten« – in Verbindung zu stehen.

Aber es gelang dem Vater und mir, uns unbeobachtet von anderen Zöllnern zu erkennen zu geben, und unsere Erlebnisse seit Kriegsende auszutauschen. Unsere Koffer brauchten wir natürlich nicht in den Zollraum zu schleppen. Aber es war ja auch – leider – nichts von unseren schönen alten Silbersachen darin.

Diese Reise hatte mich sehr berührt und ließ mich über die deutsch-polnischen Verhältnisse nachdenken, wie ich sie erlebt hatte.

Im August 1945 war ich, als wir nirgends eine Bleibe hatten und nun unter sowjetrussischer Besatzung lebten, ohne Visum und polnisches Geld im Güterwaggon kurz entschlossen nach Hause gefahren, um zu sehen, ob man vielleicht dorthin zurückkehren könne, bevor man versuchte, sich an einem fremden Ort unter fremden Menschen eine neue Existenz aufzubauen. Das war unbedacht und abenteuerlich gewesen, denn es hätte mit meiner Verhaftung oder Deportierung nach Sibirien oder Schlimmerem enden können. Mein Unternehmen ist von anderen Heimatvertriebenen mit Recht kritisiert und als großer Leichtsinn bezeichnet worden. Doch nachträglich war das leicht gesagt. Als es die anderen erfuhren – wir standen mit niemandem aus der Heimat in Verbindung – war es inzwischen klar, daß Polen von den sowjetischen Kommunisten regiert wurde und diese ihr kommunistisches System auf Polen ausdehnen würden. Auch die großen Gebietsteile im Osten Polens würden die Russen freiwillig nie wieder den Polen zurückgeben.

Doch als ich mich am 22. August 1945 aus Heimweh auf

diese riskante Reise begab, hatten wir keinerlei Informationen über die Verhältnisse, unter denen die Polen in der ehemaligen Provinz Posen lebten. Zeitungen und Rundfunk, sofern man ein Radio hatte, verbreiteten sich nur über die Wohltaten des Kommunismus. Seit Mai 1945 lebten wir unter der Besatzung der sowjetrussischen Armee. Die Deutschen in der Sowjetzone, die die vielen Ostflüchtlinge kaum ernähren konnten, wollten diese wieder los werden. Sie erwogen, jeden Ostflüchtling dorthin zurückzuschicken, woher er gekommen war. Das verhinderte die russische Besatzung. Inzwischen hatte sich die in Jalta beschlossene Aussiedlung aller Deutschen aus den polnisch und russisch besetzten Gebieten bis in die unteren Verwaltungsstellen herumgesprochen.

Unsere vier polnischen Kutscher, die seit dem 21. Januar, dem Tag unserer Flucht aus Lehfelde, bei uns geblieben waren und uns gegen die Russen beschützt hatten, hatten uns erst Ende Mai verlassen. Diesen vier Menschen war es zu verdanken, daß wir unsere drei kleinen Kinder − Jobst war erst fünf Monate alt − und die spärliche Habe, die wir auf den Pferdewagen transportierten, gesund und vollzählig durchgebracht haben. Unser Glaube an die guten Eigenschaften der Polen in unserem Dorf war also nicht zerstört worden. Im Gegenteil, wir fühlten uns von ihnen beschützt. Die vier Männer waren Dietz dafür dankbar, daß sie ein, wenn auch sehr bescheidenes, Dach über dem Kopf hatten und ausreichend zu essen, soweit das überhaupt möglich war.

Vor Abfahrt des Güterwagens hatte ich die Polen in Berlin gefragt, ob sie mich mitnehmen würden. Ich hätte gern in Polen gelebt und wolle nun sehen, ob ich mit meiner Familie dorthin zurückkehren könne. Ich zeigte ihnen meinen Personalausweis *(Dowód osobisty)*, aus dem mit meinen Namen einwandfrei hervorging, daß ich »eine verhaßte Deutsche« war.

Die Polen, meist Männer auf der Rückreise nach Posen, waren Menschen, die man zur Zwangsarbeit nach Deutschland verschleppt hatte. Und siehe, sie nahmen mich in ihre Mitte und versteckten mich, als russisches Militär den Waggon bestieg, so gut es ging. Dann gaben sie mir im Tausch gegen Lebensmittel und Zigaretten polnisches Geld, damit ich in Posen die Fahrkarte nach Wollstein bezahlen konnte.

Als sich dann herausstellte, daß es unmöglich war, nach Polen zurückzukehren, und nachdem unsere Leute überzeugt waren, daß ich als »Kapitalistin und Deutsche« von dem neuen Kommunistischen Regime verhaftet werden würde, war es die katholische Kirche, die mir half, Polen wieder zu verlassen.

Diese Reise hatte ich aus meinem großen Heimweh heraus unternommen. Ich wollte wieder in der Heimat leben, auch wenn das nicht mit dem alten Besitz verbunden war. Ich wußte, daß der Besitz und das Leben, wie wir es vor dem Kriege geführt hatten, verloren waren. Doch in Dröschkau lebten wir auch als Siedler und Landarbeiter unter primitivsten Bedingungen, hatten monatelang nicht einmal ein eigenes Bett.

Die zweite Reise zur Posener Messe unternahm ich ebenfalls aus Heimweh – immer wieder mit der leisen Hoffnung, daß man unter veränderten politischen Verhältnissen noch eines Tages vielleicht doch zurückkehren könne. Doch beim zweiten Mal überwog schon die Neugier darauf, wie sich alles entwickelt hatte, die Abenteuerlust, und ein bißchen das Heimweh. Ich hoffte auch, meine polnischen Kenntnisse auszubauen und geschäftlich zwischen den beiden Staaten tätig sein zu können. Doch auch das erwies sich als Trugschluß. Polen hatte keine Devisen, um die Gegenstände zu bezahlen, die es dringend benötigte. Die Genehmigungspraxis und Zollbestimmungen waren von der Art, die eine Abwicklung normaler Geschäfte nicht zuließ.

Im Sommer 1977 fuhr ich dann nochmals mit meinen drei inzwischen erwachsenen Kindern nach Lehfelde, um ihnen ihre Heimat zu zeigen. Für die beiden älteren war Lehfelde der Ort ihrer unbeschwerten Kindheit. Unbeschwert – kann ich mit Recht sagen. Sie haben bis zu dem 21. Januar 1945, als wir

Lehfelde verlassen mußten, keine Kämpfe, keine Bombenangriffe, keinen Hunger erlebt. Als ich die beiden kürzlich fragte: »Besinnt ihr euch, daß Papi und ich verhaftet wurden?« sagten sie nein. Sie waren damals sechs und vier Jahre alt gewesen. Man hatte ihnen sicher gesagt, die Eltern seien verreist. Und auch später hatte ihnen niemand erzählt, daß wir vom SD verhaftet worden waren. So groß war die Angst vor dem NS-Terror damals in allen Deutschen. Die polnischen Arbeiter bei uns hatten die Zusammenhänge überhaupt nicht begriffen, konnten es auch nicht. Es war und ist unbegreiflich, was alles geschehen konnte.

So kommt es auch, daß meine Kinder mich fast nie nach unseren Konflikten mit den Nationalsozialisten gefragt haben. Für uns war es jedoch unbewältigte Vergangenheit. Wie so viele Angehörige des deutschen Widerstandes haben wir nie davon gesprochen. Dabei wäre die Frage der beiden älteren Kinder so berechtigt gewesen: »Warum haben wir eigentlich unsere Heimat verloren?«

Jobst war damals ein Baby, er konnte keine Erinnerungen haben. Für ihn war Lehfelde nicht Heimat. Für ihn ist das Bremen — wo er zur Schule ging und seine Lehrjahre verbrachte. Er staunte bei dieser Reise nur über das, was wir einmal besessen hatten. Er konnte sich das ebensowenig vorstellen wie viele Deutsche, die meinen, jeder Flüchtling übertreibe. Er kannte unser Leben als Siedler, wo er als kleiner Junge am Wegrain abgesetzt wurde, während ich meiner täglichen Landarbeit nachging. Er erlebte die sechs Jahre in der Baracke in Bremen und den langsamen Aufstieg. Nun sah er in Lehfelde ein großes Gutshaus, einen leidlich erhaltenen Park, weite Wälder und Felder. Und ich behauptete, daß sie uns gehört hätten, daß sie sein Vater, sein Großvater und die Vorfahren aus zwei Generationen bewirtschaftet hätten.

Bei unserem Aufenthalt 1977 wurden wir vier im Dorf und bei unserem alten Stellmacher, der inzwischen nach Wollstein gezogen war, freudig und freundlich aufgenommen. Während ich mich mit den jungen Leuten, die nicht mehr deutsch gelernt hatten, polnisch unterhielt, soweit mir das nach so vielen Jahren noch möglich war, erzählten die alten Leute den Kindern auf deutsch, wie geborgen sie sich gefühlt hatten, als wir noch auf Lehfelde gewesen waren. Sie hatten nicht vergessen, daß ich während des Krieges Punkte meiner Kleiderkarte abgetreten hatte, als ein polnischer Junge dringend etwas zum Anziehen gebraucht hatte. Ich hatte das längst vergessen. Kurz, wir kehrten beglückt über die Anhänglichkeit unserer polnischen Leute und ihre Einstellung uns gegenüber nach Bremen zurück. Das alte, heftige Heimweh empfand ich nicht mehr. Ich kannte nur noch wenige Leute, vor allem ältere. Die Dörfer und die uns bekannten Städte waren mir durch häßliche Betonbauten fremd geworden. Vor allen Dingen war es auch die Unfreiheit in Polen, die Mißwirtschaft in Verwaltung und Handel, die keine Sehnsucht aufkommen ließen, dorthin zurückzukehren oder auch nur dort als Vertreter einer deutschen Firma zu arbeiten.

Noch zweimal fuhr ich nach Polen, das heißt in die ehemalige Provinz Posen und Westpreußen, nach Pommern und Ostpreußen mit Gruppenreisen, die von Pferdeverbänden organisiert wurden. Die Polen versuchten, ihre guten Pferde, die entweder aus polnischer Araberzucht stammten oder Nachkommen der Trakehner waren, nach Deutschland zu exportieren. Man nahm diese hippologischen Reisegruppen in der Hoffnung auf Devisen daher mit offenen Armen auf.

Es war für uns beschämend. Während wir in den internationalen Hotels allen Komfort genossen, konnten sich die Polen am Ort für ihr Geld kaum etwas kaufen. Besonders schämte ich mich in Janow Podlaski an der nunmehr russischpolnischen Grenze. Nach der Besichtigung des berühmten Arabergestüts konnten wir die vielen Gänge, die uns in einem Gasthaus angeboten wurden, nicht aufessen. Draußen standen hungrige Menschen, die darauf warteten, daß die Bedienung ihnen von unseren Resten etwas gab. Nein, danach konnte man kein Heimweh haben! Heimweh nur nach der unberührten Schönheit der Natur, den großen weiten Wäldern und Feldern, den sauberen Seen, den vielen Störchen, kurz den so reichen Naturschönheiten einer mehr oder weniger zurückgebliebenen, unberührten Landschaft.

Sehnsucht haben konnte man auch nach der Treue und Anhänglichkeit der Menschen, die trotz des kommunistischen Regimes noch zu sagen wagten, was sie dachten, die gerade in den einfachen Kreisen soviel Zivilcourage zeigten und die nicht so materialistisch eingestellt waren. Es war der Mensch und sein Verhalten während des Krieges, der zählte, nicht seine Stellung in der Gesellschaft oder Wirtschaft. Der Begriff »Menschsein als Auftrag« wurde mir hier nahegebracht.

Nach meinen verschiedenen Besuchen und allem, was ich persönlich seit nunmehr mehr als fünfzig Jahren erlebte, glaube ich, daß ein friedliches Zusammenleben der Polen und Deutschen bei offenen Grenzen durchaus möglich sein wird. Für die Zukunft gibt es nur eine kulturelle und wirtschaftliche Zusammenarbeit.

Von deutscher Seite wird immer wieder vergessen, daß die schlecht gerüstete polnische Armee, die in wenigen Tagen zerschlagen war, nicht die Absicht gehabt hat, die deutsch besiedelten Provinzen wie Schlesien und Pommern zu erobern sondern, daß es Stalin war, der sich ein Drittel des polnischen Landes an der russischen Grenze einverleiben wollte. Dies war schon ein Abkommen im deutsch-russischen Vertrag 1939 zwischen Hitler und Stalin. In Jalta setzte er das dann bein den Westalliierten durch. Zunächst hatte Stalin gleich nach Einmarsch der sowjetrussischen Truppen den größten Teil der polnischen Intelligenz verhaften lassen und diese entweder wie in Katyn erschießen oder auf dem Transport nach Sibirien in Viehwaggons verhungern und erfrieren lassen. Als die polnischen Bewohner der östlichen Provinzen 1945 bei der Umsiedlung gegen ihren Willen in den deutschen Provinzen mit ihrer wenigen Habe ankamen, hatten die Russen Maschinen und

Wertgegenstände abtransportiert, das Vieh nach Osten getrieben. Die Häuser waren durch das Kriegsgeschehen zerstört oder die Einrichtung vernichtet. Es war kein »blühendes Land« mehr, das sie übernahmen. Es war ein ausgeraubtes Land, in dem sie obendrein fremd waren. In Gebieten wie bei uns in der Provinz Posen mit überwiegend polnischer Bevölkerung blieb der größte Teil der Einwohner an Ort und Stelle und wußte, wie das Land bestellt worden war und welche Industrie man dort aufbauen konnte.

Die Situation ähnelte der nach 1945 in der damaligen Ostzone. Dort blieben die Menschen, die zuvor dort gewohnt hatten zum großen Teil und die mit allem Bescheid wußten. So war es viel einfacher für sie. Aber auch dort hat das kommunistische System den »fleißigen Deutschen« − im Gegensatz zu dem »faulen Polen«, − wie oft höre ich diesen törichten Satz! − jede Initiative genommen. Sie haben verlernt, selbständig zu denken, etwas zu planen und zu schaffen.

Auch die Polen können jedoch viel zu einem besseren Verständnis beitragen, wenn sie ab und an mal einfließen ließen, welches Unrecht den Deutschen bei der so grausam durchgeführten Vertreibung angetan wurde. Einen Anfang dazu hat Regierungs-Chef Tadeusz Mazowiecki gemacht, als er sich im Mai 1990 Richard von Weizsäcker gegenüber entsprechend äußerte. Vaclav Havel, Friedenspreisträger des Deutschen Buchhandels 1989, damals noch Dissident, jetzt Präsident der Tschechoslowakei, hat den Mut bewiesen, sich explicit zur Vertreibung der Deutschen zu erklären. Das trägt wesentlich zu Versöhnung und besserem Verständnis bei.

Gründung der eigenen Firma

Ohne daß ich mir dessen damals bewußt war, brachte das Jahr 1957 ein einschneidendes Ereignis. Ich verkaufte den Ärzten inzwischen nicht nur medizinische Geräte, sondern auch andere Dinge für die Praxis, teils auch für den Privatgebrauch. Doch das ergab sich vor allem in den kleinen Städten. In Bremen gab es mehrere große medizinische Fachgeschäfte, in denen sich die Ärzte beraten lassen konnten. Aber der Landarzt, der Arzt in den kleinen Städten Niedersachsens und der Umgebung von Bremen, bekam am Ort nicht einmal Spritzen. Wenn er mal nach Bremen oder Hannover kam, wollte er mit seiner Frau private Dinge besorgen oder ins Theater oder zum Essen gehen. Kurz, er nahm sich bei den Großstadtbesuchen nicht die Zeit, sich über die neuesten Erscheinungen auf dem medizinischen Sektor informieren zu lassen. Hier stieß ich in eine Marktlücke. Es bürgerte sich ein, daß ich in der Mittagspause den Ärzten die neuesten Dinge vorführte oder sie anhand von Prospekten erklärte. Aber ich hatte Schwierigkeiten mit den größeren Firmen wie Siemens, Hanau Höhensonne, Aeskulap, Bosch, Draeger, die mich nicht beliefern wollten, da ich keine Firma und kein Kapital hatte.

Ein Generalvertreter empfahl mir eine Firma zu gründen und sie ins Handelsregister eintragen zu lassen. Mit unserem Freund Edu Schilling, der Vorsitzender der Handelskammer war, sprach ich darüber. Hilfsbereit wie immer meldete er mich bei Dr. Kettler an, dem Syndikus der Handelskammer. Ich brachte die Buchführungsunterlagen von Dietz und die Steuererklärungen der Firma Jungmann mit, und er erklärte mir, daß ich ohne weiteres eine Firma eintragen lassen könne und er das befürworten werde. Ohne zuvor mit Dietz darüber zu sprechen, der damals in Hamburg arbeitete, ging ich zum Handelsgericht und füllte den Antrag aus.

Als man mich fragte, wie die Firma heißen solle, fiel mir so schnell nichts besonderes ein, denn darüber hatte ich gar nicht nachgedacht. So ließ ich einfach eintragen:

»Walburg Lehfeldt, Bremen (Großhandel in medizinisch-technischen und elektromedizinischen Artikeln, Labor- und Krankenhausbedarf, Lothringer Straße 58). Inhaberin ist Frau Walburg Clementine Anna Marie Alice Lehfeldt, geb. von Schönberg, Bremen.«

Als das wenig später unter Amtliche Bekanntmachungen in den Zeitungen veröffentlicht wurde, kamen meine Bremer Kaufmannsfreunde und gratulierten mir. Zunächst wußte ich gar nicht wozu. Ich hatte die Gründung der Firma als Not-lösung, nicht als große Tat oder Veränderung angesehen. Ich weiß noch, daß ich damals dachte, es ginge um meine Tochter, die inzwischen zweiundzwanzig Jahre alt und gerade heftig verliebt war. Ich winkte ab. »Nein, Karin ist noch nicht ver-lobt.« Aber es ging nicht um private Dinge. In der Kaufmann-stadt Bremen war ich nun »jemand«.

Als Dietz am Wochenende aus Hamburg nach Hause kam, berichteten wir einander uns wie immer die Ereignisse der ver-gangenen Tage. »Ich habe viel Geld für eine handelsgericht-liche Eintragung ausgegeben«, sagte ich ihm und erzählte die Fakten. Aber auch er schien nicht besonders beeindruckt.

Doch der Rat war gut gewesen. Nun begannen auch die gro-ßen Firmen mich zu beliefern. Da ich alle Rechnungen immer mit Skonto beglich, pünktlich verbuchte und versteuerte, erwarb ich mir einen guten Ruf. Ich bemühte mich auch, die diversen Vertreter liebenswürdig zu empfangen, sie nicht war-ten zu lassen und nicht übermäßig zu handeln. So eroberte ich mir auch die Hochburgen der »schwierigen« Firmen wie Aesculap, Maquet, Dräger, Martin und ähnliche. Sehr zum Leidwesen der Konkurrenz, die nicht verstand, wie man eine unbekannte Firma ohne Ladengeschäft und größeres Kapital beliefern könnte. Außerdem war ich die einzige Frau, die in unserem Verkaufsgebiet eine medizinisch-technische Firma gegründet hatte und leitete. Auf den medizinischen Kongressen und den Sitzungen der Fachverbände war ich oft die einzige Firmeninhaberin. Die anderen Frauen waren mitarbeitende Ehefrauen oder Angestellte.

Ich fuhr zu allen großen Ausstellungen und Kongressen und ließ mir die dort gezeigten Geräte genau erklären. Die Prospekte nahm ich nicht nur mit, sondern studierte sie auch ausführlich. Das nahm viel Zeit in Anspruch. Die Tatsachen, daß ich Latein gelernt hatte und wir viele Arztfreunde hatten, halfen mir sehr. Wenn ich in der Beurteilung oder Wirksamkeit eines Gerätes unsicher war, bat ich einen befreundeten Arzt, es auszuprobieren und mich zu beraten, bevor ich mich für eine Neuerung einsetzte. Ich lernte, wie wichtig das Psychologische beim Verkauf ist, vor allem bei so schwierigen Kunden wie den Ärzten. Ich stellte fest, daß zehn Ärzte mindestens acht verschiedene Meinungen beispielsweise zum Thema Sterilisation hatten.

Nie durfte man sich – war die Wissenschaft auch noch so weit fortgeschritten – dazu hinreißen lassen, den Ärzten zu sagen, daß etwas überholt war. »Sie haben völlig recht, doch...« nur so konnte man einhaken.

Es galt, immer die passende Literatur – die entscheidenden Stellen möglichst angestrichen – im Auto zu haben und den Ärzten zu überlassen. Denn ein Landarzt oder ein Praktiker hat wirklich kaum Zeit, sich mit Neuentwicklungen auseinanderzusetzen und die vielfältige und oft sehr umständliche Literatur durchzuarbeiten. Eine praktische Vorführung, möglichst am Patienten, war der beste Beweis. Dem Patienten mußte dann sofort das Gefühl vermittelt werden, daß ihm die Behandlung helfe.

So kam es, daß ich allmählich zwei große Koffer mit Katalogen und Prospekten im Auto haben mußte. Ich hatte mir angewöhnt, den kleinen Nachholbedarf wie Spritzen, Kanülen, einige Instrumente, Ersatzteile für den oft verstopften Pari, das Inhalationsgerät, und Laborartikel stets parat zu haben.

So wurde der VW zu klein, und ich kaufte einen Opel Record, der einen großen Kofferraum hatte und aus dem ich die schweren Koffer nicht mühsam herauszerren mußte. Später ging ich zur Firma Audi über.

Zunächst hatte ich eine alte Bekannte, Eva Linke, als Sekretärin engagiert, die mein Büro sehr gut in Ordnung hielt. Für die Aufstellung der Geräte und die Reparaturen arbeitete ich viele Jahre mit Herrn Günther Kromp zusammen, der auch Vertragstechniker für die Firma Lehfeldt wurde. Er bekam bei Verkauf eine bestimmte Summe, stellte das Gerät mit mir auf und verfügte über einen entsprechenden Lieferwagen. Wenn Reparaturen anfielen, fuhr er im ersten Jahr unter der Garantieauslösung, später gegen Berechnung zu den Ärzten und reparierte kleinere Schäden an Ort und Stelle. Bei schwierigeren Defekten nahm er die Geräte mit in seine Werkstatt. Wir haben sehr gut miteinander gearbeitet. Ich lernte, ihn wie ein rohes Ei zu behandeln, dann »lief die Sache«. Nach dem Tod von Dietz kam Karin zu mir ins Geschäft. Inzwischen hatte ich einen zweiten Wagen, einen Renault Vier, gekauft. Zunächst hatte ich ihn einem jungen medizinischkaufmännischen Angestellten, Herrn Oesten, zur Verfügung gestellt, den ich von einer Firma in Wiesbaden übernommen hatte. Er sollte die Arztbesuche für mich machen. Doch er kam von einer großen Firma und war an Krankenhausaufträge gewöhnt. Er hatte nicht die Geduld, auch die kleineren Dinge liebenswürdig zu erledigen. So nahm der Umsatz nicht zu, sondern ab. Man war zu sehr auf meine Art eingestellt. Nach kurzer Zeit trennten wir uns im guten Einvernehmen. Er ging zunächst als Angestellter zu einer Konkurrenzfirma und machte sich dann mit einem Partner selbständig.

Karin übernahm den Firmenwagen von ihm und begann mit den täglichen Touren zu den Ärzten. Wir hatten alle Hände voll zu tun. Inzwischen richtete ich Praxen komplett ein und lieferte auch die Praxis- und Wartezimmermöbel. Viel Freude machte mir die farbliche Gestaltung bei der Inneneinrichtung der Praxen mit Lampen, Gardinen, Auslegware. Darin habe ich sehr gut mit der Firma Harms in Bremen zusammengearbeitet. Ich machte den Ärzten Vorschläge, wie wir die Wände farblich gestalten wollten, hatte Bezugmuster der medizinischen Möbel bei mir und schlug dann die Gardinenart und -farbe vor. Wenn ich die Zustimmung der Ärzte und vor allem der Arztfrauen erhielt, kam ein Vertreter von Harms mit Stoffproben, die ich zuvor im Laden ausgesucht hatte, und machte von sich aus Vorschläge und nahm den Auftrag entgegen. Die Ausführung ist dann auch immer pünktlich und zur Zufriedenheit der Ärzte erledigt worden.

Aber ich arbeitete nicht nur mit erstklassigen Firmen wie Harms oder Klingeberg zusammen. Hatte ein Arzt kein Geld mehr übrig, fehlte aber dieses oder jenes noch, fuhren wir auch zu Geschäften, die beschädigte Sachen anboten, oder zu Versteigerungen in den Hafen. Daß ich offensichtlich nicht darauf aus war, an allem unbedingt verdienen zu müssen, gefiel den Ärzten. So rentierte sich meine Einstellung, manchmal auch nur gefällig zu sein. Die Konkurrenz betrachtete das zunächst als weit unter ihrer Würde.

Der Tod von Dietz

Im Januar 1959 waren Dietz und ich mit unseren Freunden Kroehling in Davos zum Skilaufen. Nun wohnten wir schon in einer netten größeren Pension in der Nähe des großen Skilifts. Wir verdienten beide und unser Leben normalisierte sich. Dietz hatte bei den Abfahrten Mühe, das Tempo mitzuhalten. Oft stieg er eine Bergstation unter uns aus und wir trafen uns dann auf halbem Weg. Er war inzwischen sechsundfünfzig Jahre und die leichte Schwäche erschien uns natürlich. Nach der Rückkehr fühlte er sich schlecht und hatte eine ganz belegte Stimme. Er ging zu einem HNO-Arzt und stellte sich selbst die Diagnose auf Kehlkopfkrebs, die der Arzt ablehnte. Als wir zufällig auf der Autobahn unseren Freund Püda von Brand trafen, der sich inzwischen in Lüneburg eine eigene HNO-Praxis aufgebaut hatte, riet er dringend, den Arzt zu wechseln. Unser Hausarzt Dr. Walpersdorf sorgte dafür. Zu meinem großen Schrecken rief er mich am 14. Juni 1959 an und bat mich, zu ihm zu kommen. Der neu zugezogene HNO-Arzt hatte Krebs festgestellt und Dietz mußte bestrahlt werden. Nach langem Überlegen einigten wir uns, Dietz zu sagen, daß es sich lediglich um eine Vorsichtsmaßnahme handele.

Dr. Walpersdorf meinte, ich müsse mein Leben weiterführen wie bisher, damit Dietz keinen Verdacht schöpfte, wenn ich die Arbeit aufgäbe und zu Hause bliebe. Aber das entfiel auch, da Dietz die Woche über in Hamburg war. Also trug ich diese furchtbare Last mit mir herum und sagte auch den Kindern zunächst nichts, um sie nicht zu belasten oder durch ihre Reaktion Dietz zu verunsichern. Wie weit mir das gelungen ist, weiß ich nicht.

Aber Dietz erholte sich, die Stimme wurde besser, und ich begann Hoffnung zu schöpfen.

Die Arbeit in Hamburg machte Dietz Freude. Im Oktober fand wie immer das große Festbankett mit Ball im Brenner Hotel in Baden-Baden für den Transportversicherungsverband statt, das Dietz mit Herrn von Guenther vorbereitete. Auch ich fuhr zu diesem Fest nach Baden-Baden. Außerdem fuhr ich Ende August/Anfang September wie immer zu den Therapietagen nach Karlsruhe, die mit einer großen medizinischen Ausstellung verbunden waren. Gleichzeitig ritt ich dann bei Herrn von Neindorff in Karlsruhe die guten Dressurpferde in seinem Reitinstitut.

Der längere Aufenthalt in Karlsruhe war finanziell möglich, weil mein alter Onkel, Rechtsanwalt Dr. Bernhard von Schönberg, dort lebte und ich bei ihm wohnen konnte. Onkel Bernhard hatte auf unserem Familientag 1959 mit Dietz und mir folgende Abmachung getroffen: Er wollte uns zu einer Reise durch die Schweiz und Norditalien einladen. Wir sollten das Auto stellen, während er für Unterkunft und Verpflegung sorgen wollte. Da Dietz nur wenig Urlaub hatte und den nicht mit Onkel Bernhard verbringen wollte, entschieden wir, daß ich allein mitfahren sollte. Durch die Jahre in Polen und in der Ostzone, durch die Geldknappheit der ersten Zeit in Bremen hatten wir noch kaum etwas von der Welt gesehen. So fuhr ich nach dem Therapiekongreß 1959 mit Onkel Bernhard, er war damals siebenundsiebzig Jahre alt, in die Schweiz, dann an alle oberitalienischen Seen, nach Venedig, Florenz, Pisa und schließlich nach Portofino/Rapallo. Dort blieb Onkel Bernhard für einige Wochen allein zurück, und ich fuhr über den St. Gotthard nach Hause. Es war eine herrliche Fahrt, eine kunstgeschichtlich interessante Reise — gut vorbereitet von Onkel Bernhard.

Dietz fand ich munter und in guter Stimmung vor, so daß wir Mut faßten und annahmen, es sei vielleicht doch nur ein Schock gewesen. Das normale Leben ging weiter. Im März

1960 wurde Jobst von Pastor Liske eingesegnet und wir feierten eine harmonische Konfirmation.

Am 9. April 1960 hatte ich einen schweren Unfall bei einem Ausritt mit La Jana von Dr. Hillmann. Das Pferd stürzte und fiel auf mich. Ich nehme an, es blieb wegen eines losen Eisens an einer Wurzel hängen. Ich hatte eine Gehirnerschütterung erlitten, Fissuren in den Halswirbeln und mußte drei Wochen im Krankenhaus verbringen. Das war schlimm, denn ich hatte gerade große Aufträge und viele Neueinrichtungen in Vorbereitung. Dietz kam in dieser Zeit täglich aus Hamburg nach Hause.

Doch ich erholte mich schnell und ritt auch bald wieder. Im Herbst nahm ich an allen Jagden teil, für die ich ein Pferd geliehen bekam. Im Oktober fuhren Dietz und ich zum Schönbergschen Familientag nach Retterhof und anschließend wieder zum Bankett des Deutschen Transportversicherungsverbandes nach Baden-Baden.

Nach unendlichen Mühen und vielen Gängen zum Lastenausgleichsamt bekamen wir etwas Geld zur Einrichtung eines Lagers von medizinischem Nachholbedarf für meine Firma genehmigt. So waren wir guter Dinge und hatten das Gefühl, endlich wieder Fuß gefaßt zu haben.

Juni 1961 gab es noch einmal einen Höhepunkt für uns. Dietz und ich machten eine herrliche Autofahrt durch Nordfrankreich, die Normandie und die Bretagne. Wir besuchten Saumur, wo ich als Enkelin von General von Pelet-Narbonne, dem auch den Franzosen bekannten Militär und hippologischen Schriftsteller, ganz reizend empfangen wurde.

Im Dezember 1961 rief mich mein Vetter, der Internist Dr. Dieter von Schönberg aus Hamburg an: Dietz hatte in der Nacht einen schweren Herzanfall erlitten. Wir holten ihn sofort aus Hamburg ab, wo er in seinem möblierten Zimmer lag. So fiel die heitere Welt wieder für uns zusammen. Unter der Obhut von Dr. Walpersdorf lag Dietz über Weihnachten und Neujahr bei uns und, ich pflegte ihn.

Doch auch Jobst hatte gesundheitliche Probleme. Er bekam Gelbsucht. Wir nahmen ihn aus der Schule und gaben ihn zu einem Lehrer nach Andreasberg im Harz in Pension, damit er sich erholte. Neben meiner Arbeit pflegte ich Dietz, besuchte Jobst in Andreasberg — einfach war das alles nicht.

Karin arbeitete indessen in Stuttgart bei Herrn Daiber in einem Geschäft der medizinischen Branche, um mir später helfen zu können.

So kam das Jahr 1962 heran. Im Mai kehrte Karin aus Stuttgart mit einer schweren Gelbsucht heim. Ende Mai wollten wir wieder nach Frankreich fahren, diesmal nach Südfrankreich. Die Verladung des Opels nach Avignon war bereits gebucht.

Da schlug am 18. Mai abends das Schicksal zu. Dietz erlitt einen Herzinfarkt. Dr. Walpersdorf, der nachts schnell zur Stelle war, wies ihn am nächsten Morgen in die Medizinische Klinik der großen Krankenanstalten ein. Dort hatte gerade der neue junge Chef Dr. Remy sein Amt angetreten, der aus Hamburg-Eppendorf gekommen war. Die Ärzte bemühten sich sehr, aber das Befinden von Dietz wurde täglich schlechter. Ich durfte bei Dietz im Zimmer schlafen. Am Tage wechselte ich mich mit den Kindern ab, so daß immer jemand bei ihm war. Karin litt sehr darunter, daß ihr wegen ihrer Gelbsucht nicht erlaubt wurde, bei ihrem Vater zu sein. Sie durfte ihn nur durch die geöffnete Tür sehen. Aber alle Fürsorge von Dr. Remy, die ständigen Besuche von Dr. Walpersdorf halfen nichts. Am Sonntag, dem 27. Mai nachmittags, schlief Dietz sanft ein, nachdem er schon Stunden zuvor das Bewußtsein verloren hatte. Ich konnte bei ihm sein. Dietz ist neunundfünfzig Jahre alt geworden.

Der einzige Trost für mich war und ist sein gnädiger, schmerzfreier Tod. Ich hatte gerade meinen fünfzigsten Geburtstag hinter mir, den wir wegen der Sorge um Dietz und der vielen Arbeit nicht gefeiert hatten. Ich war Witwe, und die drei Kinder hatten keinen Vater mehr.

Wir kauften eine Urnengrabstelle auf dem Riensberger Friedhof. Nun hatte ich das Gefühl, Bremerin geworden zu sein. Meine Großeltern Pelet und meine Mutter sind auf dem Invalidenfriedhof in Berlin bestattet. Da hatte meine Mutter auch einen Gedenkstein für meinen Vater setzen lassen – einen Granitblock mit einem Bronzerelief der sinkenden »Nürnberg« und darunter die Daten meines Vaters. Dort wurde 1937 auch meine Mutter beerdigt. Diese Grabstätten befanden sich inzwischen auf der Grenze zwischen Ost- und Westberlin. Man konnte sie nicht besuchen, und sie verfielen. Auf dem Friedhof sind viele große deutsche und preußische Persönlichkeiten bestattet. In Lehfelde in einem Mausoleum im Walde befanden sich die Urnen der Familie Lehfeldt, die seit 1855 das Gut besaßen oder dort gelebt hatten, auch das Grab meines 1941 gestorbenen Sohnes Bernd. Das Mausoleum ist verfallen, zerstört, abgetragen und als Bausteine verwertet. So hatten wir nun nur noch die kleine Urnengrabstelle in Bremen, die wir am Heiligen Abend vor dem Gottesdienst immer besuchen.

Pastor Claus Liske gestaltete die Beerdigung von Dietz außerordentlich feierlich. Er stammt auch aus Westpreußen. Die Kapelle des Riensberger Friedhofs war voll, und die Bremer haben die Feier als würdig und auch als eine Feier für den Osten empfunden. Ich hatte das Gefühl, daß Dietz in Lehfelde beerdigt wurde. Als Schmuck hatte ich nur Blumen aus Feld und Wald ausgewählt und solche, die auch im Garten in Lehfelde geblüht hatten.

»Wir müssen«, sagte Pfarrer Liske unter anderem in seiner Predigt, »in dieser Stunde versuchen, in Gedanken einen Wechsel des Ortes vorzunehmen; denn diese Feier hätte ohne den Zweiten Weltkrieg und dessen Folgen nicht hier im Krematorium Riensberg, sondern auf Gut Lehfelde in der Provinz Posen stattgefunden. Laßt mich versuchen, mit einigen Strichen ein Bild davon zu zeichnen: Weit ist das Land, in dem Lehfelde liegt. Riesige Felder mit schon recht hohem Getreide.

Dunkelgrün der Wald. Darunter der blaue Junihimmel, wie Seide, mit einigen weißen Wolken. Ein großes Gutshaus zwischen Park und Garten, dabei die Pferdekoppeln. Juni im Osten ist fast schon Hochsommer. Weite und Freiheit! Als deutscher Gutsbesitzer im Osten war man nur von Gott und den von ihm gegebenen Pflichten abhängig; und diese waren: das Land, das Deutschtum, die anvertrauten Menschen.

»Dr. Lehfeldt war in der vierten Generation auf Lehfelde. Seine Arbeitskraft gehörte dem Gut. Sein Liebstes war der Wald. In den schweren Jahren nach dem Ersten Weltkrieg, als die Heimat an Polen abgetreten wurde, hat er viel fürs Deutschtum getan. Schwere Jahre waren es, die Ihr Euch hier kaum vorstellen könnt, und doch Jahre, die dem Leben eines Mannes tiefen Inhalt und Wert gaben und ihm mit den Seinen, in deren Liebe er ruhte und aus deren Liebe er immer neue Kraft gewann, aufs engste verband. All' dies Schöne, Heimat und Liebe, Weite und Freiheit erfüllte unseren Heimgegangenen in den letzten Tagen seines Lebens so stark, daß er von einer großen Heiterkeit erfüllt war. Ausgelöscht war der Bruch, den 1945 gebracht hatte. Ausgelöscht das Entwurzeltsein und das Gefühl der Heimatlosigkeit...

»Ihr Konfirmationsspruch, sehr verehrte Frau Lehfeldt, bekommt in dieser Stunde tieferen Sinn. Wie oft werden Sie seit 1945 an dies Wort gedacht haben, wie oft wohl auch überlegt haben, ob dies Wort stimmt. Gedenke an den Herrn in allen deinen Wegen, so wird Er dich recht führen. Sie sind ja jeden geführten Weg mitgegangen... Euch Freunden des Hauses Lehfeldt, besonders Ihnen, lieber Herr Schilling, sei in dieser Stunde gedankt für die neue Heimat, die Sie der Familie Lehfeldt geschaffen haben. So haben Sie eine neue Heimat gefunden. Freundschaft kann Heimat wenigstens teilweise ersetzen.

»Trotzdem werden wir Menschen aus dem Osten, die schon etwas älter sind, nie das Bewußtsein verlieren, daß wir entwurzelt sind... Irgendwo muß der Mensch aber wieder Wurzel fassen...«

Die Kinder vermißten den Vater. Jobst stand noch nicht auf eigenen Füßen. Dazu kamen jetzt auch finanzielle Probleme. Da Dietz nur kurze Zeit Angestellter gewesen war, zuvor immer selbständig, bekam ich zunächst eine Rente der Sozialversicherung in Höhe von 210 Mark. Vermögen besaßen wir nicht. So war ich gezwungen, nach dem Tod von Dietz gleich wieder zu arbeiten. Bei meiner einzigen Anstellung waren keine Sozialbeiträge für mich gezahlt worden. Als ich dann als Vertreterin in der Firma Lehfeldt anfing, hätte ich um eine Anstellung bitten können. Damals mußte man fünfzehn Jahre gearbeitet haben, um einen Rentenanspruch stellen zu können. Ich hätte die Hälfte der Kosten für die Beitragzahlungen übernehmen müssen. Dietz meinte, das lohne sich nicht, so lange brauche ich nicht zu arbeiten. Er hoffte, bis dahin eine Stellung mit Aufstiegsmöglichkeiten gefunden zu haben, wie es beim Deutschen Transport Versicherungsverband dann auch der Fall war.

Glücklicherweise hatte Dietz in seinem Vertrag einen Passus, der besagte, daß nach fünf Jahren entschieden würde, ob er Pensionsansprüche beim Deutschen Transport Versicherungsverbandes hätte. Diese fünf Jahre waren gerade erfüllt. Zur Beerdigung von Dietz war Herr von Schleyer vom Vorstand aus München gekommen, der dann auch hinterher bei uns im Hause war. Er setzte sich für eine Rente vom DTV für Dietz ein. So bekam ich dann 60 Prozent dieser Summe als Witwenrente. Das war ein Glück. Mit den beiden kleinen Renten hatte ich am Monatsende wenigstens die Miete für das Haus Lothringer Straße auf dem Konto.

Doch es reichte nicht. Einen Monat nach Dietz' Tod begab ich mich wieder auf die Landstraße, das heißt, ich fuhr in meiner schwarzen Trauerkleidung zu meinen Ärzten. Die Hoffnung, daß sie nun vielleicht großzügiger bei mir bestellen würden, um mir zu helfen, war trügerisch. Das Gegenteil war der Fall. Man kondolierte mir und glaubte, mich in meinem großen Leid nicht mit den kleinen Nachbestellungen trösten zu können. Zur Besprechung größerer Projekte hielt man mich, wahrscheinlich mit Recht, im Moment für ungeeignet. Man wußte auch nicht, ob ich weiter arbeiten würde, um so den Kundendienst zu garantieren. Kurz, von den ersten Besuchstouren kam ich völlig entmutigt zurück.

Da beschloß ich, meine Trauerkleidung abzulegen und meine Kunden frisch und fröhlich anzusprechen – auch wenn es innerlich bei mir ganz anders aussah. Und siehe da – es brachte erste Erfolge. Dazu kam, daß ich mich bei der Reiterei tröstete und mir Freunde besonders viele Pferde anboten. Auf Turnieren hatte ich auch gleich wieder Erfolge und ritt alle Reitjagden im Herbst mit, an denen Bremer teilnahmen.

Karin fing am 1. Juli 1962 bei mir im Geschäft als Mitarbeiterin an. Sie bekam den Renault als Geschäftsauto und nahm mir eine Reihe der Arztbesuche ab. Sie war eine tüchtige Sekretärin, eine zuverlässige Buchführerin und war bei den Ärzten sehr beliebt. Zwar kam sie meist nur mit kleinen Aufträgen nach Hause, denn auf Abschlüsse zu drängen war nicht ihre Stärke. Aber wie oft – auch später – haben mich »meine« Ärzte gefragt: »Was macht Ihre reizende Tochter?«

Zu Weihnachten 1962 fuhr ich mit den Kindern nach Kitzbühel in eine Pension, die uns Herr Walter und Lore Jacobs aus Bremen empfohlen hatten, und in der ich schon mit Dietz gewesen war. Die Weihnachtsfeiern und die Geschenke ließen wir ausfallen. Wir betrachteten die Tage ebenso wie das Jahresende als normale Skiferien. Das war weniger schmerzlich, als zu Hause die Kerzen des Weihnachtsbaums ohne Dietz anzünden zu müssen.

Ein neuer Abschnitt des Lebens begann.

1962–1985: Geschäftige Jahre

Zunächst blieben alle drei Kinder bei mir im Haus und Karin half im Geschäft. Noch waren wir eine Familie in dem Haus, in dem wir mit Dietz gelebt hatten. Aber die Situation änderte sich für mich grundlegend, als Karin 1965 heiratete und aus dem Geschäft ausschied. Auch die beiden Jungen bezogen eigene Wohnungen. Jobst ging zum Studium in eine andere Stadt.

Das war sehr bitter für mich, und ich mußte mir neben der bisherigen Arbeit ein neues Ziel suchen. Es bot sich in der Vertretung französischer Firmen an. Doch es war nicht allein meine Liebe zu Frankreich, die den Anstoß dazu gab, meine Firma mit einem Vertrag an eine große Firma zu binden, und daß ich versuchte, zusätzlich französische Vertretungen zu übernehmen. Es waren meine Bedenken gegenüber der wirtschaftlichen Entwicklung in Deutschland.

Mir war klar, daß Kleinfirmen wie meine, die nur durch persönliche Beratung, Kontakte und große Einsatz oft bis in die Nachtstunden erfolgreich sein konnte, bei der Entwicklung in Deutschland keine Zukunft mehr hatten. Große Firmen kauften mit Mengenrabatten günstiger ein, und auch der mit der persönlichen Betreuung zufriedene Arzt mußte eines Tages feststellen, daß er bei den Großfirmen höhere Rabatte erhielt. Die Entwicklung vom liebenswerten, persönlichen Tante-Emma-Laden, der auch mal nach Ladenschluß »aushalf«, zum unpersönlichen Supermarkt war zwar in meiner Branche noch nicht vorhanden, aber durchaus vorauszusehen.

Die Jahre des Wirtschaftswunders hatten die Menschen leichtsinnig gemacht. Kredite wurden jedem von uns geradezu nachgeworfen. Die Banken überboten sich mit Angeboten

»billiger Kredite«, die so billig gar nicht waren. Der Staat versuchte, die Wirtschaft weiter anzukurbeln beziehungsweise die Hausse, in der wir lebten, zu erhalten, indem er für vieles Prämien anbot. Wohnungsbauprämie, Bausparprämie, Aussteuerprämie, Kredite zur Gründung von kleinen und mittleren Betrieben... Und die an den Wohlstand gewöhnten Menschen griffen zu. Man kaufte Grundstücke, Häuser, und gründete Firmen ohne Kapital und Sicherheiten. Natürlich tauschte man ständig sein Auto um gegen ein größeres, eins mit Metallic-Lack oder noch mehr Chromteilen. Das Autoradio mußte Stereoklang haben und vieles mehr. Das Auto wurde des Deutschen liebstes Kind, ein Statussymbol, die Visitenkarte. Erst in den achtziger Jahren sah man ein, wie unpraktisch verchromte Stoßstangen waren. Nun wurden sie wieder aus anderen Materialien hergestellt. Der Deutsche putzte jedes Wochenende treu und brav an seinem Auto herum. Die Autos wurden auf den Straßen oft mit chemischen Zusätzen gewaschen, bis dies wegen der Verunreinigung der Umwelt verboten wurden. In jeder Straße wurde an den Autos herumpoliert und staubgesaugt. Nie habe ich das in diesem Ausmaß im Ausland gesehen.

Der kleinste Kratzer, eine winzige Beule – verursacht von einem vorüberfahrenden Radfahrer – rief stundenlange Diskussionen hervor. Häufig bemerkte ich eine Beule überhaupt nicht, bis meine Mitmenschen einer nach dem anderen fragten, wie und wo ich mir die wohl geholt und ob ich Schuld gehabt hätte. Zum Entsetzen der Familie kam ich gar nicht auf die Idee, die kleinen Beulen, die nicht rosteten, beseitigen zu lassen. Ich war nicht »in«.

Das alles beobachtete ich mit großem Mißtrauen. Meine Kinder schüttelten die Köpfe und hielten mich für töricht, daß ich keine Kredite aufnahm. »Aber du hast doch alle Vorteile sofort, und außerdem kannst du das noch von der Steuer absetzen«, hielt man mir vor. »Aber es muß zuerst mal verdient sein«, war meine Entgegnung, die zunächst nirgends Beifall

Die Baracke in Bremen,
Kurfürstenallee 2a – ein
Zuhause für sechs lange Jahre

Karin und Wolfgang auf
ihrer Spieltruhe in Lehfelde

Asta, die geliebte Setterhündin, war Jobsts Spielgefährtin

Oft tanzten wir bis in den frühen Morgen
1956 erfolgte − endlich − der Umzug in das Haus an der heutigen
Argonnenstraße

Wolfgang, Jobst und Karin (von links oben)
Der erste Ski-Urlaub

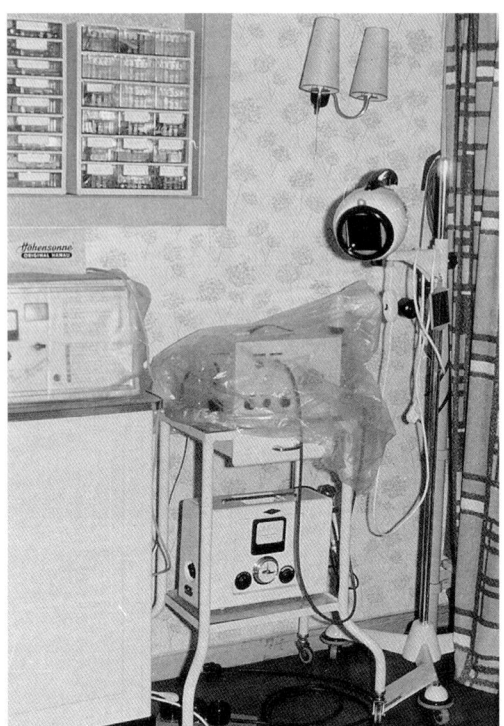

Ausstellungsraum
der Firma
Walburg Lehfeldt,
Praxiseinrichtungen
und Elektromedizin

Auf der Reitjagd über die Allerwiesen in Verden

Oberst a. D. Felix Bürkner

Capitaine Remiat vom *Cadre Noir* aus Saumur und die Autorin
bei seinen Kursen in Deutschland

General Gerhard von Pelet-Narbonne, der Großvater der Autorin und
ein bekannter Militärschriftsteller

Auf dem Rücken eines spanischen Hengstes in Barcelona
Die Autorin mit ihrem Pferd Express im Reitclub Hubertus
in Bremen

Das Gutshaus Lehfelde, wie es 1977 aussah
Gespräch auf der Dorfstraße in Lehfelde bei unserem Besuch 1977

Jacqueline und André François-Poncet
Prinz Bernhard der Niederlande (links an seinem Schreibtisch) läßt
Walburg Lehfeldt auf Schloß Soestdijk Kaffee servieren

Empfang in der Rathaushalle zu Bremen: Walburg Lehfeldt, Marianne von Weizsäcker und Richard von Weizsäcker

Bundespräsident Richard von Weizsäcker und Professor Wladyslaw Bartoszewski bei der Verleihung des Friedenspreises des Deutschen Buchhandels an den polnischen Historiker

Gratulationscour
zum 75. Geburtstag:
Express in Turnier-
aufmachung mit
einer Abordnung
des Reitclubs
vor dem Haus in
der Argonnenstraße

Professor Dr. Leonhard Gleske bei seiner Geburtstagsrede im Bremer
Park Hotel. Rechts neben der Autorin (in Bildmitte) Professor Dr. Diet-
rich Remy, Bärbel Bayer-von Dohnanyi, Susanne von Schönberg,
Arnaud de Bellaing, Walburg Lehfeldts Enkelin Astrid, Professor Dr.
Gerda Leber-Hagenau

Liebevoll gesammelte Antiquitäten: Das Wohnzimmer in Bremen
Die Veranda in Les Arcs im Dezember 1989 — mit dem Mandarinenbäumchen

fand. Meine Hilfen in Geschäft und Haushalt kauften neue Möbel auf Abzahlung. Die Lieferanten holten die vor gar nicht langer Zeit angeschafften Gegenstände ab, nur damit der neue Kaufvertrag, oft auf fünf Jahre, unterschrieben wurde. Viele Deutsche glaubten, an enorme Gewinne gewöhnt, daß dies immer so weitergehen würde, und verschuldeten sich hoch.

Meine Überlegung war nun, nicht mit meinem geringen eigenen Kapital Geschäfte zu machen, sondern mit meinen Kenntnissen, den Beziehungen zu meinen Kunden, also mein »Goodwill« so teuer wie möglich zu verkaufen. *Das* war mein Kapital. Ein befreundeter Jurist machte mir einen auf diese Überlegungen zugeschnittenen günstigen Vertrag, den ich zunächst mit der Firma Ernst Richter und, nach dem plötzlichen Tod des Inhabers Herrn Bade, mit dem Medicinischen Warenhaus Herbert Seyb abschloß. Die Firma kaufte meinen gesamten Lagerbestand zu den für sie günstigsten Einkaufspreisen und fakturierte selbst. Direkt verkaufte ich nur noch die Waren meiner persönlichen Vertretungen, etwa die für französische Schienen, Möbel und Lampen, was im Grunde zur Innenarchitektur gehörte.

Die Aufträge der Ärzte bestätigte ich auf Formularen mit meinem Firmenkopf, so daß der Kunde weiter auf mich, seinen langjährigen Lieferanten, eingestellt blieb. Die große Partnerfirma übernahm die gesamte Lagerhaltung. Natürlich war das Lager jetzt viel reichhaltiger, und die Auslieferung fand nicht erst nach Bestellung und Ankunft der Ware bei mir statt, sondern konnte sofort erfolgen. Die Rechnung kam zu Preisen, die in meinen Aufträgen notiert waren. So brauchte ich bei Preisnachlässen nicht meinen Partner zu fragen, sondern konnte vollständig selbständig handeln. Ich kannte die Rabatte in der medizinischen Branche sehr genau und schloß natürlich nichts ab, woran wir nichts verdienten. Der Verdienst, ganz gleich wie hoch, wurde prozentual geteilt. Am Ende des Jahres bekamen die Großfirmen wie das Medicinische Warenhaus nach der abgenommenen Menge dann Superprozente vom Hersteller in Höhe zwischen zwei und fünf Prozent. Dieser Gewinn blieb dann bei meinem Partner. So brachte ich, wenn ich ins Geschäft kam und die Aufträge mit dem Einkäufer besprach, immer einen Gewinn mit.

Da mein Kundenkreis ständig wuchs, und ich durch Empfehlung ganze Praxen von der Spritze bis zum Großgerät und mit allen medizinischen Möbeln abschloß, war ich ein angesehener Partner. Daß es mit einigen Angestellten oder den anderen Vertretern der Firma manchmal Reibungen gab, ist selbstverständlich. Aber am Ende setzte ich mich immer durch. Der Inhaber des Medicinischen Warenhauses, für das ich fast zehn Jahre arbeitete und dem ich achtundsechzigjährig 1980 kündigte, war Herr Seyb. Mit ihm und seiner Frau verstand ich mich gut. Doch konnte er bis zum Ende meiner Tätigkeit nicht begreifen, daß ich als branchenfremde Frau so viel verkaufen konnte wie seine jahrelang im Geschäft tätigen ständigen Vertreter. Ich hätte noch mehr Umsatz machen können, wenn er mich durch seine Angestellten von dem Kleinkram ein bißchen mehr entlastet hätte, doch das verhinderte der »Futterneid« der alten Vertreter. Unser Vertrag hatte den großen Vorteil für mich, daß ich keine feste Arbeitszeit hatte und keine Kunden besuchen *mußte*. Alle Unkosten – mein Büro im Haus, mein Auto, meine Tagegelder – gingen zu meinen Lasten. Von der Partnerfirma erhielt ich keinen Pfennig Fixum. So lag es allein an mir, wieviel und wo ich arbeiten wollte und wie ich meinen Kundenstamm vergrößerte.

Schon in jungen Jahren interessierte ich mich für Innenarchitektur und Einrichtungen. Ich hatte zunächst das Lehfelder Haus nach und nach umgestalten und modernisieren lassen. Die vielen und schönen Möbel meiner Eltern gaben mir die Möglichkeit dazu. Es waren fast alles Antiquitäten, denn für andere Möbel lohnte der Transport aus Deutschland nicht. Mein Schwiegervater grollte mir manchmal, was verständlich war. Doch hat das unser gutes Verhältnis nicht getrübt.

Als ich nach dem Tod meines Schwiegervaters noch während des Krieges in Lehfelde alle Gästezimmer renovieren, die Möglichkeiten für fließendes Kalt- und Warmwasser einbauen ließ und auch Tapeten und Farben änderte, ließ mein Mann mich gewähren. Nach der Flucht hatten wir in der damaligen Ostzone weder die Möglichkeit, Farben, Tapeten, Stoffe oder ähnliches zu kaufen noch sonst viel zu verändern.

Natürlich kamen wir meine persönlichen Beziehungen, meine Freundschaften mit Chefärzten der Kliniken auch zugute, obwohl ich an Krankenhäuser nichts verkaufen konnte. Krankenhausvertreter arbeiteten beim Medicinischen Warenhaus ganz getrennt von den Arztbesuchern. Es wäre für mich auch nicht so günstig gewesen, denn im Krankenhaus kamen die kleinen Aufträge zunächst von den Schwestern oder Oberschwestern. Da war aus taktischen Gründen ein männlicher Vertreter sehr viel günstiger, der den Schwestern ein paar Komplimente machte. Auch bei den Verwaltungsangestellten hatte ich nicht gerade den »besten« Ruf. Denn es war üblich, Geschenke zu Weihnachten oder Geburtstagen zu überreichen − ja, leider sogar das »Vergessen von Umschlägen« war an der Tagesordnung, in denen sich Geld befand. Das paßte nicht zu mir, es widersprach meiner Einstellung.

Wenn ich jetzt, da ich längst nicht mehr arbeite, von Krankenhausskandalen in den Zeitungen lese, muß ich oft genug sagen: »So war es!« Ich wollte lieber weniger verdienen, jedoch aufgrund meiner Beratung und meines Geschmacks anerkannt werden, und nicht durch »Bestechung«. Diese kleinen Bestechungen waren mir schon aus der polnischen Zeit verhaßt. Dort wurden die Beamten auf den Ämtern so schlecht bezahlt, daß sie mehr oder weniger darauf angewiesen waren, von uns Geld oder Wild und Geflügel anzunehmen, bevor wir den Paß für eine Reise nach Deutschland, einen Ausweis, eine Genehmigung erhielten.

Nach Karins Heirat und ihrem Ausscheiden aus dem Geschäft hatte ich allerlei nutzlose Versuche gemacht, das Geschäft mit einem fremden männlichen Vertreter und mit neuen Schreibkräften zu halten. Ich glaube, daß ich mit dem Vertrag mit dem Medicinischen Warenhaus in Bremen dann die optimale Lösung für beide Partner gefunden habe. In meiner Arbeit war ich frei, konnte den Wagen fahren, den ich mir leisten konnte, und war bei Kunden und Partnern, wenn auch bei letzteren manchmal zähneknirschend, angesehen. Im übrigen war ich im norddeutschen Raum die einzige Frau, die solche Umsätze in einer so schwierigen Sparte wie der Elektromedizin machte, ohne das richtig von der Pieke auf gelernt zu haben.

Nie hatte ich den Eindruck, daß man mich als Frau weniger anerkannte, daß eine alleinstehende Frau weniger galt als eine verheiratete. Immer wieder lese ich staunend in zeitgeschichtlichen Büchern und Artikeln, daß sich Frauen beklagen, in den Jahren des Wirtschaftswunders und danach eine so schlechte gesellschaftliche Stellung gehabt zu haben. Ich kann auch nicht sagen, daß man nicht eingeladen wurde, weil die Ehefrauen etwa Angst um ihren Mann gehabt hätten und eifersüchtig gewesen wären. Eins war mir klar: Wenn ich Geschäfte machen wollte, mußte ich die von jedem Flirt trennen. Sonst würde weder das Geschäft noch der Flirt klappen. Klare Trennung war mein Grundsatz. Ärzte, die plötzlich mit Blumen vor meiner Tür standen, wußten sehr schnell, woran sie waren und – o Wunder – kauften dann doch weiter bei mir.

Der Regierungswechsel von der CDU zur SPD war in finanzieller Hinsicht günstig für den »kleinen Mann«. Man überbot sich mit Wahlgeschenken. 1972 kam dazu, daß Hausfrauen für eine eigene Rente nachzahlen konnten. Als selbständiger Kaufmann war ich nur privat krankenversichert gewesen und hatte eine Lebensversicherung abgeschlossen. Nun konnte man in beliebiger Höhe für eine Rente nachzahlen, die man auch als Frau allerdings erst im Alter von fünfundsechzig Jahren erhielt. Ich zahlte die höchste erlaubte Summe ein, die in Raten über mehrere Jahre verteilt wurde. Das erwies sich als Segen, denn als ich durch eine Augenoperation schon vor meinem fünfundsechzigsten Lebensjahr längere Zeit arbeitsunfähig war, erhielt ich zwar nur die Hälfte der mir zustehenden Summe, doch ich bekam immerhin etwas. Nach etwa fünf Jahren, also im Alter von siebzig, hatte ich das eingezahlte Geld wieder heraus und die zusätzliche Rente ermöglichte mir später ein bescheidenes aber sorgenloses Leben. Wie der Staat beziehungsweise die arbeitenden Menschen auf die Dauer die hohen Altersrenten aufbringen wollen, ist mir allerdings rätselhaft.

Außerdem hatte ich meine Wohnungsprämie in die Bremer Heimstiftung für Senioren gesteckt und sieben Jahre dafür die Prämie von 400 Mark vom Staat erhalten. So hoffe ich, mein Alter finanziell abgesichert zu haben und den Kindern nicht zur Last zu fallen.

Nachdem ich aufgehört hatte, so intensiv zu arbeiten, konnte ich mir schöne Reisen leisten. Ich fuhr nach Südafrika, Tunesien, Ägypten, Israel, Griechenland, in die Türkei und nach Italien, bereiste alle angrenzenden europäischen Länder, die sechs mittelamerikanischen Staaten und die USA. Wenn ich keine Freunde im Lande hatte, die mich beraten und mir weiterhelfen konnten, buchte ich die Reisen bei der Heidelberger Studiengesellschaft oder bei der »Karawane«. Mit letzterer machte ich drei herrliche große Kreuzfahrten im Mittelmeer. Doch über Reisen will ich hier nicht berichten, das kann man täglich von guten Journalisten beschrieben in den Zeitungen lesen.

Ich habe weder ein eigenes Haus in Deutschland erworben noch schicke Autos gefahren. Außer einem sehr bescheidenen Bankkonto besaß ich eigentlich nichts. Aber ich habe ein reiches Leben gehabt, meine Wohnung nach meinem Geschmack einrichten und viele schöne Reisen machen können. Die drei Kinder hatten ihre Ausbildung erhalten und standen auf eigenen Füßen. Traurig und doch beglückend für eine seit 1962 alleinstehende Mutter.

So kündigte ich 1981 den Vertrag mit dem Medicinischen Warenhaus, erhielt die übliche Abfindung und behielt bis 1985 den Firmenmantel bei, um noch einige Gelegenheitsgeschäfte mit Möbeln und Dekorationsartikeln abwickeln zu können.

Im Jahr 1983 hatte ich auch mein 25jähriges Firmenjubiläum. Natürlich hatte ich überhaupt nicht daran gedacht, denn mit Geburtstagen und erst recht mit Jubiläen hatte ich schon immer Schwierigkeiten. Durch ein sehr nettes Schreiben der Handelskammer wurde ich daran erinnert, die am 6. Mai 1983 schrieb:

> Sehr geehrte Frau Lehfeldt! Am 8. Mai 1983 jährt sich der Gründungstag Ihres Unternehmens zum 25sten Male. Zu diesem Jubiläum spricht Ihnen die Handelskammer Bremen ihre Glückwünsche aus.
>
> Seit der Gründung hat sich das Unternehmen im Großhandel mit technischem Arztbedarf und Praxiseinrichtungen sowie mit der Planung von Arztpraxen zu seiner heutigen Bedeutung entwickelt. Der Erfolg der bisherigen Geschäftstätigkeit wurde auch durch die 10jährige Fusionierung mit dem Medicinischen Warenhaus Bremen bestätigt.
>
> Mögen Ihrem Unternehmen ein weiteres langes Bestehen und eine glückliche Zukunft beschieden sein.

1985 ließ ich die Firma im Handelsregister löschen und trat auch aus der Handelskammer aus. So endete meine geschäftliche Tätigkeit, die mir zwar keinen großen Reichtum, doch immer einen Abschluß mit kleinem Gewinn und einen guten Ruf als Geschäftsfrau gebracht hatte. Nun war ich dreiundsiebzig Jahre alt, Rentnerin, und hatte Zeit zurückzublicken auf die mit so viel Arbeit und oft persönlicher Entsagung angefüllten fünfundzwanzig Jahre.

Aber jetzt fragte ich mich: War das alles richtig? Habe ich den Kindern und Freunden genug Liebe geben können? Habe ich mich nicht auch dem materialistischen Denken angepaßt? Wie weit war auch ich verantwortlich für so manches, das wir an der heutigen Zeit kritisieren und was wir mit Recht oder Unrecht der heutigen Generation anlasten?

Wirtschaftswunder
und Überflußgesellschaft

1950 bis 1987 — ein Menschenalter, hätte man früher gesagt. Nun waren meine Freunde aus dem Osten, meine Kinder und ich ebenfalls Nutznießer des Wirtschaftswunders. Was hat es uns an Gutem und an Schlechtem gebracht?

Das Wichtigste war, daß wir freie Menschen waren, die das, was sie dachten, auch offen aussprechen konnten. Wir waren Bürger einer freien Demokratie. Nachdem wir in Polen jahrelang gegen die polnischen Behörden Wort und Schrift hatten abwägen müssen, nachdem wir unter unerträglichem Druck fünf Jahre in der Ostzone gelebt hatten, zunächst unter der russischen und dann — noch schlimmer — unter der deutschen Zwangsherrschaft, hatten wir allen Grund, dankbar zu sein.

Zunächst hatten die Hilfe der Westalliierten, die Care-Pakete und Kredite, dann der große Entschluß des Wirtschaftsministers Erhard und seines Kanzlers Adenauer für eine freie und soziale Marktwirtschaft, aber auch der unermüdliche Fleiß der Deutschen dazu geführt, daß wir, was die wirtschaftliche Existenz anbelangte, wieder beruhigt in die Zukunft sehen konnten. Es darf nicht vergessen werden, daß wir schwer gearbeitet haben: vierzehn bis sechzehn Stunden täglich, sonnabends bis mittags, war das Arbeitspensum in der freien Wirtschaft. Zwei Wochen Urlaub standen uns zunächst im Jahr zu. Wenn es drei Wochen waren, dann handelte es sich um einen besonders sozialen Betrieb oder es galt für Schwerbeschädigte, Spätheimkehrer und Jugendliche.

Für das Geld, das wir mit jährlich steigenden Löhnen verdienten, konnten wir uns »alles« kaufen. Nicht nur deutsche, sondern jede Art Importwaren standen zur Auswahl. Bis in die siebziger Jahre hatte fast jeder Haushalt angeschafft, was er nötig brauchte. Daß es immer noch Rentner gab und gibt oder Menschen, denen es nicht gelungen ist, genügend Geld zu verdienen, und die im beginnenden Alter ärmlich leben, ist eine Tatsache, die sich immer und überall wiederholen wird. Aber von den sogenannten Priviligierten bis zu den ungelernten Arbeitern hatten zwei Drittel der Familien in den siebziger Jahren bereits Autos. Jede Familie besaß Radios, Tonbandgeräte, Fernseher, Kühlschränke und Waschmaschinen. Fahrräder, zunächst das billigste Verkehrsmittel, waren durch die Anschaffung der Autos und Motorräder dann »out« und letztlich als sportliche und gesunde Betätigung wieder »in«.

Die meisten Familien hatten von den Vorteilen der Bausparkassen und Wohnungsbauprämien profitiert und bewohnten eigene Häuser oder Wohnungen. Bei den Flüchtlingen waren es meist die sogenannten Nebenerwerbsstellen, auf denen man auf 1800 Quadratmetern Land irgendeine Tierzucht zur Selbstversorgung betreiben und das Land als Garten für den Eigenbedarf nutzen konnte. So wurden die Menschen im wahrsten Sinne des Wortes wieder »ansässig«.

Die Tierhaltung zwang die Menschen aber, zum Füttern früh und abends zu Hause zu sein, hinderte sie am Verreisen und Ausgehen. So wurde die Tierhaltung mit steigendem Wohlstand wieder aufgegeben, und aus Ställen wurden Garagen. Die Einheimischen mußten je nach Größe ihres Haus- und Grundbesitzes sogenannte Lastenausgleichsabgaben bezahlen. Die Häuser waren fast alle durch Bomben und sonstigen Kriegsfolgen zerstört oder zumindest beschädigt, ihre Besitzer hätten sie verständlicherweise lieber ausbessern lassen, als Geld für Zugewanderte zu zahlen. So erklärt sich ein Teil der Abneigung gegen die Flüchtlinge.

Das war natürlich ungerecht. Denn der Vorteil der Einheimischen war in jeder Hinsicht sehr groß. Viele besaßen Grundstücke und andere auch Wertpapiere. Die Aktien und

Obligationen von Firmen, die sich im Westen befanden, wurden bald wieder aufgewertet und an der Börse teils mit großem Gewinn gehandelt. Dagegen wurden die Anteile, die man an Betrieben im Osten besessen hatte, nach vielen Jahren im besten Fall mit den Werten des Lastenausgleichs, also drei bis fünf Prozent bewertet. Ich denke dabei zum Beispiel an unsere Aktien von Zuckerfabriken und Stärkefabriken in den verlorenen Gebieten.

Ich glaube, daß die verzweifelte Lage der Flüchtlinge zum großartigen Aufschwung des deutschen Volkes wesentlich beigetragen hat. Nie wäre so hart gearbeitet worden, hätten sich alle in einer »leidlichen Lage« befunden.

Zunächst führte der Zuzug der Millionen Flüchtlinge und die Zerstörung der Fabriken und Arbeitsstätten zu großer Arbeitslosigkeit. Doch schnell, unglaublich schnell änderte sich das Wirtschaftsbild, als Fabriken, Handwerksbetriebe und Läden wieder aufgebaut oder neu geschaffen wurden. Bereits in den sechziger Jahren mußte man einem Handwerker schon etwas Besonderes bieten, daß er auch kam. Hilfen für Haushalt oder Garten fuhren in Autos vor und wurden von den Arbeitgebern wie »rohe Eier« behandelt. Da die deutschen nicht mehr ausreichten, holte man ausländische Arbeitskräfte, die billiger und anspruchsloser waren. Man rief sie und wurde sie dann, als in Deutschland wieder eine Arbeitslosigkeit einsetzte, nicht mehr »los«. Dies ist ein in jeder Hinsicht trübes und ungerechtes Kapitel.

Den größten Vorteil des Wirtschaftswunders sah ich darin, daß man sich für das Alter mit freiwilligen Renten und Einzahlungen in Seniorenheime absichern konnte. Die Zahl der Arbeitsstunden ging jährlich zurück, die Freizeit wurde länger, Urlaubstage zahlreicher, Kuraufenthalte und Verschickungen immer häufiger. Bildungsurlaub, Umschulungen — was wurde nicht alles angeboten?! Doch unter diesen Bedingungen wurde der Lohndruck auf die Betriebe größer. Dazu kam die Konkurrenz der anderen Länder, die mit billigeren Arbeitskräften arbeiteten und Strukturverschiebungen innerhalb der Wirtschaft. Und schließlich kam es in den achtziger Jahren erneut zu Arbeitslosigkeit.

Aber es gab auch Auswüchse der großzügigen Freizeit. Manche Menschen konnten nur wenig Sinnvolles damit anfangen. Es kam zu den negativen Folgen, von denen ich mich keineswegs ausnehmen kann. Zunächst war es zu Ende mit der deutschen Sparsamkeit. Das betraf auch mich. Wenn etwas fehlte, suchte ich nicht erst lange danach. Dafür hatte ich keine Zeit. Und ich verdiente ja genug. So ging ich in das nächstbeste Geschäft und kaufte das Fehlende nicht einmal − nein, da ich seit langer Zeit endlich mal wieder in diesem Laden war, gleich in verschiedenen Ausführungen.

Eine Freude, ein Wert aus meiner Jugend entfiel: »einen Herzenswunsch zu haben«. Früher waren Weihnachten und Geburtstage große, echte Feste. Man bekam, was man sich seit langem sehnlich gewünscht hatte − aber nicht mit Sicherheit. Bis zum Klingeln, das den Eintritt in die Weihnachtsstube oder den Zutritt vom Geburtstagstisch einleitete, war man noch in Spannung: Hatte das Geld der Eltern zu der von uns so heiß begehrten Anschaffung gereicht oder nicht?

Nun wünschten wir uns nichts mehr. Wir kauften es. Es wurde auch sehr schwierig, anderen eine Freude zu machen. Man mußte lange überlegen, was in der ohnehin kompletten, aber nicht sehr großen Wohnung noch »untergebracht« werden konnte.

Die Industrien ließen ihre Phantasie spielen... Zubehör für eine Feuerzangenbowle, Töpfe und Teller für Käse- oder Fleischfondue, Ausstattungen für Raclette, Grillständer groß und klein, kurz eine Unzahl von Gerätschaften wurde angeboten und − verkauft. Äußerte ich mal vorsichtig, ein großer Teil dieses Zubehörs wäre doch unnötig, wurde ich sofort belehrt, daß das die Wirtschaft ankurbele, daß man mit dem Kauf dieser Dinge ein gutes Werk tue. Sicher, auch ein Standpunkt! Betrifft das auch die vielen Knallkörper, die in der Silvesternacht in die Luft gejagt werden? Da ist es jedem vorbehalten, sich selbst zu entscheiden.

Einen großen Einfluß auf unser Leben nahm in den fünfziger, sechziger Jahren das Fernsehen. Wir mieteten den ersten Fernseher 1960, um die Olympischen Spiele verfolgen zu können. Von da an schwoll die Fernsehwelle an. Jeder Haushalt hatte zunächst einen Apparat in schwarz-weiß, später einen Farbfernseher, schließlich mehrere, damit man in der Familie verschiedene Programme sehen konnte. Viele meiner Freunde lehnten die Anschaffung eines Fernsehers ab, da er das Familienleben beschränke. Auch wollten sie nicht, daß die Kinder und schließlich auch sie selbst von den Medien und den sie bestimmenden Parteien über Gebühr beeinflußt würden. Früher oder später mußten sie sich anpassen.

In den Schulen wurde auf die Sendungen am Vortag Bezug genommen. Die Sender brachten Programme, die für Kinder und Jugendliche bildend und für bestimmte, nicht so privilegierte Familien durchaus segensreich waren. Doch nicht nur diese sahen die Programme... Die Eltern der Kinder, die das Fernsehen ablehnten, galten als »rückständig«. Noch schlimmer: oft genug verließen die Kinder mit einer Ausrede das Elternhaus, um das ersehnte und gewünschte Programm bei Nachbarn zu sehen. Viele versuchten zwar, gegen diese »Fernsehkrankheit« anzugehen, konnten sich aber nicht durchsetzen.

Ähnlich ist es mit den Videogeräten. Ich habe sie anfangs als unnötigen Luxus abgelehnt. Noch heute besitze ich weder ein Gerät zur Aufnahme noch die Möglichkeit der Wiedergabe in meinem Fernseher. Aber was tue ich? Ich bitte meine Kinder, mir diese oder jene Sendung aufzuzeichnen und leihe mir dann ein Wiedergabegerät... Sehr konsequent ist das nicht.

Sehr bedenklich ist, daß der Videohandel so viel Geld mit dem Verleih von Krimis und Pornofilmen verdient, die oft

Jugendlichen bedenkenlos ausgehändigt werden. Auch der Drogenkonsum mancher Jugendlichen ist ein ernstes Problem, das die Wohlstandsgesellschaft uns brachte, das ich aber hier nicht behandeln will. Das steht mir nicht zu. Ich frage mich jedoch: »Hätten wir den Kindern mehr Liebe geben müssen, ihnen mehr Zeit als dem Gelderwerb widmen sollen? Inwieweit ist unsere Generation – die Großeltern und die Eltern – mitschuldig?

Positiv wirkt sich die großzügige Freizeit und der Wohlstand auf die Urlaubsgewohnheiten aus. Fast jeder Arbeiter kann sich zunächst einmal, oft zweimal im Jahr Urlaub mit den preiswerten Touristikangeboten selbst im Ausland leisten. Viele Deutsche können andere Länder, andere Sitten und Gebräuche kennenlernen. Leider fühlt sich ein Teil der Deutschen im Ausland zu den Stränden und Lokalen hingezogen, die von oft körperlich sehr umfangreichen Deutschen bevölkert werden, und wo man Kaßler mit Sauerkraut bekommt.

Nach den langen Jahren der Entbehrung erfaßte die Deutschen, die bekanntlich von einem Extrem in das andere fallen, die »Freßwelle«. Man konnte es sich leisten. Nun bekamen die übergewichtigen Menschen Probleme mit ihrer Gesundheit. Rheuma, Gicht, Leber- und Gallenleiden traten aufgrund des übermäßigen Fett- und Alkoholgenusses auf. Das belastet den Haushalt unserer Krankenkassen erheblich. Die Menschen mit so viel Zeit und so wenig Sorgen haben mehr Gelegenheit, über ihre Krankheiten nachzudenken und füllen die Wartezimmer der Ärzte.

Ich erinnere mich an einen Internisten, dessen Praxis ich eingerichtet hatte, und der mir einige Tage nach deren Eröffnung voll Stolz sagte: »Heute hatte ich schon sechs Patienten, und zwei davon waren wirklich krank.«

Nach der Währungsreform nahm der Nikotinkonsum, vor allem bei Zigaretten, erheblich zu, was der Gesundheit natürlich nicht zuträglich war. In den siebziger und achtziger Jahren schlug das genau ins Gegenteil um. »Nikotin ruft Krebs hervor«, steht täglich in den Zeitungen. Nun wurde das Rauchen innerhalb kurzer Zeit so verteufelt, daß es in Büros und Transportmitteln verboten ist. »Passiv Rauchen« heißt das neue Schlagwort. Wieder fiel der Deutsche von einem Extrem ins andere.

Sehr bedauerlich ist, daß sich die Einzelgeschäfte nicht mehr halten konnten, da sie zunächst von den Lebensmittelketten und später von den großen Supermärkten verdrängt wurden. Damit entfielen auch die persönlichen Beziehungen, das »Sich-auf-den-Kunden-Einstellen«, ihn individuell zu beraten.

Ehe die Supermärkte entstanden, gaben die größeren Ketten der Lebensmittelgeschäfte Rabattmarken aus. Bei jedem Einkauf bekam man für drei Prozent des Geldwertes Rabattmarken, die man sorgfältig in »Hefte« klebte, die dann eingelöst wurden. Später entfiel das — wegen des Arbeitsaufwands oder weil die Kunden kein allzu großes Interesse mehr zeigten?

Die bisher beschriebenen Vor- und Nachteile des Wirtschaftswunders betreffen uns alle. Aber wie sieht es im Hinblick auf unsere Jugend aus? Ich denke zunächst an die Zeit, die die Kinder im Elternhaus verbringen, in der wir, Großeltern oder Eltern, für sie verantwortlich sind. Wie weit erkennen wir die Probleme und wie weit haben wir den Mut gegen das, was wir als »falsch« erkennen, auch anzugehen? Wie oft sage ich mir: »Da hast du wieder versagt!? Du bist den bequemen Weg gegangen. Du hast erkannt, daß dies oder jenes dem Kind nicht zuträglich ist, und doch hast du dich aus Bequemlichkeit, weil du die Zuneigung des Kindes nicht verlieren wolltest, dem allgemeinen Trend angepaßt.«

Das Problem des Überflusses beginnt schon im Babyalter. Jedes Kind möchte ein Kuscheltier haben, so wie es eine Bezugsperson braucht. Wenn das Kind Angst hat, gibt das

Stofftier ihm Trost im Bett. Aber warum kann es nicht bei einem oder zwei solcher Tiere bleiben? Da liebt das Kind sein Bambi, aber eines Tages wird die Mickymaus modern; in jedem Laden, in jeder Kinderzeitung guckt sie uns an. Oft sind es nicht die Kinder, die sich das gerade modische Stofftier wünschen, sondern die Eltern und Tanten, die es ihm als Schmusetier aufdrängen.

Ich besinne mich auf ein Erlebnis in meiner Jugend. Als ich zehn Jahre alt war, brannte das Haus meiner Pflegeeltern in Hasselbusch/Neumark in einer Nacht ab. Die Eltern waren nicht zu Hause, und wir Kinder konnten gerade noch die Treppe hinuntergebracht werden, bevor sie einstürzte. Gerettet wurden aus unseren Kinderzimmern in der ersten Etage nur die Sachen, die die mit Leitern eingestiegenen Feuerwehrleute aus den Fenstern geworfen hatten. Am nächsten Morgen irrten meine Pflegeschwester und ich durch die diversen Speicher und Remisen, in denen die geretteten Sachen aufbewahrt wurden, und suchten unter Tränen jede »unseren« Teddybär. Jetzt müßten meine Enkel mindestens zehn suchen und sicher ohne Tränen, denn zu welchem haben sie denn wirklich Schmusebeziehungen? Doch sicher nicht zu zehn! Wir meinen es so gut mit den Kindern und nehmen ihnen dabei so viel!

Dann kommen die ersten Spielzeuge. Nicht einige Legospiele zum Zusammensetzen und zur Erprobung der Geschicklichkeit werden angeschafft. Nein, man fällt in allen Zimmern über Mengen von Klötzchen und Würfeln der verschiedenen Spiele und den teuren Playmobilkästen, daß die Kinder diese abends weder ordentlich wegräumen noch die verschiedenen Seiten der mit Bildern beklebten Klötze, die Möglichkeiten des Zusammensetzens, kennengelernt haben können. Die gestreßten Eltern werfen abends alle diese Teile in große Körbe oder Kisten und niemand hat die Zeit, die einzelnen Spiele wieder zusammenzusuchen.

Ähnlich ist es mit der großen Zahl der Spielautos. Nicht nur zwanzig verschiedene Kleinautos befinden sich in den Spielzimmern, es müssen sämtliche Autotypen vorhanden sein. Die Eltern laufen in die verschiedenen Geschäfte, um den Mercedes 300 zu suchen, weil das Kind zwar den 220er und den 500er hat, aber dieser Typ fehlt.

Dagegen gibt es nur wenige Gesellschaftsspiele, denn die Familien haben nicht mehr die Zeit, mit den Kindern zu spielen. Es fehlen die früher so beliebten Großeltern, die sich mit den Kindern beschäftigen könnten. Sie sind inzwischen in Seniorenheime verbannt.

In dem großen Haus in Lehfelde hatten wir für die beiden älteren Kinder für das Spielzeug eine aufklappbare Sitztruhe. In deren Innerem befanden sich alle Spielsachen und alle Gesellschaftsspiele, die die Kinder besaßen. Abends mußte die Truhe von den Kindern selbst aufgeräumt und alles darin verstaut werden. Dort gab es Bälle und Reifen verschiedener Größen, beliebte Spiele wie »Mühle« und »Dame«, »Halma«, »Mensch ärgere Dich nicht«, »Zitterspiel«, Würfelspiele, und — lebhaft sehe ich es noch vor mir — das »Angelspiel«. Das war alles an Spielzeug, was meine beiden Kinder im Alter von zehn und zwölf Jahren bis zur Flucht aus der Heimat besaßen.

Doch wie habe ich mich nun selbst verhalten? Die Kinder wollen meine Einwände nicht hören. Das sei jetzt nun mal so, wird mir entgegnet, womit sie Recht haben. Nun ja, ich gehe einen Kompromiß ein. Das siebte Stofftier, das vierzigste Spielauto geht gegen mein Prinzip, aber — ich gebe das Geld dafür den Kindern, damit sie es für die Enkel kaufen! Dadurch, daß ich nicht selbst in den Laden gehe, glaube ich einen Kompromiß zu schließen zwischen meiner Meinung und meinem Tun. Ist das nicht lächerlich? Ich weiß und empfinde das. Ich werde also zum »Mitläufer« bei der Entwicklung zum Materialismus.

Und nun zu den Taufen und Konfirmationen. Da erzählen mir Freunde voller Stolz, daß nach einer Taufe in der Kirche

150 Personen zum Gratulieren ins Haus kamen und prächtige Geschenke für den Täufling mitbrachten. Abends wurde ein großes Diner für fünfzig Personen angerichtet. Da kommt der Säugling nicht zu kurz. Er schläft hoffentlich!

In einer bekannten Familie wollte sich der Sohn nicht konfirmieren lassen. »Überholt«, erklärte er. »Man geht allenfalls noch zu Weihnachten und zu Hochzeiten in die Kirche. Das geht auch ohne Konfirmandenunterricht, der Zeit kostet und Mühe macht.«

Dann aber hörte der Filius, daß man zu den Konfirmationen Geld geschenkt bekäme, und wieviel – und änderte seine Meinung. Davon könne er sich die ersehnte Musikanlage kaufen ...

Natürlich darf man so etwas nicht verallgemeinern. Ich erwähne dieses Thema nur, damit wir alle mithelfen, solchen materialistischen Gedankengängen entgegenzutreten. Natürlich schenke ich kein Geld, natürlich gehe ich nur zum Gratulieren, wenn ich eine persönliche Beziehung zu dem Kind habe. Aber wage ich dieses heiße Thema auch in kleinem Kreis anzuschneiden? Irgend jemand ist dann mit Sicherheit beleidigt, denn aus geschäftlichen Gründen hat einer in der Gesprächsrunde bestimmt gerade Blumen, Geschenke oder einen Umschlag mit Geld bei einem Geschäftsfreund abgegeben, als dessen Kind konfirmiert wurde. Man macht sich unbeliebt, also schweigt man. Mitläufer? Mangel an Zivilcourage? Es bringt doch nichts? Alles das stimmt!

Negativ wirkt sich das Wirtschaftswunder auch bei der Ernährung während der Schulzeit aus. Als wir 1950 aus Mitteldeutschland nach Bremen kamen und sechs Jahre lang in der Baracke lebten, hatte ich Schwierigkeiten, was ich Karin, und nach 1951 auch Jobst, auf ihre Schulbrote streichen sollte. Sehr dankbar waren wir Eltern und die Kinder damals für die amerikanische Schulspeisung. Nudeln mit Tomatensoße, Grießbreisuppen und ähnliches wurden in den Pausen ausgegeben. Was die Kinder in der Schule nicht aßen, brachten sie nach Haus und alles wurde verwertet.

Der Aufschwung in der Bundesrepublik setzte so schnell ein, daß sich schon wenige Jahre später viele Schulbrote in Mülleimern und Papierkörben der Schulen wiederfanden. Dann stellte man zum Entsetzen vieler Eltern in den Schulen Automaten mit Colagetränken und Süßigkeiten auf. Daraufhin wurde zu Hause um Geld gebettelt: »Die anderen Kinder bekommen es auch« — »Ich hatte immer solchen Durst«, hieß es. Inzwischen genügt das auch nicht mehr, denn aus dem Gymnasium gegenüber ergießt sich in den Pausen eine Flut von Schülern in den Lebensmittelladen, um Eis am Stiel und Süßigkeiten zu kaufen. Da es »sportlich ist«, eine Sache zu bezahlen und eine andere »mitgehen zu lassen«, mußten die Ladenbesitzer die Preise erhöhen, damit sie durch die kleinen Diebereien nicht zusetzten. Das stört aber das Kosumverhalten der Schüler wenig. Sie bekommen das Geld, und die ehrlichen zahlen für die anderen.

Die Freistunden werden in einem kleinen Café verbracht, das zum großen Teil davon lebt, da es auch Kuchen, belegte Brote und Pommes frites über die Straße verkauft.

Viel bedenklicher sind die schon erwähnten Videoläden und Spielhöllen, in die Jugendliche nur gehen können, weil sie das »Wirtschaftswunder-Taschengeld« der Eltern bekommen. Viele Jugendliche »jobben« in den Ferien und in der Freizeit. Also können sie auch mit diesem Verdienst dorthin gehen. Daher hängt es nicht allein von Eltern ab, die sich »den Frieden im Haus« mit Geld erkaufen. Man muß das alles ganz nüchtern sehen.

Große Anziehung üben die Diskotheken aus. Für einen Teil der heranwachsenden Jugend ist es der heißeste Wunsch, dorthin gehen zu dürfen. Erst dann ist man »erwachsen« und gilt etwas. Warum manche dieser Diskotheken erst gegen 21 oder 22 Uhr öffnen oder erst mit diesen Öffnungszeiten »in« sind, ist rätselhaft. Ich werde mich aufklären lassen.

Sicher gab es ähnliches auch in unserer Jugend. Wir gingen um die Ecke oder aufs »Klo«, rauchten die erste Zigarette und fühlten uns dadurch »erwachsen«. Der erste Lippenstift führte damals zu Auseinandersetzungen in der Familie und wurde erst auf der Treppe beim Verlassen der elterlichen Wohnung heimlich aufgetragen.

Also werfen wir nicht »den ersten Stein«, sondern hoffen wir, daß immer mehr Jugendliche die Gefahren des Überflusses erkennen und sich vom allzu materialistischen Denken frei machen. In der betont saloppen Kleidung, den Jeans, in die man nun mühsam Löcher schneidet, liegt doch schon ein Protest gegen die Wohlstandsgesellschaft. Wir müssen die Jugend dazu anleiten, dem Nächsten einen Dienst zu erweisen, ihm etwas Gutes anzutun. »Womit kann ich Ihnen dienen?« fragte man früher. Eine Redensart, die fast vergessen ist. Und doch — kommt dieser Gedanke nicht bei einem Teil der Wehrdienstverweigerer wieder auf?

Das Telefonieren ist eine angenehme Sache. Man weiß sofort, wie es dem anderen geht, braucht nicht auf Antwort zu warten und muß sich nicht der Mühe des Schreibens unterziehen. Sobald die Eltern aus dem Haus sind, benutzen die Kinder das Telefon mitunter für endlose Gespräche. Bei Auszug aus dem Elternhaus ist die Beantragung eines eigenen Telefonanschlusses aufgrund der guten wirtschaftlichen Lage fast üblich, wird sogar von den Eltern unterstützt. So sind die Kinder doch wenigstens fast jederzeit erreichbar. Richtig, ein sechsminütiges Ortstelefongespräch kostet weniger als eine Briefmarke. Doch das Sich-auf-den-anderen-einstellen geht häufig verloren. Um wieviel mehr kann ich beim Schreiben eines Briefes an den anderen denken, wieviel mehr kann ich mich in diesen hineinversetzen, als wenn ich kurz frage, wie es geht, wobei die Unterhaltung meist sehr oberflächlich bleibt. Im Grunde sagen die meisten Menschen doch bei einem unerwarteten Anruf, daß es ihnen gut gehe, weil sie so schnell ihre Gedanken und Sorgen einer körperlosen Stimme gegenüber nicht preisgeben wollen. Sie sehen den Menschen nicht, die persönliche Ausstrahlung fehlt, die persönliche Nähe.

Wenn man einen Brief schreibt, sieht man den Menschen auch nicht. Aber Liebe und Zuneigung kann ich besser in einen Brief legen als in ein Telefongespräch. Wieviel können uns noch Jahrzehnte später Briefe geben — nicht nur die großer Dichter und Denker, sondern auch die unserer Angehörigen bekannter oder unbekannter Generationen? Ihre Beziehungen zu ihrer Umwelt interessieren uns noch heute oder — wieder.

So will ich versuchen, meinen Kindern und Enkeln das Briefeschreiben nahezubringen, indem ich ihnen aus meinem Urlaub schreibe oder ihnen in ihren Urlaub, wenn sie nicht so vom Alltag in Anspruch genommen sind. Dann haben sie vielleicht Zeit, über den Inhalt nachzudenken und die Kunst des Briefeschreibens zu erproben.

So stehe ich am Ende des in diesem Buch beschriebenen Menschenalters (früher rechnete man dreißig Jahre für ein Menschenalter) vor der Frage: Was hat uns das Wirtschaftswunder, der Wohlstand gebracht? Ich denke, das ist in erster Linie die Möglichkeit, in einer Demokratie leben zu können. Wir können überall hinreisen, überall arbeiten. Wir können unser erspartes Geld dorthin mitnehmen. Wir sind durch die Krankenkassen und sozialen Einrichtungen gegen Krankheit und für das Alter abgesichert, wenn wir uns darum bemühen. Wir haben ein reiches Angebot geistiger Anregungen. Wir dürfen nicht vergessen, daß auch finanziell nicht so gut Gestellten geistig enorm viel geboten wird: Rundfunk, Fernsehen, Vorträge, reichhaltige Leihbibliotheken, das Studium an den Volkshochschulen. Es gibt für fast alle Veranstaltungen Ermäßigungen für Rentner, Schüler, Studenten und Schwerbeschädigte.

Der Einsatz der Kirchen ist beachtlich. Sie nehmen sich der alten und einsamen Menschen an, machen ihnen ein reiches Angebot an Ausflügen, Vorträgen, Musikabenden und bieten ihnen Urlaubsreisen an.

Für die jetzt so beliebte Schwarzmalerei ist kein Grund,

wenn wir erkannt haben, wo die Gefahren liegen. Bemühen wir uns, jeder bei sich anfangend, uns von dem allzu materialistischen Denken zu entfernen, der Jugend Mut für die Zukunft zu geben und sie zu Leistungen anzuspornen.

Reiten in der Jugend und in Lehfelde

Ich bin von Kindesbeinen an geritten. Von meinem zehnten bis zwölften Lebensjahr war ich auf dem Lande in Hasselbusch zur Miterziehung. Sittah von Brand, in zweiter Ehe mit Ulrich Thilo verheiratet, war eine gute und passionierte Reiterin, ebenso wie Onkel Ulrich Thilo. Sie nahmen meine Pflegeschwester Georgy von Brand und mich bei ihren Ausritten auf Ponies mit und brachten uns Reiten und Fahren bei. Wir wuchsen mit den Ponies auf, versorgten, sattelten und spannten sie an. Wenn sie Fohlen bekamen, betreuten wir Stute und Fohlen und brachten sie auf die Weide. Kurz, alles was zur Pferdeaufzucht nebst Reiten gehört, hatte ich dort von Kindesbeinen an gelernt. Im Alter von zehn bis zwölf Jahren durften wir auch schon allein ausreiten. Erst ritten wir natürlich auf Decke, später auf Filzsätteln. Als die Ritte immer länger wurden, bekamen wir Steigbügel. Es waren zunächst Korbsteigbügel, damit wir nicht hängen blieben. Wenn die Pferde der Erwachsenen einen langen Schritt hatten, trippelten unsere Ponies ständig. So bekamen wir ein gutes Training. Oft saßen wir auf den Krippen der Ponies in ihren Boxen und lasen Bücher von Karl May. Damit wir die Essenszeit nicht verpaßten, nahmen wir große Weckeruhren mit in den Stall, die die Pferde dann erschreckten. In den Ferien war ich meist auf dem Land. Auch später hatte ich immer wieder Gelegenheit zu reiten.

Als ich nach meinem Aufenthalt im Potsdamer Internat wieder zu meiner Mutter nach Dresden kam, konnte ich dort in der Reitbahn die verschiedensten Privatpferde reiten. Rolf Becher, der spätere hippologische Schriftsteller, Pferdemaler und Reitlehrer, gehörte zu meinen Ausbildern. Seine Pferde habe ich hauptsächlich gesprungen. Ausgezeichneten Unterricht bekamen wir von dem Besitzer der Bienert Mühle, Dr. Franz Herrschel, der ein damals bekannter Dressurreiter war. Seine Dressurpferde waren für die Olympischen Spiele ausgebildet. Dr. Herrschel gehörte schon 1936 zu den Dressur-Ersatzreitern der Olympischen Spiele und war auch für die Spiele 1940 vorgesehen, die wegen des Krieges jedoch nicht stattfanden. Er gab einmal in der Woche begabten Jugendlichen kostenlosen Unterricht und ließ mich später auch seine guten Pferde reiten, beispielsweise sein »Olympiapferde« Lapislazuli und Turmalin, worauf ich sehr stolz war. Auch nahm er mich öfter zu Ausritten mit.

Im Reitklub hatte ich Herrn Rämisch, den Besitzer einer Brotfabrik in Radebeul bei Dresden, kennengelernt. Für seine Brotwagen hatte er viele Pferde und war trotz seiner Körperfülle ein passionierter und guter Reiter. Er ließ mich seine für mich viel zu mächtigen Pferde reiten und nahm mich auf die Reitjagden mit. Dort wurden die Offiziere auf mich aufmerksam, da ich ohne jede Angst immer wieder andere Pferde ritt. So kam ich in den Kreis des Reiterregiments 12. Dort habe ich dann in den drei Jahren vor dem Abitur an den schönsten Reitjagden in Dresden, Großenhain und Grimma teilnehmen können.

Die Jagden in Großenhain waren besonders schwer. Kurz vor den Hubertusjagden wurden dann die berühmten Fünf-Meter-Gräben in den Jagdverlauf, wie beispielsweise der sogenannte große Kalkreuther Graben, aufgenommen. Wir durften keine Pferde mitbringen, sondern bekamen von der Schwadron die Pferde, die auf die Gräben eingesprungen waren. Rittmeister Arwed von Poser, Schadrons-Chef bei den Reitern 12 in Großenhain, stellte mir sein Privatpferd Hedschra zur Verfügung.

Oft ritt ich zwei Jagden an einem Tag. Gegen elf Uhr puderte ich mich in der Schule weiß und erklärte, mir sei schlecht. In der Nähe der Schule wohnten Bekannte, bei denen ich meine Reitsachen deponiert hatte. Dort zog ich mich um, und meine Jugendfreunde, die damaligen Leutnants Vicki von Lossberg oder Emil Leonhard, holten mich mit Motorrädern oder Autos ab, damit ich um zwölf Uhr auf einem Pferd vom Reiterregiment 12 auf dem Heller die Jagd mitreiten konnte. Danach schwangen wir uns — ohne Essen — schleunigst in ein Auto oder auf ein Motorrad und fuhren die dreißig oder vierzig Kilometer nach Großenhain. Da stand dann Hedschra gesattelt für mich bereit. So ritt ich eine zweite, sehr viel schwerere Jagd am selben Tag.

Nach dem Abitur nahm mich mein Geographielehrer zur Seite und sagte, er habe mich nicht verpetzt, aber in der Prager Straße seien in einem Fotogeschäft Filme im Schaufenster gelaufen, auf denen er mich auf Jagden erkannt habe, die während seines Unterrichts stattgefunden hatten. Ich bedankte mich bei ihm und gab es strahlend zu.

Die Offiziere des Reiterregimentes gaben mir auch die Pferde für die Turniere. So hatte ich schon manche Preise gewonnen. Auch konnte ich gleich nach meinem achtzehnten Geburtstag auf dem Pferd von Leutnant Leonhard mein Bronzenes Reitabzeichen machen. Nach Ablauf der damals üblichen Wartefrist von sechs Monaten bestand ich noch im gleichen Jahr mein silbernes Abzeichen. Das war wesentlich schwerer. Dazu konnte ich Hedschra aus Großenhain im L- und M-Parcours springen. Ich durfte nicht mehr als vier Fehler — also einen Patzer — machen, wenn ich es bestehen wollte. Zur Dressur lieh mir 1931 der damalige Rittmeister Müller, später nach dem Zweiten Weltkrieg Bundeswehrgeneral, sein gutes Dressurpferd Euphrat, das ich auf Kandare vorstellen mußte. Mit diesem Pferd war er in den dreißiger Jahren Bester in der Vielseitigkeit gewesen.

Auch nach Grimma wurde ich durch Rittmeister von Choltitz, dem späteren »Retter von Paris«, eingeladen. Er hat sich 1944 Hitlers Befehl widersetzt, Paris vor der Aufgabe zu sprengen. Er ritt Lichtnelke, die er mir auch einmal lieh. Doch sonst fuhr ich im Schutz der Kommandeuse Frau von Waldow dorthin. Man kam kurz vor dem Start an und irgendein Schwadronspferd stand mit einem Militärsattel da und wurde einem zugeteilt. Man verschnallte die Bügel, und ab ging es in die Jagd.

Wie durch ein Wunder ist mir auf all diesen Jagden nie etwas passiert. Ich besinne mich auf ein einziges Mal, daß ich beim Verweigern eines Grabens und Einknicken eines mir unbekannten Schwadronenpferdes herunterkam, das Pferd aber am Zügel behielt, gleich wieder aufsaß und die Jagd zu Ende ritt. Das war merkwürdigerweise das einzige Mal, als mein damaliger Verlobter, Dietz Lehfeldt, bei der Jagd zusah. Nie vorher, nie nachher ist mir das passiert.

Während der Jahre 1932 bis 1945 in Lehfelde hatte ich keine Gelegenheit, Reitstunden zu nehmen. Auch an Turnieren durfte ich mich nicht beteiligen, da diese vom polnischen Militär veranstaltet wurden und polnische Offiziere − alles schneidige, etwas wilde Reiter − daran teilnahmen. Damals galt die Devise: »Eine deutsche Frau zeigt sich nicht in Konkurrenz zu polnischen Offizieren.« Unverständliche, engstirnige Ansichte... Im übrigen wäre damals die Teilnahme an Turnieren mit eigenen Pferden in Posen, Gnesen oder Bromberg sowieso schwierig gewesen, denn wir besaßen keine Pferdetransporter, die später zur Selbstverständlichkeit wurden. So hätte man mit seinem Pferd nur in der näheren Umgebung teilnehmen können. Also beschränkten sich meine Reitkünste in den polnischen Jahren und natürlich in den Kriegsjahren auf tägliches Ausreiten mit Dietz oder auch allein.

Meist ritten wir früh zu den Arbeitskolonnen aufs Feld. Nachmittags fuhren wir dann auf unser Vorwerk Nelke oder mit dem Kutschwagen in den Wald. Da wir grundsätzlich zweispännig fuhren, nahmen wir den Kutscher mit. Hatten wir Besuch dabei, der hinten saß, schwang ich mich meist neben den Kutscher auf den Bock und fuhr selbst, was mir viel Freude machte.

Die Sommerwege, wie wir die ungepflasterten Feldwege nannten, waren in der Wagenspur oft schlangenartig. Das kam daher, daß die Bauern meist mit einem Pferd fuhren, das aber an eine Deichsel in der Mitte des Wagens spannten, die für Zweispänner gemacht war. Die Deichsel schlug beim Ziehen des Wagens nach rechts und links aus, und das führte zu den Schlangenspuren. Beim Kutschieren auf diesen Wegen mußte man gefühlsmäßig die Tiefe der Spuren abschätzen und entscheiden, ob man geradeaus blieb und die Radspuren verließ, oder die »Kringelei« in Kauf nahm, wenn sie zu tief waren.

Auch das Wenden auf den Feldwegen war oft nicht einfach, da sich rechts und links kleine Gräben befanden, und die Wagen meist nicht untersetzten. Vorn auf dem Kutschwagen gab es immer ein Spritzleder. Das war ein Leder, das rechts und links eingehakt wurde, um zu vermeiden, daß die von den Pferdehufen hochgeworfenen Schmutzklumpen auf unsere Röcke, Hosen oder auf die Wolldecken fielen, in die wir uns wickelten. Wenn Dietz und ich alleine fuhren, und er nicht so lange und oft absteigen mußte, um die Arbeit einzuteilen, nahmen wir den Dogcart und spannten ein schnelles Pferd ein. Es machte mir großen Spaß, so zu fahren und selbst zu kutschieren.

Mit der Pferdezucht machte ich in Lehfelde in eigener Verantwortung meine ersten Erfahrungen. In Hasselbusch hatte Tante Sittah eine Pferdezucht aufgebaut, die von den Hengsten aus Neustadt an der Dosse als Vatertiere bestimmt wurde. Dort hatte ich die Auswahl der Hengste, die Aufzucht der Fohlen, das Aussortieren in verschiedene Herden schon erlebt und daraus gelernt. Nun aber hatten mein Schwiegervater und Dietz mir die Betreuung des Gestüts überlassen, das wir nach unserer Heirat neu aufbauten.

Natürlich berieten wir das gemeinsam. Doch ich schlug die Hengste vor, blieb dabei, wenn ein Fohlen geboren wurde, gewöhnte Mutter und Kind an den Menschen, bestimmte die

Fütterung und flößte den Fohlen, wenn es mir nötig erschien, Eigelb zur Kräftigung ein. Ich ging täglich auf die Koppeln, auf denen die Stuten mit Fohlen standen. Die Stuten waren alle zahm, zutraulich und an den Menschen gewöhnt. Durchgehende, beißende oder schlagende Pferde hatten wir nicht.

Die Pferde hatten auch genügend Auslauf und Bewegung. Die Ackerpferde wurden früh angespannt und kamen − bis auf eine Mittagspause − erst abends vom Feld heim. Nur Strecken von drei bis zehn Kilometer zogen die Pferde jeweils im Schritt eine Last, dann trabten sie mit den leeren Wagen zurück. Die Kutschpferde − meist waren es sechs − im sogenannten Kutschstall (im Gegensatz zum Ackerstall) wurden früh von uns geritten, und oft wurden die gleichen Pferde nachmittags an den Kutschwagen gespannt. Es war viel und oft zu fahren. Besuch mußte in Wollstein abgeholt, Besorgungen gemacht werden, die Gäste mit Kutschfahrten in den Wald oder zum Baden im See unterhalten werden, auch wenn wir nicht dabei waren.

Die Bewegung tat den Pferden gut. Sie waren fast nie krank, lahmten nicht und hatten gelernt, auch ruhig im Geschirr zu warten, obgleich sie alle hoch im Blut standen.

Unruhe brachten im Sommer nur die Fliegen und Mücken, die die Pferde plagten − vor allem aber die Bremsen, und das war gefährlich. Dafür hatten wir Pferdenetze, die den Tieren von den Kutschern aufgelegt wurden. Da sie sich bei Bewegungen der Pferde ständig verschoben, konnten sich die Bremsen nicht festsetzen. Wir hatten für die Pferde auch Ohrenschützer.

Wir züchteten das Posener Halbblut, eine Rasse, die etwa den Hannoveranern entspricht. Zur polnischen Zeit wurden schnelle, wendige edle Pferde von der polnischen Kavallerie bevorzugt. So kreuzten wir Araberblut ein. Zur deutschen Zeit frischten wir das Posener Halbblut mit Trakehnerhengsten auf. Von deutschen Käufern wurden auch größere und schwerere Pferde verlangt.

Unsere Hauptabsatzmöglichkeit für das Gestüt waren die Remontenmärkte, auf denen zunächst die Polen, dann die Deutschen die Tiere als Reitpferde oder Zugpferde für das Militär kauften. Die besten Stuten behielten wir selbst. Die schwereren und im Gebäude weniger gefälligen Wallache spannten wir als Ackerpferde ein. Eine eigene Hengstaufzucht haben wir nicht betrieben. Wir brachten die Stuten zu den öffentlichen Deckstellen. Für uns war das Sierakow (deutsch Zirke). Dietz kaufte zur deutschen Zeit einen sehr schönen Trakehner-Hengst − Hans Huckebein −, einen Nachkommen des alten Tempelhüter, auf einem Hengstmarkt in Ostpreußen. Er begleitete uns auf dem Treck, bis er uns in Zschorna in Sachsen von den Russen weggenommen wurde. Die Russen spannten ihn nur mit Stricken an einen Wagen. Aber da er gut eingefahren war, gelang es ihnen leider, uns den wertvollen Hengst wegzunehmen.

Auch eine Ponyzucht bauten wir auf: Die sogenannten Doppelponies. Das war ein etwas größeres, kräftiges Pony, aber schnell und gut in den Bewegungen. Wir nahmen die Kinder auf diesen Ponies zum Reiten mit. Sie wurden auch täglich mit dem Ponywagen zur Schule gefahren. Die Stute Gusti brachte uns mehrere Fohlen. Dafür hatten wir unseren eigenen Hengst Lumpi, der zur polnischen und auch zur deutschen Zeit angekört wurde. Der Brand war ein vierblättriges Kleeblatt. Die Ponies waren schnell, ausdauernd und wurden fast nie krank. Sie haben uns auf dem Treck, dreispännig angespannt, gute Dienste geleistet und die im Schlamm steckengebliebenen Wagen oft wieder herausgezogen. In ihren Bewegungen waren sie so raumgreifend, daß die Kinder beim Reiten mit unseren großen Pferden gut mithalten konnten, wenn wir diese etwas zurückhielten.

So hatte ich mich in den Jahren von 1932 bis 1950 weder als Springreiterin noch als Dressurreiterin verbessern können. Aber Pflege, Aufzucht, Materialbeurteilung, Kutschwagenfahren unter den schwierigsten Bedingungen − wie beim Treck −

hatte ich gelernt; auch — und das soll nicht vergessen werden — das Zureiten von Remonten und damit, sehr fest und
schmiegsam zu sitzen. Das hat es mir in der Westzone ermöglicht, so viele und verschiedene Pferde unfallfrei auf den oft
sehr schwierigen Meutejagden zu reiten.

Jagdreiten in Bremen

Zunächst war ich im Westen völlig mittellos, hatte aber meine Reitsachen und Sattelzeug auf dem Treck mitgenommen. Und bald bot man mir Pferde zum Reiten an. Ich war froh, wieder auf dem Pferd sitzen und den Stallgeruch einatmen zu können. Das allein war schon ein Glück und lenkte mich von den Unzulänglichkeiten des Barackenlebens ab.

In den fünfziger Jahren begann man in Bremen wieder, Jagden zu reiten, zunächst ohne Meute. Einige Reiter ritten als Hunde, dann kamen der Master und relativ wenige Reiter dahinter. Feldführer brauchte man damals noch nicht. Die ersten Jagden ritt ich auf der Rennbahn, auf der die schweren und relativ hohen Rennhindernisse noch nicht gesprungen wurden, wie in späteren Jahren. Man hatte Stangen und Hürden parallel zur Rennstrecke aufgebaut. Wir hatten nur die üblichen Schulpferde des Reitklubs zur Verfügung. Diejenigen, die schon eigene Pferde besaßen, hatten sie meist selbst zugeritten und vor allem ein wenig eingesprungen.

Auf schweren Jagden ritt ich normale Verleihpferde oder die Privatpferde, mit denen ihre Besitzer Schwierigkeiten hatten. Auch gut eingesprungene Pferde, deren Besitzer verreist waren, vertraute man mir an. Es kam mir sicher zugute, daß ich beim Militär auch immer die mir völlig unbekannten Schwadronspferde mit fremden Sätteln geritten habe. Bei Spillner und später bei seinem Nachfolger Oberst Bürkner merkte ich, was es heißt, ein erfahrener Ausbilder zu sein. Bürkner hatte viele Jahre lang die Reitschule Berlin-Düppel geleitet.

Wenn Spillner oder Bürkner etwas Neues von uns forderten, konnten sie vorher genau beurteilen, ob das gelingen würde. Spillner ließ oft feste Bänke und Tische am Ende einer Reitstunde in die Bahn tragen und forderte einzelne von uns auf, diese zu springen. Nie ist etwas in seinem Unterricht passiert.

Ich besinne mich auch, daß zur Zeit von Bürkner ein Fuchs in den Stall kam, der einem Herrn aus der Autobranche gehörte. Dieses Pferd zeichnete sich dadurch aus, daß es plötzlich mit Karacho in den Stall stürmte, wenn sein Besitzer mit ihm auf den Platz geritten kam. Auch sonst machte mir das Pferd den Eindruck eines nur »angerittenen Pferdes«. Als der Besitzer verreist war, gab er das Pferd Bürkner in Beritt und erlaubte, daß er mich darauf unterrichtete. Nach der dritten Dressureinzelstunde auf diesem Pferd sagte Bürkner plötzlich: »Jetzt passen Sie mal genau auf und wechseln Sie durch die Bahn mit fliegendem Galoppwechsel bei X.« Ich dachte, das kann doch nie gelingen. Aber siehe da: Muschi tat es!

Nach der Stunde fragte ich Bürkner: »Wie kamen Sie denn auf den Gedanken, daß dieses wenig durchgerittene Pferd den fliegenden Wechsel machen könne?« Da lächelte er und sagte: »Ich habe das Pferd vor einem Jahr in Hannover ausgebildet. So konnte ich auch beurteilen, ob das Pferd es mit Ihnen machen würde, obwohl es den Wechsel seit einem Jahr nicht mehr gesprungen hat.« Dankbar muß ich anerkennen, daß Spillner und Bürkner nie etwas von mir gefordert haben, was nicht gelang.

Spillner nahm mich später in seine Springquadrille auf, wo ich viel lernte, besonders was Einteilung am Sprung anbelangt. Er verschaffte mir das Bahnpferd Maja für die Reitstunden, mit dem ich später viele schwere Meutejagden reiten konnte. Er sah, ob Pferd und Reiter zusammenpaßten. Mit ihm und seiner Frau, die ganz in unserer Nähe wohnten, haben wir oft feuchtfröhliche Stunden nach dem Reiten verbracht.

Als Spillner mitten in seiner Arbeit als Leiter des Stalles überraschend starb, bekamen wir den Springreiter Temme als Reitlehrer. Doch er lebte sich bei uns nicht besonders gut ein und wurde dann von Oberst Bürkner abgelöst, dem ich so viel zu verdanken habe. – Doch nun zurück zu den Jagden.

Die nächste Etappe meiner Jagdreiterei begann in Verden, wo die Reitschule unter Leitung von Herrn Meyer-Stocksdorf auf den Allerwiesen Jagdstrecken aufbaute. Dazu stellte man uns, die wir keine eigenen Pferde besaßen, für zehn Mark pro Jagd die Pferde der Reitschule zur Verfügung, die von den Schülern eingesprungen worden waren. Wir ritten in Verden die Wiesenjagden mit den Gräben, die oft als Trakehner ausgebaut waren, und mit einigen natürlichen Hecken die Heidejagden mit festen Hindernissen, die das Jahr über stehenblieben. Dann wurde in Wesel in der Lüneburger Heide eine sehr schöne Reitjagdstrecke aufgebaut, ebenso in Stimbeckhof. Mit ihren Tiefsprüngen und Kletterstellen stellten sie schon größere Anforderungen. Außerdem begann die Familie von Loesch, Verwandte unserer Freunde aus Gabel in der ehemaligen Provinz Posen, in Dorfmark eine Meute aufzubauen. Die ersten Hunde waren ihnen von den Engländern geschenkt worden. Mit diesen züchteten sie unter dem Einsatz der ganzen Familie weiter. Sie kreuzten neue Blutlinien ein und vermehrten so die Meute bis auf zwanzig Koppeln. Herr von Loesch führte ein strenges Kommando und verschonte weder sich noch seine Frau und Töchter. Da sie die Pferde meist selbst einritten, springen und sie oft ohne Erfahrung mitgehen lassen mußten, kam es zu vielen Unfällen. Im Krankenhaus Fallingbostel oder Walsrode mußte immer ein Bett für die Familie reserviert bleiben, wie wir scherzend sagten. Aber auch in unseren Reiterkreisen ereigneten sich nun schwere Reitunfälle. Ich habe wie durch ein Wunder alles überstanden. Ich weiß noch, daß ich in einem Jahr sieben Jagden auf sechs verschiedenen Pferden ritt, die mir zum Ausprobieren und Trainieren zur Verfügung gestellt wurden. Selbstverständlich waren dies meist die Pferde, die die Besitzer selbst nicht so gern ritten.

Inzwischen standen dem Spediteur Gartelmann etliche Autos zur Verfügung, auf denen wir die Pferde je nach der Anzahl der Teilnehmer verladen konnten. Zunächst hatte keiner von uns einen eigenen Hänger. Wir ritten Jagden in Soltau, Dorfmark, auf Norderney, in Verden, Horstedt, Wilseder Berg, Varel, Wesel, bei Oldenburg und Wilhelmshaven. Ab und an verluden wir sogar bis Bielefeld.

Besonders zu erwähnen sind die Südweyher Jagden, da sie über natürliche Hecken mit Gräben führten. Diese Jagden waren eine Tradition aus der Vorkriegszeit. Sie führten von Koppel zu Koppel, die durch die Hecken voneinander getrennt waren. Wenn ein Pferd nicht sprang, saß man in der Koppel gnadenlos fest. Jährlich mußten die Hecken für die Sprünge geschnitten werden. Die Bauern gaben zur Jagdzeit immer die Wiesen für die Jagden frei und trieben das Vieh herunter. Die Bauernsöhne ritten dann selbst mit. Sie gehörten dem Reitverein Südweyhe an. Dieser wurde jahrelang von dem Besitzer des Gutes Südweyhe, Graf Perponcher, geführt. Er war ein sehr erfahrener und forscher Reiter und selbst Pferdezüchter. Er ritt als Master, und ich war sehr stolz, an seine Seite gebeten zu werden. Die Strecke in Südweyhe wurde zweimal in der Jagdsaison geritten. Einmal mit Meute auf Einladung des Bremer Reitklubs und einmal ohne Meute auf Einladung des Südweyher Reitvereins. Nach der Vereinsjagd gab es eine Kaffeetafel mit vielen Reden und Musik, anschließend Tanz und reichlich Alkoholkonsum in der Gastwirtschaft in Südweyhe.

Nach den Bremer Jagden stand ein Essen im Park Hotel auf dem Programm: In Abendkleid, Frack oder im roten Rock, gefolgt von einem sehr schönen Ball, der bis zum Morgen dauerte. Für uns Damen, die wir mitritten, war es immer ein Kunststück, die durch die Jagdkappen und die Anstrengung der wirklich schweren Jagden »angeklatschten« Haare zum Abend wieder in Form zu bekommen.

Nachdem ich zehn Jahre lang unfallfrei Jagd geritten und die Meutejagden von Anfang an mitgemacht hatte, wurde ich am 10. Oktober 1962 anläßlich der Hubertusjagd in Verden nach der Jagd feierlich zum »Ehrenpikör« von Verden ernannt. Mit meinen nunmehr fünfzig Jahren wurde ich auf die Schultern genommen und von den jungen Pikören hochgeworfen. Und natürlich wurde das Ganze ausgiebig begossen. Ich bekam eine Pikörbinde mit den Verdener Emblemen überreicht, die ich in Ehren halte. Ich sollte sie künftig auf jeder Jagd tragen. Wenn mich ein Verdener Reiter auf einer anderen Jagd ohne die Binde sah, wurde das sofort »gerügt«.

In den Jahren 1961 und 1962 taten sich drei Jagdreiter zusammen und luden die Reiter, die diszipliniert ritten und ein zuverlässiges Pferd zur Verfügung hatten, zu Privatjagden mit Meute ein. Gastgeber waren Walter Jacobs, August Bunnemann und André Helms, der selber nicht mehr ritt. Die beiden ersteren ritten jede Jagd mit, auch ihre Kinder, wenn sie das mit ihren Berufen und Ausbildungen vereinen konnten.

Die Jagden wurden immer mittwochs geritten und führten meist in Wesel über eine schwere und abwechslungsreiche Heidestrecke. Anschließend wurde zu einer Kaffeetafel oder Jause geladen. Diesen Teil der Jagd übernahm dann der nicht reitende Herr Helms, der uns auch Filme von den schweren Jagden in Mahndorf vor dem Kriege zeigte, die er mitgeritten hatte. Diese harmonischen Nachfeiern in Reitkleidung sind mir in besonders schöner Erinnerung.

Neben diesen Privatjagden veranstalteten die Herren des »Seitensprungs«, jenes Kreises von Kaufleuten, der aus dem Bremer Reitklub und den Reitern des Stalls in der Vahr hervorgegangen war, Ausritte in die Gegend. Auch hier verluden wir die Pferde in landschaftlich schöne Gebiete. Bei den Ausritten ging es ruhiger zu, so daß auch schwächere Reiter und vor allem Reiterinnen daran teilnehmen konnten. Es wurde nicht gesprungen, langsam geritten und unterwegs in einer Gaststätte abgesessen. Es war ein netter Zusammenhalt und machte allen Freude.

Reitunterricht bei Felix Bürkner

Meine Ausbildung zur Dressurreiterin ermöglichte es mir später, Richterin bei höheren Dressurturnieren zu werden.

Das verdanke ich in erster Linie dem in der deutschen Reiterei unvergessenen Oberst Felix Bürkner. Er löste im Juni 1956 den Reitlehrer und Springausbilder Temme ab und übernahm die Leitung des inzwischen erheblich vergrößerten Reitstalls in der Vahr, der Herrn Hermsen gehörte. Nun wurden Dressurstunden mit Verladung der Pferde in die nähere und weitere Umgebung, Springstunden, Quadrillenreiten und Ausritte veranstaltet. Er gab uns auch hervorragenden theoretischen Unterricht. Für den Schulunterricht und zu seiner sonstigen Entlastung brachte Felix Bürkner Herrn Freise mit. Er war ein Gutsbesitzersohn aus der damaligen Ostzone, dessen Frau und Kinder ebenfalls gute Reiter waren.

Die Tätigkeiten im Stall wurden erheblich erweitert. Man brachte Pferde aus Hamburg und Hannover nach Bremen und gab sie Oberst Bürkner in Beritt. Im Vahrer Stall hatte es bei den alten Reitlehrern Feldmann und Peters daran immer gemangelt. Beide setzten sich nicht mehr auf Pferde, um sie auszubilden oder zu korrigieren.

Ich hatte das Glück, daß Herr Hüppe aus Oldenburg, mit dem ich schon manche Jagd Bügel an Bügel geritten hatte, ein M-Dressurpferd − Effi − besaß und es von Herrn Bürkner weiter ausbilden lassen wollte. Er stellte es im Stall in der Vahr ein und traf mit mir ein Abkommen. Ich sollte das Pferd bei Bürkner reiten dürfen und die Kosten des Unterrichts beziehungsweise der Ausbildung des Pferdes übernehmen. Das gab mir die Möglichkeit, auf einem Dressurpferd Privatstunden bei Bürkner zu nehmen. Sie sind mir unvergeßlich. Ich freute mich so darauf, daß Frau Bürkner viel später zu mir sagte: »Wenn Sie bei meinem Mann reiten, sind Sie wie ein junges Mädchen«.

Wenn wir für nachmittags eine Stunde vereinbart hatten, trafen wir uns oft zufällig fünf Minuten vorher mit unseren beiden Volkswagen an der Kreuzung, die von seiner und meiner Wohnung zum Stall führte. Punkt vier Uhr wurde von einem Pferdepfleger, der nur Bürkner für seine eigenen wie den bei ihm im Beritt befindlichen Pferden zur Verfügung stand, das Pferd in die Bahn geführt. Dann beobachtete Bürkner schon die ersten Minuten des Abreitens und Lösens genau.

Ich habe später die verschiedensten Pferde in unterschiedlichen Ausbildungsstufen bei ihm geritten. Jedes Pferd mußte ich anders abreiten. Keins wurde vorwärts »gejagt«, wie es oft bei uns Sitte war. Sehr gut durchgerittene, ältere Pferde ließ er mich nur im Schritt arbeiten und mit vielen Biegungen. Aber wenn er zu mir sagte: »Jetzt traben Sie mal an«, dann war das Pferd auch am Zügel und gab schon den Rücken her. Andere Pferde ließ er flott, aber mit vielen Volten, Biegungen und dauerndem Handwechsel arbeiten. Sehr häufig mußte ich den Zirkel verkleinern und vergrößern. Wenn das Pferd im Genick nicht nachgab, ließ er mich die innere Hand auf den Oberschenkel auflegen und achtete darauf, daß ich sofort bei der ersten Bereitwilligkeit, sich an den Zügel zu stellen, mit der Hand nachgab. Er korrigierte das Pferd, das heißt die Fußfolge des Pferdes und bediente sich dabei der Hilfen des Reiters, die er mir zurief. Das Wichtigste war für ihn, daß man genau aufpaßte und in dem Moment, wo er betont und kurz sagte »Jetzt« oder »zack«, den Sporenstich oder den Gertenschlag gab. So lernte ich, die Fußfolgen der Pferde zu fühlen.

Sein Unterricht war so umfassend wie sein Können. Er ließ mich auch Effi springen, und ich habe sie auf einer Jagd auf der Rennbahn erfolgreich geritten. Nachdem Effi ein Jahr bei Bürkner zur Ausbildung gewesen war, holte Herr Hüppe das Pferd wieder nach Oldenburg. Seine erweiterte geschäftliche

Tätigkeit erlaubte ihm nicht mehr, regelmäßig ein- oder zweimal die Woche nach Bremen zu fahren. Bis dahin hatte ich Effi mittwochs und sonnabends im Privatunterricht geritten und das Pferd für Quadrillen und Ausritte, teils für Jagden zur Verfügung. An den übrigen Tagen ritt Bürkner Effi selbst. Nie ist es einem von uns gelungen, das aus den Pferden herauszuholen, was Bürkner hineinritt. Als ich eines Tages in die Bahn kam, fragte ich ihn erstaunt: »Haben Sie ein neues Pferd im Beritt?« Er sagte lachend: »Das ist doch unsere alte Liese«. Unter ihm war Liese nicht alt! Sie ging schwungvoll vorwärts.

Nachdem Effi wieder in ihren Stall nach Oldenburg zurückgegangen war, gab mir Bürkner andere Pferde aus seinem Beritt für die beiden wöchentlichen Privatstunden, die wir beibehielten. Als einer der Besitzer meinte, er hätte Bürkner das Pferd zur Verfügung gestellt und nicht seiner Schülerin, erklärte der kaltlächelnd: »Ich weiß, was ich tue. Wenn es Ihnen nicht gefällt, nehmen Sie Ihr Pferd bitte wieder aus dem Beritt.« Bürkner gab mir wohlüberlegt abwechselnd Remonten, A- und L-Pferde sowie M-Pferde. Alle habe ich auf eine andere Art geritten. Wenn er mich mit Schulter herein abreiten ließ, sagte er: »Sagen Sie bitte nie, daß ich Ihnen das beigebracht habe. Das geht nur bei diesem Pferd«. Oder er ließ mich schon beim Abreiten das Pferd eine lange Seite nach innen, eine lange Seite nach außen abstellen. Immer bekam ich dazu eine theoretische Erklärung. »Das dürfen Sie nur machen mit Pferden, die im Hals stetig sind und sich nicht verwerfen.«

Sehr stolz war ich, als er mir zuletzt sogar sein bestes Privatpferd gab, den Rappen Ferro. Dieser ging alle Lektionen der Klasse S außer Passage. Es sei das einzige Pferd, das er nicht zu einer fehlerfreien Passage habe bringen können, meinte Bürkner. Das war um so verwunderlicher, als Ferro gut und gern piaffierte. Das lernte ich sogar auf diesem Pferd. Bürkner ging nebenbei und tippte mit seiner Reitgerte in dem Takt an seine Reitstiefel, wie das Pferd piaffieren sollte. Und es tat es auch. Ab und an half er beim Abfußen mit der langen Reitgerte nach. Zuvor und hinterher klopfte er es dann auf den Hals und sagte: »Nun zeig mal, was du kannst«. Ich hatte das Gefühl, daß Ferro es verstand, denn mühelos begann er dann zu piaffieren.

So bekam ich das Reitergefühl für die Übungen. Bürkner erklärte mir auch Renvers und Travers, ließ mich aus der Hinterhandwendung Renvers eine lange Seite machen. Alles Übungen, die mir neu waren. Im übrigen hielt er nicht viel von Renvers und Travers an den langen Seiten und zog die flüssigen Traversalen oder Zickzack-Traversalen vor.

Besonderen Wert legte Bürkner auf ganz korrekte Bahnfiguren. Wenn ich beim Buchstaben A an der Bande halten sollte, mußte mein Schenkel den Buchstaben verdecken. Wenn ich nur wenig vor oder hinter den geforderten Buchstaben eine Übung ausführte, hieß es sofort: »Umdrehen und genau am Punkt das Gleiche wiederholen«. Bürkner schrie nie, wie es oft bei Reitlehrern üblich ist, gab alle Anweisungen kurz und sehr bestimmt. Seinen Zorn erregte man nur, wenn man nicht aufmerksam war und versuchte, sich während der Stunde mit ihm zu unterhalten. Ich hatte immer das Gefühl: »Eigentlich reitet er das Pferd, du bist nur sein Instrument«. Wichtig war für Bürkner auch eine ruhige Hand. Bei halben Paraden durfte ich meine Hände nur schließen, als würde ich einen Schwamm ausdrücken, wie er sich ausdrückte. Ich durfte niemals zurückziehen oder grobe Hilfen mit der Hand geben. »Zügellänge verkürzen, niemals an den Bauch ziehen«, lernte ich.

Inzwischen hatte Dr. Hillmann mir ein sehr gutes Pferd für den Unterricht bei Bürkner zur Verfügung gestellt, das ich dann regelmäßig im Unterricht ritt. Es war eine schwarzbraune Stute mit dem Namen Medina, die von dem Springreiter M. von Buchwaldt gekauft worden war. Er hatte das Pferd auch ausgebildet und für den Springparcours trainiert. Doch Medina sprang zwar willig und flüssig, konnte aber, zumal sie auch in der Größe mehr ein Damenpferd war, die von Buchwaldt gewünschten Höhen nicht erreichen. So verkaufte er sie an Dr. Hillmann, für den es ein ideales Jagd- und Ausreitepferd wurde. Sie sollte nun aber auch dressurmäßig gefördert werden. Im Herbst 1957 kam zu meiner Stunde auch Monika Sutter mit dem Auto aus Hamburg herüber. Sie hatte ihre hübsche Fuchsstute Königstochter Bürkner in Beritt gegeben und im Bremer Stall eingestellt. Das Pferd war schon weiter ausgebildet als Medina, konnte alle M-Lektionen, und so lernte ich auch durch Beobachten dieses Pferdes.

Besonders angenehm empfand ich es, daß mein Mann und Bürkner sich gut verstanden. Herr und Frau Bürkner kamen abends häufiger zu uns, oder wir waren bei ihnen eingeladen. Bürkner stammte aus einem Professorenhaus und war ein hochgebildeter, sehr musikalischer Mann. Dietz und er hatten viele gemeinsame schöngeistige Interessen. Mich hatte Bürkner wegen meiner großen Reitpassion und als Enkelin Gerhard von Pelet-Narbonne ins Herz geschlossen. Er hatte beim Militär reiten gelernt, als die Reitvorschrift von 1882 noch ausschlaggebend war (die bis 1912 galt). Sie war zwar im Namen »Seiner Majestät« herausgekommen, aber von meinem Großvater Generalleutnant Gerhard von Pelet-Narbonne erarbeitet worden. Er war ein damals bekannter Militärschriftsteller, dessen größtes Werk *Brandenburg-preußische Reiterei* gerade wieder neu aufgelegt worden ist. Insgesamt hat mein Großvater sechzehn kavalleristische Bücher geschrieben, von denen die meisten für die Ausbildung der deutschen Kavallerie gedacht waren. Mein Großvater war Kavallerieoffizier und nahm als Generalleutnant im Jahre 1908 seinen Abschied.

Bürkner hatte seine Memoiren unter dem Titel *Ein Reiterleben* im Oktober 1957 herausgegeben. Als Widmung schrieb er mir in sein Buch: »Meiner getreuen Reitschülerin, der passionierten Reiterin Walburg Lehfeldt, in ehrfürchtigem Gedenken ihres großen Ahnen Excellenz von Pelet-Narbonne. Felix Bürkner. Bremen, Oktober 1957.« Da Bürkner einen Monat nach Erscheinen des Buches Ende November starb, bin ich eine der wenigen, die sein Buch mit seiner handschriftlichen

Widmung und seinen handschriftlichen Korrekturen bekommen hat.

Kurz vor seinem Tod im Alter von vierundsiebzig Jahren ritt Bürkner am Morgen meist fünf Pferde. Nachmittags gab er Einzel- und Gruppenunterricht in der Reithalle. In seinem Alter hatte er noch so viel Kreuz, daß seine Pferde bei keinem anderen so gut gingen wie bei ihm. Im Herbst 1957 hat er an einer Jagd auf einem Pferd teilgenommen, das er dabei ausprobieren wollte. Eine erstaunliche Kondition! Und doch ereilte auch ihn das Schicksal. Er erlitt einen Reitertod, wie ihn sich viele von uns nur wünschen können. Am 18. November 1957 hatte ich wie gewöhnlich die Reitstunde nachmittags zusammen mit Monika Sutter aus Hamburg. Bürkner war bereits für die Fahrt nach Hannover umgezogen und stand in einem eleganten grauen Flanellanzug in der Bahn, einen Filzhut auf dem Kopf, die Handschuhe in der Hand, und unterrichtete uns. An diesem Tage hatte Monika Sutter Schwierigkeiten mit ihrer Königstochter.

Zu unserem Erstaunen sagte Bürkner zu ihr am Ende der Stunde: »Steig mal ab, Monika. Ich will sehen, woran es liegt«. Er hängte ihr seinen schönen Stadtmantel um und saß im grauen, sorgsam gebügelten Flanellanzug auf. Eine Runde Schritt, drei Runden Trab und zweimal durch die Bahn wechseln im Mitteltrab. Dann hielt er wieder bei X neben Fräulein Sutter und sagte: »Monika, am Pferd liegt es nicht«. Er stieg ab. Er kam zu Medina, klopfte und lobte sie, da sie gerade einen guten Tag gehabt hatte, und verabschiedete sich von uns bis zur nächsten Stunde in zwei Tagen.

Von der Reitbahn aus fuhr er mit seinem VW-Käfer nach Hannover zu einem Regimentstreffen, das er abends fröhlich mitmachte. Am nächsten Tag erlitt er im Hotel einen Herzanfall. Man rief seine Frau, aber er starb einen leichten, schnellen Tod im Hotel in Hannover. So hatte ich bei ihm die letzte Reitstunde, die er gegeben hat.

Am 21. November wurde er auf dem Seelhorster Friedhof

in Hannover mit allen Ehren bestattet, die einem Kavalle-
rie-Offizier zukamen. Mit Pferden, Ordenskissen und Bläser-
chor — es war sehr feierlich. Einige Tage zuvor hatte man
bereits einen anderen großen deutschen Ausbilder, Herr
Lörke, dort beerdigt. So stand die Elite der deutschen Reiterwelt sehr betroffen an dem Grab.

Als dann »Ich hatt' einen Kameraden« durch den Novem-
bernebel erklang, wußte ich: Für mich war eine Tür im Leben
zugeschlagen, die sich so schön und reichhaltig nie wieder öffnen würde. Felix Bürkner hat mir sehr viel Sympathie und
Geduld entgegengebracht, denn meine reiterlichen Leistungen
waren für diese anderthalbjährige liebevolle Ausbildung bei
einem der größten Könner der Dressur keineswegs ausreichend. Als ich dann im Jahr 1958 zu Neindorff zum Unterricht nach Karlsruhe kam, und der bei Unterhaltungen hörte,
was mich Bürkner theoretisch gelehrt hatte, meinte er ganz
enttäuscht: »Das ist schade, daß er Ihnen das alles erklärt und
beigebracht hat, die Sie wegen Ihres Berufs und Ihrer Familie
daraus so wenig Nutzen ziehen können, und nicht einem unserer Spitzendressurreiter«.

Nach dem Tod von Bürkner ging keines der Pferde mehr so
wie unter seinem Beritt und in seinem Unterricht. Als Reiterin fühlte ich mich verwaist.

Dressurunterricht in Karlsruhe

Ende 1957 war ein Teil der Mitglieder der Reithalle Vahr nach Oberneuland umgezogen, weil die Vahr immer mehr zugebaut wurde und wir dort keine Möglichkeit des Ausreitens mehr hatten. Einige Herren des »Seitensprungs« hatten daher das sehr schöne Gelände von der Stiftung Hodenberg in Oberneuland gepachtet und aus eigenen privaten Mitteln eine Reithalle errichtet. Dort feierten wir am 27. November 1957 Richtfest. Aber das Geld reichte nicht für einen guten Reitlehrer. Wir hatten bisher nur Spitzenausbilder gehabt, so daß ich beschloß, mich nach dem Tod von Bürkner weiter in Karlsruhe dressurmäßig ausbilden zu lassen. So blieb ich anläßlich des Therapie-Kongresses länger in Karlsruhe und nahm dort bei Herrn von Neindorff Unterricht. Er hatte von mir, der Schülerin von Bürkner, eine stärkere Reiterin erwartet. Doch mit meinen theoretischen Kenntnissen war er zufrieden. Wir verstanden uns auch persönlich sehr gut. So wurde es der Anfang einer Reihe von Besuchen, die ich immer mit medizinischen Ausstellungen verband und bei denen ich sehr viel lernte. Herr von Neindorff hatte immer mindestens zehn Pferde, die S-Lektionen gingen. Auch viele der Pferde piaffierten, obwohl sie sonst noch nicht voll für M- bis S-Dressur ausgebildet waren. Nach fast jeder Stunde hängte er uns in einen Führzügel ein und ließ uns unter Nachtreiben der Hinterhand mit der Peitsche piaffieren. Ein oder zwei Pferde hatte er, die auch Levade und Pesade machten. In der Reitbahn waren Pilaren.

Neindorff war eine Zeitlang in Wien ausgebildet worden. Er nahm nur Schüler zu Kursen an, die die Dressur von Klasse L an beherrschten. Die Kurse begannen um neun Uhr. Jedem von uns wurde ein Pferd zugeteilt, das wir selbst satteln und immer bandagieren mußten. Neindorff saß in der Loge mit einem Lautsprecher und korrigierte oder kommandierte uns von dort aus. Nachdem wir die Pferde nach einer Unterrichtsstunde trocken geritten oder geführt und gut besorgt hatten, bekamen wir ein zweites Pferd zugeteilt. Nun kam von Neindorff in die Bahn und überließ es uns, wie wir die Pferde lösten und arbeiteten. Er griff nur ein, wenn er etwas korrigieren oder ein Pferd unter dem betreffenden Reiter weiter ausbilden wollte. Nach dem Reiten des zweiten Pferdes war Mittagspause. Nachmittags konnte man, wenn man wollte, weitere Pferde reiten, mußte es aber nicht tun.

Meist war ich der Ansicht, mich auch beim dritten Pferd nicht verbessern zu können. Ich hatte viel Arbeit in meinem Geschäft in Bremen, war inzwischen Witwe geworden und hatte die Lebensmitte überschritten. Aber oft fuhr ich nachmittags wieder hin und sah zu. Dabei lernte ich sehr viel. Vor allem kam mir alles, was ich sah und theoretisch bei von Neindorff mitbekommen hatte, bei meiner späteren Richtertätigkeit zugute. Im Laufe der Jahre erschien ich so oft bei ihm, daß mir von Neindorff beim zwölften Besuch ein Hufeisen für mein Auto verlieh, das ich mir verchromen ließ.

Ich erbat mir immer ein Pferd, das ich jeden Tag reiten, und mit dem ich schon nach wenigen Tagen Fortschritte erzielen konnte. Das zweite Pferd wurde dann täglich gewechselt. So ritt ich im Laufe der Zeit alle seine guten Quadrillepferde. Neindorff hatte Pferde verschiedener Rassen (Trakehner, Hannoveraner, Vollblüter, Lipizzaner, Portugiesen, Spanier), die er auch bei den Festvorführungen an der Hand vorstellen ließ und Erklärungen über die Rasse abgab. Zunächst hatte er eine Rappenquadrille von schweren Pferden. Später bildete er eine Schimmelquadrille von Pferden mit Lipizzaner oder portugiesischer Abstammung aus. Da er nur über private Geldmittel verfügte, kaufte er unausgebildete Pferde und brachte sie dann bei sich in der Ausbildung zu den fliegenden Wechseln, Traversalen, Piaffen und Passagen. Zweimal im Jahr veranstaltete er die Festvorführungen, die hervorragend klappten und immer ausverkauft waren.

Diese Ausbildung war dann auch Anlaß dafür, daß man mich als Turnierrichterin vorschlug. So habe ich schon an den ersten Richterschulungen nach dem Kriege in Bremen und Umgebung teilnehmen können. Sie fanden in Bremerhaven, Nienburg, Verden und Hohenhameln statt. Zunächst brauchte man keine Prüfung zu machen, sondern wurde zum Richten eingesetzt und wurde – je nachdem, ob der Veranstalter und die Reiter zufrieden waren – erneut geholt.

Bei mir ergab sich die Schwierigkeit, daß ich in diesen Jahren noch aktiv auf Turnieren ritt. Reiten und Richten an einem Wochenende war natürlich nicht möglich. Da ich auf jedem Turnier, an dem ich teilnahm, noch Preise gewann, richtete ich zunächst seltener, nahm aber auch aus eigenem Interesse an jeder mir angebotenen Richtertagung und -schulung teil.

Ich hatte mir zum Ziel gesetzt, zum ausschließlichen Richten überzugehen, wenn ich bei einem Turnier »preislos« ausging. Doch auch auf meinem letzten Turnier bekam ich noch eine Schleife und einen Preis. Die Entscheidung kam dann ohne mein Zutun. Mein Jagd- und Turnierpferd, das meinem langjährigen Partner Herrn Bülau gehörte, wurde nach dessen Tod durch die Erben in den Pferdehimmel geschickt, da es bei Ausritten nicht mehr sicher auf den Beinen war. So lag die Entscheidung nicht mehr bei mir und ersparte mir sicher eine Enttäuschung.

Ich meldete mich in Warendorf zu einer Richterprüfung, die damals neu geschaffen worden war. Von Anfang an spezialisierte ich mich auf Material-, Jagd- und Dressurprüfungen, obwohl ich mehr Preise im Springen gemacht hatte. Mir erschien die Beurteilung des Materials und der Dressur interessanter als das Zählen der Fehler, zumal die Teilnehmer der Springprüfungen immer zahlreicher und das Richten daher sehr ermüdend wurde.

Als ich die Prüfung für A- und L-Dressur gemacht hatte, bestand ich 1975 meine Qualifikation für Dressurprüfung Klasse M. Das war damals ein schwieriges Verfahren. Ich wurde ganz allein zu einem großen Turnier nach Hardenberg bestellt, bekam eine Schreibkraft zugeteilt, die so etwas noch nie gemacht hatte, und wurde solo in eine Kabine gesetzt. In der anderen Kabine saßen unsere drei internationalen Richter zusammen, Herr Schütte, Dr. Bösche und Oberst Pollay, der ehemalige Olympiasieger in der Dressur von 1936. Sie richteten gemeinsam, wie es damals noch Sitte war. Ich mußte drei Abteilungen der Dressurklasse M allein richten, meine Bögen wurden addiert und nach sechs Stunden Richten mit denen der drei Herren verglichen.

Ohne darum gebeten zu haben, bekam ich die Abschrift eines Briefes von Dr. Bösche, dem Vorsitzenden der Deutschen Richtervereinigung, zugesandt. Darin schlug er mich der Reiterlichen Vereinigung in Warendorf und dem Olympia-Komitee als Richterassistentin für Internationale Prüfungen wegen meiner französischen, englischen und polnischen Sprachkenntnisse vor. Darüber freute ich mich natürlich sehr. Leider wurde in der Praxis nichts daraus, denn jemand in Warendorf warf mir »einen Knüppel zwischen die Beine«, wie es leider so oft in der Reiterei der Fall ist. Außerdem mußte ich meine drei Kinder und mich ernähren. Bei der Richterei verlor man nicht nur alle Wochenenden, sondern bei internationalen Begegnungen auch noch die Anreisetage. Ich hätte mich auch in den Fremdsprachen weiterbilden müssen, besonders im Hinblick auf die Fachausdrücke.

Später habe ich viel in Spanien und Frankreich gerichtet mit Sondergenehmigung der Richtervereinigung, denn ich war als Richterin nicht »international«, sondern nur bis Klasse M in Deutschland zugelassen. Es hat mich viel Fleiß und Arbeit gekostet, in den betreffenden Sprachen mit den Spezialausdrücken einigermaßen auf dem Laufenden zu sein.

Es war auch ohne Turniere schwer, Richten und Reiten auf

einen Nenner zu bringen. Denn ich wollte weder auf die schönen langen Ausritte an den Wochenenden noch auf die Quadrillen und das Musikreiten im Winter verzichten. Sie machten mir so viel Freude.

Nach dem Tod des treuen Falko konnte ich mir glücklicherweise ein eigenes Pferd leisten. Ich teilte es mit einem Partner, denn mehr als drei- oder viermal wöchentlich kam ich sowieso nicht aufs Pferd. Natürlich konnte ich mir weder gut gerittene, noch vom Material her sehr kostbare Pferde leisten. Nach einer zwölfjährigen Hannoveraner-Stute hatte ich hintereinander drei ungarische Pferde, die viel billiger zu haben waren als die deutschen. Sie waren in unserem Sinne nicht geritten, und ich hatte jeweils die Aufgabe, sie zunächst »A-fertig« zu machen. Dabei ging ich das Risiko ein, daß Turnierreiter, die mich sahen, meinten, die kann auch nicht viel – womit sie beim Anblick der ungarischen, nie richtig durchs Genick gehenden Pferde recht hatten. Aber meine Pferde durften stets nur zwischen drei- und viertausend Mark kosten. Ich konnte keine Ansprüche stellen und mußte das gelassen in Kauf nehmen. Aber es waren ausnahmslos herrliche Ausreitepferde.

Reiterferien in Ungarn

In meine Berichte über die Reiterei und die Richterei möchte ich auch die Reiterferien einbeziehen. Dazu gehören vor allem meine drei Ritte durch Ungarn in den Jahren 1967, 1968 und 1978. Der erste führte rund um den Plattensee (der Balaton-Ritt), der zweite nach Matra Bükk und Hortobagy und der dritte über andere Strecken im Matra Bükk — Gebirge, Visogart und das Donau-Knie.

Immer begannen die Ritte mit der Besichtigung des schönen Budapest, mit Stadtrundfahrt und einem Czardas-Abend in einem renommierten Restaurant. Die Hotels in Budapest waren sehr gut — im Gegensatz zu den wenigstens, in den sechziger Jahren, recht primitiven in den kleinen Städten. Am zweiten Tag fuhr man zu einem Gestüt, auf dem wir die Pferde übernahmen. Ich habe alle drei Touren mit dem sehr sympathischen Führer, ausgezeichneten Reiter und früheren Offizier, Herrn Kun, gemacht. Er verstand es hervorragend, die Pferde dem Können der einzelnen Reiter entsprechend einzuteilen. Die Pferde gehen nach unseren Begriffen nicht durch das Genick, sind aber sehr trittfest, geländegängig und neigen nicht zum Buckeln, Durchgehen oder Schlagen. Sie kennen weder Sporen noch Martingal. Sie sind gewöhnt, in den Pausen in Gruppen von sechs bis acht Tieren ruhig zusammen zu stehen, und werden nur von einem Mann, oft zu Pferde, gehalten. Die alten Militärsättel sind ausgesprochen schlecht. Man tat gut daran, seinen eigenen Sattel mitzunehmen. Bei allen drei Ritten ereignete sich kein ernster Unfall, obwohl wir die Pferde mehrfach wechseln mußten, weil sie sich sonst zu weit von ihrem Heimatort entfernt hätten und dann verladen werden mußten. Nur in der Pußta von Hortobagy, wo es auf den unendlichen Flächen Gräben und Wasserlachen gab, wurden die Pferde heftiger, und einige Reiter kamen herunter. Immer fingen die uns begleitenden Pferdepfleger die Tiere wieder ein, und die anderen gingen nicht durch. Wer erschöpft war oder sich verletzt hatte, konnte am nächsten Tag mit dem Kutschwagen fahren, um zur Mittagszeit am vorgesehenen Rastplatz anzukommen. Die Organisation war ausgezeichnet.

Bei dem Ritt im Jahr 1978, bei dem acht von uns bereits das Seniorenalter erreicht hatten, wurde die Gruppe auf zwölf Teilnehmer mit jungen Leuten »aufgefüllt«. Doch Kun stellte sich ganz auf uns ein. Die Jungen, die nicht so gute Reiter waren, bewunderten unsere Erfahrung und Ausdauer. So ging das sehr gut. Ich habe herrliche Erinnerungen an diese Ritte, bei denen sich alle kameradschaftlich verhielten, stets pünktlich und hilfsbereit waren.

Der letzte Tag der jeweiligen Reitferien wurde dann wieder in Budapest verbracht, wo der Abschied gefeiert wurde.

Eine kleine Gruppe französischer und deutscher Reiter hatte Ende der siebziger Jahre die Idee, auf den Spuren Karls des Großen im Winter 1979 von Avignon nach Aachen zu reiten, und dann die große Pferdeausstellung, die Equitana, in Essen mitzumachen. Abenteuerlich! Man suchte zumindest für den Start berittene deutsche Teilnehmer, die auch Französisch sprachen, da der Ritt vom deutsch-französischen Fernsehen gefilmt werden sollte. Einer der Veranstalter, Herr Hoss, und der Redakteur des *St. Georg*, Herr Woeckener, riefen mehrfach in meiner kleinen Wohnung in Frankreich an. Sie wollten mich dazu bewegen, wenigstens einen Tag mitzureiten – auf einem Pferd, das sie mir besorgen wollten. In Les Arcs, wo ich Ende Dezember angekommen war, ohne von diesen Plänen etwas wissen zu können, suchte ich mir Sachen zusammen, die mir bei Tagesritten im Winter nützlich sein konnten.

Am ersten Abend wurde ein Empfang im Rathaus gegeben – mit vielen Reden, Volkstänzen und Gesängen. Ich übersetzte die Ansprache eines deutschen Arztes mit Zitaten aus Goethe-Gedichten, die ich zuvor nicht kannte, oder besser: versuchte sie zu übersetzen. Gut, daß das nicht auf Kassette aufgenommen wurde! Anschließend wurden wir in ein Restaurant nach Carpentras eingeladen. Dort gab es ein umfangreiches Diner, erneut mit vielen Reden, und dann erfolgte die Festlegung des Programms für den nächsten Tag. Dabei wurde auch der Abstand der einzelnen Reiter in Metern angegeben. Mit Schmunzeln hörte ich mir das an. Unbekannte Pferde, Fahnenschwenken und Musikklänge beim Durchreiten der engen Straßen im alten Avignon schienen mir nicht ganz ohne Überraschungen. So war es dann auch.

Nach sehr kurzer Nachtruhe wurde ich am 20. Januar abgeholt und nach Villeneuve gefahren, wo mir der Leiter einer Reitschule, Monsieur Roques, eine spanische Fuchsstute zur Verfügung stellte. Zunächst ritten wir auf belebten Autostraßen in einer Gruppe von etwa zwölf Reitern, unter denen sich auch die nette junge Frau Körber, die Frau des Leiters der »Equitana« befand, von Villeneuve nach Avignon. Das Überqueren der Brücke bei Avignon mit den Verkehrsampeln und dem lebhaften Verkehr der Morgenstunde war schon abenteuerlich. Aber als ich dann sah, daß sich rechts von uns vor dem Brückengeländer große viereckige Löcher befanden, durch die offenbar Wasser abfließen sollte, und die Lastwagen nahe an uns vorbeirauschten, konnte ich nur ein Stoßgebet zum Himmel schicken. Dazu goß es in Strömen.

Auf dem großen Platz vor dem Papstpalast, wo wir uns — am Vorabend bis auf den Meter genau eingeteilt — einreihen sollten, waren die Reiter aus Avignon und Umgebung wegen der Regenflut nicht erschienen. Man beschloß, uns in den Papstpalast einreiten zu lassen. Sicher war es nach Jahrhunderten das erste Mal, daß Reitergruppen die inzwischen für Theateraufführungen umgebauten Innenhöfe betraten, um sich in den Kreuzgängen vor dem Regen zu schützen. Da standen wir nun eng aneinander, Pferd an Pferd. Nachdem der Regen etwas

160

nachgelassen hatte, trafen auch die Musikkapelle und die anderen Reiter ein. Die Pferde waren zwar die lang ausgebauten Treppen des Palastes ganz gut hinaufgegangen, aber sie zum Hinuntersteigen zu bewegen, war sehr schwierig, zumal die Steine durch den Regen sehr schlüpfrig waren. Doch schließlich gelang uns auch das. Auf dem Platz erwarteten uns eine große Kapelle, viele Reiter und Schweizer Fahnenwerfer. Als sie von der Rampe des Palastes ihre Fahnen in die Luft warfen und wieder auffingen, war es um unsere Pferde geschehen. Sie suchten ihr Heil in der Flucht und die schön geplante Ordnung geriet völlig durcheinander. Die Schweizer stellten ihre Tätigkeit ein, und wir konnten uns zum Umzug durch die Stadt formieren.

Die Altstadt von Avignon war wegen des Rittes für den Verkehr gesperrt worden. Schließlich sammelten wir uns auf einem Platz unter der Alten Brücke von Avignon am Ufer der Rhône. Als dort eine Tanzgruppe auftrat, um uns mit schwingenden Röcken zu erfreuen, mußte sogar die Leiterin des Rittes, Madame Castelli, von ihrem hübschen Schimmel springen und konnte ihn nur mit Hilfe eines Herrn bändigen. Endlich konnten wir uns auf den Weg machen. Zunächst wieder über die Brücke in Richtung Carpentras. Da es erneut zu regnen begann, wurde vernünftigerweise beschlossen, die Pferde aus Villeneuve nicht wie vorgesehen bis abends mitgehen zu lassen, zumal wir dort auch keine Hotelzimmer mehr bekommen hatten. Daher kehrte eine kleine Gruppe um, so daß wir noch vor Einbruch der Dunkelheit den Stall in Villeneuve erreichten. Dann begaben wir uns in ein Restaurant, von wo aus ich reichlich müde und naß zurück nach Les Arcs fuhr.

Die anderen ritten weiter durch Frankreich, Richtung Norden. Die ganze Strecke wurden sie von einem Autotransporter begleitet, damit die Tiere häufig gewechselt werden konnten. Vor allen größeren Ortschaften kamen der Gruppe Abordnungen der örtlichen Reitervereine entgegen und begrüßten sie. Quartiere für Reiter und Pferde waren vorbereitet. Der französische Ehemann der deutschgebürtigen Madame Castelli hatte sich um die Organisation bemüht. Das Überschreiten der Grenze wurde besonders gefeiert. Das Reiten in Deutschland gestaltete sich wegen des tiefen Schnees auf den Höhen des Schwarzwaldes recht schwierig. Pferde und Reiter mußten wirklich etwas leisten, und wurden mehrfach im Fernsehen gezeigt und später in Reiterzeitschriften abgebildet.

Die Gruppe kam nach vielen Mühen und Hindernissen, die der Winter mit sich bringt, glücklich in Aachen an − wie einst Karl der Große.

Der Abschluß dieses anstrengenden und abenteuerlichen Rittes, den nur vier Reiter von Anfang bis Ende durchgehalten hatten, fand nach dem Empfang in Aachen dann auf der »Equitana« in Essen statt. Dorthin wurden auch wir, die wir nur kurz dabei gewesen waren, eingeladen und feierten fröhliches Wiedersehen. Der Schimmel Giour von Madame Castelli, der die ganze Tour mitgemacht hatte, wurde jeden Abend auf der Equitana vorgeführt. Man merkte ihm nichts von den großen Strapazen im Winter an.

Reiten und Richten in Spanien

Sehr große Freude machte es mir, daß ich anläßlich eines längeren Winteraufenthaltes im Poloclub in Barcelona dort die verschiedensten Pferde von Privatbesitzern reiten konnte. Es waren alles spanische und ganz anders als bei uns gearbeitete Pferde, die leicht passagierten und piaffierten. Es ist ein herrlicher Club. Um den großen Poloplatz herum gibt es eine Rennstrecke, auf der wir viele Runden nach Herzenslust galoppieren konnten. Dazu kamen zwei Reithallen und Spring- und Dressurplätze in ausreichender Anzahl. Hervorragende Pferdepfleger bereiteten die Pferde vor und nahmen sie uns dann wieder ab. Auch im Winter konnte man mit einem Drink draußen in der Sonne sitzen. Das ist in Deutschland nicht möglich. Es war wie in einem Märchen, und ich genoß es.

Ich hatte mich auf den verschiedenen Dressurpferden der Privatbesitzer in die Herzen und Augen der Spanier hineingeritten. Als dann ein Dressurturnier veranstaltet wurde, wurde ich aufgefordert, dort zu richten. Dies habe ich dann für die Deutsche Richtervereinigung beschrieben. In Barcelona wurde ich auch gebeten, die Preise zu verteilen und anschließend zum Essen mit dem Vorstand eingeladen. Das machte mich unbekannte Deutsche besonders stolz und dankbar. Hier füge ich meinen Bericht für die Richterzeitung ein.

»Der Real Club de Polo in Barcelona veranstaltete vom 11.–13. Dezember 1981 ein dreitägiges Dressurturnier mit Anforderungen, die unseren Dressuraufgaben der Klassen A bis S entsprechen.

»Bemerkenswert ist, daß in Spanien ebenso wie in Frankreich die Dressurturniere getrennt sind von den Spring- und

Vielseitigkeitsturnieren. Ein Springturnier hatte die Woche zuvor stattgefunden im selben Club. Organisation, Parcours-aufbau und Stil der Reiter – sie ritten fast alle ohne Hilfs-zügel, höchstens mit Martingal – sind vergleichbar mit deut-schen Turnieren. Jedoch ritt man nicht auf Zeit, vor allem auf Fehlerfreiheit und Stil.

»Da ich die Gelegenheit hatte, mehrere im Real Club de Polo stehende Pferde dressurmäßig zu reiten, war die Turnierleitung an mich herangetreten mit der Bitte, mit dem jeweiligen Chef-richter mit zu richten. Man übergab mir Tage vorher die Auf-gaben sowie das Dressur-Reglement, so daß ich mich auf die Spezialausdrücke einstellen und das dünne, einfache Dres-sur-Reglement studieren konnte.

»Sämtliche Aufgaben, also bereits die vergleichbaren A-Auf-gaben, werden auf einem Viereck 20 × 60 m geritten und von drei getrennt sitzenden Richtern gerichtet. Die Richtertische standen auf Podesten, zusätzlich waren beim Chefrichter eine große Glocke und die Lautsprecherbedienung. Beim Bahn-punkt B befand sich ein Tisch mit den Preisen und Schleifen für die jeweilige Prüfung. Unabhängig von der Teilnehmerzahl wurden immer nur drei Preise und Schleifen vergeben; meines Erachtens bei der unterschiedlichen Anzahl der Teilnehmer nicht ganz gerecht.

»Bis auf den »mittelalterlichen« Chefrichter waren die übri-gen Richterkollegen junge Herren zwischen zwanzig und höchstens dreißig Jahren, die mir mit spanischer Grandezza bereits nach einigen Pferden einen Großteil der Notengebung selbständig überließen, ebenso wie ich gebeten wurde, die Preisverteilung vorzunehmen. Ich erwähne dies nur, weil damit unsere Richterschulung auch im Ausland anerkannt wird.

»Der jeweilige Chefrichter ist nach unseren Begriffen total überfordert. Ihm obliegt nicht nur die Notengebung und die Einhaltung der zeitlichen Startfolge (in allen Aufgaben ver-bindlich), sondern auch die gesamte Ansage, die Ausrechnung der Ergebnisse und deren Bekanntgabe. Eine Rechenstelle gibt es nicht. Schließlich hat der Chefrichter die in allen Aufgaben knapp bemessene erlaubte Zeit zu kontrollieren, die nicht selten zu Strafpunkten wegen Zeitüberschreitung führt. Daher gibt es auch keine Abzüge für Verreiten; die hierdurch verlorene Zeit nach dem Abläuten wirkt sich sofort in Strafsekunden aus.

»Sporen sind vorgeschrieben, Reitgerte und Hilfszügel sind verboten. Neben der Zäumung auf Trense und Kandare ist auch eine Trense mit Kandarenkette, eine Art Pelham erlaubt.

»Das Leistungsniveau reicht bei weitem nicht an unsere Anforderungen heran. Noten von 2, 3 oder 4 waren keine Seltenheit. Verstärkungen wurden kaum gezeigt, die Hufschlagfiguren ließen zu wünschen übrig und in den meisten Fällen war die Durchlässigkeit der Pferde mangelhaft. Bei besserem Pferdematerial und guten Ausbildern wäre hier sicherlich ein besseres Ergebnis zu erzielen.«

Dort sah ich zum ersten Mal das Training der Polopferde und dann die großen Poloturniere. Dazu erschienen auch die deutschen Mannschaften aus Düsseldorf und Hamburg, da man in Deutschland im Winter auf den Plätzen nicht trainieren konnte. Die »Betuchten« unter ihnen stellten die Polopferde in Barcelona ein und flogen zum Wochenende zum Training dorthin. In der Woche wurden die Pferde von dem dortigen Trainer oder den Pferdepflegern gearbeitet.

Fragen Sie tausend Reitersleute, ob sie schon einmal ein Poloturnier gesehen haben, oder ob sie vielleicht die Regeln kennen — Sie haben Glück, wenn *einer* Ihnen eine befriedigende Antwort geben kann.

Wenn Sie bedenken, daß Polo in Südamerika, vor allem in Argentinien eine der populärsten Sportarten ist, daß das Spiel in England Tausende von Zuschauern anzieht, dann fragt man sich, warum dieser Sport bei uns als »Spiel für Snobs« abgetan wird.

Zunächst mag es daran liegen, daß die Saison in Deutschland so kurz ist, denn das 278 Meter × 183 Meter große Spielfeld muß von einem ebenen und gut gepflegten Rasen bedeckt sein, um den weißen Bambus- oder Weidenball auch gezielt schlagen zu können. Das ist bei uns im allgemeinen nur in den Monaten Mai bis September möglich.

Spiel der Reichen und der Snobs? Zu einer Poloausrüstung gehören Helm, Knieschützer, Schläger, Bälle und eine normale Reitausrüstung, deren Anschaffung etwa 2000 Mark kostet. Natürlich auch die Poloponies, für die zwischen 10 000 und, für sogenannte Goalgetter (Spitzenpferde), 40 000 Mark ausgegeben werden müssen. Aber vergleichen Sie diese Preise mit denen für ein Spitzenring- oder Dressurpferd, so gehört keineswegs mehr Geld zum Polospielen als zum Turnierreiten in der Spitzengruppe.

Snobs? Polo ist ein hartes Spiel, das vollen Einsatz und viel Kameradschaft fordert. Setzen Sie sich unbekümmert zu den Polospielern und fragen Sie sie nach den Spielregeln, zeigen Sie Ihr Interesse für deren Pferde, und Sie werden freundliche, aufgeschlossene Sportsleute antreffen.

Während einer sonnigen, warmen Woche im Januar 1981 wurde in Barcelona fünfmal Polo gespielt mit Teilnehmern aus Spanien (Madrid, Barcelona und Jerez de la Frontera haben dort Poloclubs), Argentinien und einer Mannschaft aus Deutschland unter Führung von Christian Heppe. Die Schiedsrichter kamen aus England. Verlierer gibt es beim Polo nicht, nur Teilnehmer und Gewinner. Außer den Mannschaftspokalen bekommt jeder der vier Mannschaftsteilnehmer eine persönliche Erinnerung an das Spiel.

Eine Mannschaft besteht aus vier Spielern, die die Nummern 1 bis 4 auf ihren Hemden tragen, zwei Stürmer, ein Mann im Mittelfeld und ein Back, ein Verteidiger. Jeder Spieler hat ähnlich wie beim Golf eine Vorgabe, Low goal geht von − 2 bis + 3, Medium goal von + 3 bis + 6 und High goal (in Europa selten) von + 6 bis + 10. Dieser Ausgleich wird gemacht, damit nicht immer die gleichen Mannschaften gewinnen.

Zu Beginn des Spieles stellen sich die beiden Mannschaften in der Mitte auf. Einer der zwei berittenen Schiedsrichter wirft den Ball in das Spielfeld. Dann galoppieren die Schiedsrichter parallel zur Lage des Balles mit. In Europa werden im allgemeinen vier Chukker gespielt, international auch bis acht Chukker. Ein Chukker hat eine Spieldauer von siebeneinhalb Minuten, und nach jedem Chukker muß das Pony gewechselt werden. Ein Pony darf an einem Tage nur zweimal eingesetzt werden, also höchstens 15 Minuten.

Woher kommen diese Polopferde, die fälschlicherweise Poloponies genannt werden, die aber ein Stockmaß zwischen 155 und 163 Zentimetern haben? Man hat versucht, die Polopferde in Europa zu züchten, hat aber immer wieder auf den Import aus Argentinien zurückgegriffen, wo die Ponies berberischer und andalusischer Abstammung mit englischem Vollblut gekreuzt und seit Generationen auf Wendigkeit und Schnelligkeit gezüchtet werden. Auffallend war für mich, mit welcher Gelassenheit sich diese Pferde, die im Spiel eine Geschwindigkeit von 50 Kilometern in der Stunde erreichen, meist zu dreien von den Pflegern führen lassen und ebenso ruhig in den Ständern um das Polofeld herum dem Spiel folgen. Wenn sie dann im Einsatz sind, hat man das Gefühl, daß ihnen das Spiel Spaß macht und daß sie den Ball von sich aus verfolgen, wenngleich sie auch nach einem schnellen Chukker oft sehr erschöpft wieder in ihrem Ständer stehen. Gezäumt sind die Pferde meist mit Kandare oder Pelham, immer mit vier Zügeln, die in der linken Hand gehalten werden, oft mit Martingal, Vorderzeug oder auch mit Ausbindern. Alle vier Beine sind hoch bandagiert, damit sie nicht durch die Schlägersticks oder, wie an dem Polofeld in Barcelona, dem boarder, der Einfassung aus Holz, verletzt werden. Der Schweif ist bis zur Schwanzrübe eingebunden, die Mähnen eingeflochten oder abrasiert.

Es geht darum, den Ball durch die 3 Meter hohen und 7,20 Meter im Abstand gesetzten Pfosten zu schlagen, was von einem hinter dem Tor stehenden Mann mit weißer oder roter Fahne angezeigt wird. Nach jedem Treffer wird gewechselt, das heißt, das Tor auf der anderen Seite bespielt. Nach jedem Chukker werden die Pferde ausgetauscht und nach der Hälfte des Spieles eine Pause eingelegt, die Löcher im Rasen werden festgetreten.

Es ist streng verboten, einen Spieler zu kreuzen oder zu behindern. Man muß ihn vom Ball seitlich abdrängen oder überholen. Bei jedem Fehler pfeifen die Schiedsrichter ab. Es gibt je nach Schwere der Behinderung einen Strafschuß 40, 50 oder 60 Yards vor dem Tor auf das bewachte oder unbewachte Tor.

Von einem Holzpferd aus, das sich in einem Käfig befindet, üben die Spieler zu Beginn die vier Arten der Schläge links und rechts vom Pferd, vor- und rückwärts. Zu jedem Poloplatz gehört auch ein mit einem hohen Zaun versehenes Trainingsfeld.

Wo immer Sie Gelegenheit haben, ein solches Training zu beobachten, nutzen Sie es! Ein wenig vertraut mit den Schlägen, werden Sie um so größere Freude an einem Polospiel haben, das, von einem guten Ansager erklärt, Sie geradezu vor Aufregung und Anteilnahme von den Stühlen reißen kann!

Le Cadre Noir

Ein weiterer Höhepunkt für mich als unbekannte Richterin waren meine Kontakte zur französischen Reiterei und vor allem zum *Cadre Noir*, der Ausbildungsstätte der klassischen Dressurreiterei in Saumur, mit seinem in der Reiterwelt bekannten Chef Colonel Durand. Als ich 1973 meine Ferien in Frankreich in meiner kleinen Wohnung in Les Arcs verbrachte, nahm ich Fühlung mit dem Reitklub in Draguignan auf. Dort lernte ich die Reiter kennen und ritt zweimal in der Woche auf einem Leihpferd im Unterricht mit einer kleinen Damengruppe.

In Frankreich gab es um diese Zeit noch keine Examen für Richter, sondern man ernannte erfahrene Reiter dazu. So wurde ich bald auch zum Richten herangezogen. Zunächst mußte ich mich mit den hippologischen Spezialausdrücken bekannt machen und mir das französische Règlement genau ansehen. Das unterscheidet sich in vielen Dingen von dem deutschen. In Frankreich werden entweder Spring- *oder* Dressurturniere ausgeschrieben. Beide Prüfungen werden nicht auf ein und demselben Turnier gezeigt. Die Dressur wird schon von Klasse A an auf einem Rechteck von 20 × 60 Metern geritten (bei uns bis Klasse S 20 × 40 Meter). Auch einige Figuren in den Aufgaben kommen bei uns nicht vor, Demi volte hanche en dedans und so weiter.

Überhaupt liebt der Franzose sehr die Kringelei beim Zureiten der Pferde und das viele Abbiegen, sei es auf Hinter- oder Vorderhand. Andererseits läßt man die Pferde lange Zeit ohne jede Anlehnung gehen. Man legt ihnen dann, für meine Begriffe viel zu früh, die Kandare auf, um das einzuholen, was man zuvor versäumt hat. Dadurch hat man zusammengezogene und oft hinter der Senkrechten gehende Pferde. Zum Ausbilden benutzt man selten das Martingal (mehr zum Springen), dafür den sehr umstrittenen Schlaufzügel, den man sehr zu meinem Kummer »rêne allemande«, also deutschen Zügel nennt. Ich beobachtete das alles sehr aufmerksam. Was mir sehr gefiel, war die Art, die Pferde an der Longe zu arbeiten. Das wird bei Dressurpferden fast regelmäßig zum Lösen getan. Hier sah ich, daß die Franzosen uns überlegen waren. Sie longierten die Pferde mit Kapzaum, mit Chambon und mit Gogue oder wie wir mit durchgezogener Longierleine durch Trensenring, doch meist auch über den Hals gelegt. Ich sah mir das an, filmte es und ließ es mir erklären. Ich hatte das Glück, daß in den Jahren in Draguignan, wo die Artillerieschule eine Section équestre mit etwa 48 Pferden und einem Capitaine an der Spitze unterhielt, zwei *Cadre Noir*-Reiter als Ausbilder waren. Der eine war ein junger Adjoint Touloup, der andere ein erfahrener Ausbilder und Maître de Manège Duclos. Dieser war, nachdem er in dem Cadre nicht mehr bei den Demonstrationen mitreiten konnte, in England, in die Schweiz, in Mexiko und in Spanien als Ausbilder tätig gewesen. Von den aktiven Reitern des *Cadre Noir,* zu denen Offiziere und Unteroffiziere gehören, werden die Sprünge über der Erde, Courbette, Capriole, Croupade gezeigt. Außerdem wird die klassische Quadrille mit Traversalen, fliegendem Wechsel, Piaffe und Passage geritten.

Das Vorführen des spanischen Schritts Pas d'école steht nur dem Commandanten zu. Die Schulsprünge, die ohne Bügel geritten werden, erfordern junge und sehr elastische Reiter. So gehen die *Cadre Noir*-Reiter, wenn sie die Sprünge nicht mehr vorführen können, relativ jung ab und werden dann als zivile Ausbilder eingesetzt. Sie nehmen aber immer wieder an Schulungen und Kursen in Saumur teil und bleiben dem *Cadre Noir* eng verbunden.

So kam es, daß ich in Deutschland von dem guten Longieren und der Handarbeit, die bei Piaffe und Passage unerläßlich ist, erzählte. Herr Caulier Eimbcke, Besitzer des »Stall Eichenhof« in Hamburg und selbst passionierter Reiter, griff den Gedanken auf und bat mich, eine solche Vorführung in Deutschland zu arrangieren. Er wollte den betreffenden Herrn dann bei sich drei Tage einsetzen, um eine Vorführung vorzubereiten.

Gesagt, getan. Wir legten einen Termin im September fest, Maître Duclos sagte zu. Mit Fotos von ihm und seinen Lebenslauf machten wir bereits Propaganda für ihn. Ich erreichte auch, daß die Bremer Reitklubs die Vorführungen ebenfalls zeigen wollten. Doch kurz vor dem geplanten Termin mußte Maître Duclos aus privaten Gründen absagen. Ich war ratlos. Da half mir ein französischer Nachbar, dessen Verwandter, General Robert, gerade in Saumur war, und vermittelte mir statt Maître Duclos den sehr erfahrenen Capitaine Remiat. So konnten die Termine bestehen bleiben. Das einzige Risiko war, daß ich Capitaine Remiat nicht kannte.

Ein Hotel wäre zu teuer gewesen, also bot ich an, ihn bei mir zu logieren und zu verpflegen und ihm mein Auto zur Verfügung zu stellen. Leider sprach Remiat weder Englisch noch Deutsch. So war ich gezwungen, auch bei den Vorbereitungen immer dabei zu sein und zu dolmetschen. Aber sonst hatte ich das große Los gezogen. Remiat war ein ganz großer Könner, menschlich sehr sympathisch und bescheiden. Wir verstanden uns auf Anhieb, auch in der Beurteilung der Reiter und Pferde.

Capitaine Remiat kam am 6. September 1982 nach Bremen. Wir besprachen alles und fuhren abends nach Hamburg, wo er am 7. und 8. September jeweils vormittags und nachmittags Demonstrationen mit dortigen Pferden gab, den Reitern und Ausbildern Anleitungen vermittelte. Am 8. September abends machten wir eine Demonstration von Hand- und Longenarbeit. Eine Kür Klasse S, geritten von Herrn Aigner, und die Vorführung meines Films über die Weltmeisterschaft der Dressurreiter in Lausanne beschlossen die sehr gelungene Vorführung. Wir freuten uns sehr, als Uwe Sauer am Ende der Vorführung zu uns kam und Capitaine Remiat bat, ihm am nächsten Tag mit seinem Olympiapferd Montevideo bei der Piaffe mit Handarbeit zu helfen.

Am 9. September bereiteten wir die Pferde für die Vorführrung am 10. September im Stall Hubertus vor, an der sich alle Bremer Ställe beteiligten. Es galt, die unbekannten Pferde für die öffentliche Vorführung auszuwählen. Mit einem erstaunlichen Pferdeblick traf Remiat eine Auswahl und instruierte Reiter und Pferdepfleger schnell. In dieser Hinsicht war er wirklich ein Zauberer, wie die Zeitung dann schrieb. Capitaine Remiat verstand es trotz der Sprachschwierigkeiten sofort, die Herzen der Bremer zu gewinnen. Wir waren jeden Abend eingeladen, denn als Übersetzerin und Vermittlerin war ich immer mit von der Partie. Da die Vorbereitung der Pferde am nächsten Tag um acht Uhr beginnen mußte, war es zwar anstrengend, aber auch sehr befriedigend. Ich habe nur positive Erinnerungen an diese Woche mit Capitaine Remiat in Hamburg und Bremen.

Als Dank für meinen Einsatz bekam ich von Colonel Durand das Buch *Le Cadre Noir* mit folgender Widmung:

> *Grâce à de bons amis comme Madame Lehfeldt, correspondante du Capitaine Remiat. Écuyer Professeur, Le Cadre Noir peut contribuer son rapprochement de tous les adeptes de la bonne équitation, en recueillant l'héritage des maîtres d'outre-Rhin et en diffusant grâce à de tels apôtres et intermédiaires le message des artistes français. —*
> *Hommage respectueux de l'Écuyer en chef*
> *Saumur, le 12 octobre 1982.*
> *DURAND*

Von Capitaine Remiat bekam ich ein wunderschönes Hermès-Seidentuch geschenkt mit den Zeichnungen von Colonel Margot über die Pferde des *Cadre Noir* in ihren Übungen.

1983 wurde ich zu einem Richterkursus nach Saumur eingeladen. Die Kosten der Reise wurden von der französischen

Liga übernommen. Durch die Liga Côte d'Azur und Corse war ich schon einmal zu einer Richtertagung in Saumur gewesen. 1983 herrschte in Terrefort, dem neuen Zentrum der französischen Reiterei außerhalb von Saumur eine ansteckende Pferdekrankheit. Privatreiter mit ihren Pferden oder wir durften dort nicht hinein. Die Tagung spielte sich in der schönen alten Manege des *Cadre Noir* unter Leitung von Colonel Durand und Colonel de Ladouzette ab. Die Reiter, die wir zu beurteilen hatten, waren alle Angehörige des *Cadre Noir*. Es war schwer, sie zu richten, denn sie zeigten fast alle gleich gute Leistungen.

Die Richtertagung 1983 fand nun in Terrefort statt. Ich wurde besonders herzlich von Colonel Durand und von Colonel Carde begrüßt. Durch die Kurse in Deutschland mit Capitaine Remiat war ich nun auch in Frankreich bekannt geworden, und Colonel de Ladouzette nahm mich jeden Tag im Auto nach Terrefort mit.

Auch in Deutschland hatte sich der Erfolg der Demonstration herumgesprochen. So bat man mich, so etwas für September 1983 nochmals zu arrangieren. Wieder fuhren wir zuerst nach Hamburg in den Stall Eichenhof. Dieses Mal hatte man sogar Pilaren dort aufgestellt, um Remiat zu bitten, dem dortigen Reitlehrer und seinen Lehrlingen die Arbeit an den Pilaren zu zeigen. Das war natürlich schwer mit Pferden, die noch nie in Pilaren gestanden hatten. Zunächst zerriß das dafür vorgesehene Pferd Zügel und Ausbinder. Aber immer wieder gelang es der Geduld von Capitaine Remiat, alles zu einem guten Ende zu bringen.

Der Bremer Reitklub hatte zu einer Vorführung auf den Winkelhof der Familie Köhler eingeladen, zu der auch alle Reitklubs Interessenten schickten.

Den Höhepunkt dieses Deutschland-Aufenthalts von Remiat war die Vorführung am 22. September 1983 in der Niedersachsenhalle in Verden, zu der der Verband Hannoverscher Warmblutzüchter eingeladen hatte. Remiat zeigte Dressur-

arbeit an der Longe und an der Hand an den jungen Auktions-
pferden, die er sich früh während des normalen Trainings der
Pferde schnell aussuchen mußte.

Zur Arbeit an der Hand brauchten wir ein Pferd, das passa-
gieren und piaffieren konnte. So stellte Helga Köhler ihr
Springpferd Skorpion zur Verfügung. Es wurde von Röschen
Albrecht, der Tochter des Hannoverschen Ministerpräsidenten, geritten. Sie war in Brüssel auf die Europaschule gegangen,
sprach fließend Französisch und konnte so alle Anweisungen
von Remiat ohne Dolmetscher in die Tat umsetzen. Es war ein
ausgesprochener Höhepunkt, als am Ende der Vorführung zu
passender Musik und Beleuchtung Skorpion, in der Passage
nachgetrieben von Remiat, durch die Mitte der Bahn die Halle
verließ. Großer Beifall.

Graf Thun Hohenstein, der Leiter unserer Materialrichter-
schulungen, schrieb mir damals: »Es war eine Meisterleistung
von Dir, uns einen solchen Genuß zu verschaffen. Alle waren
begeistert. Es saß wirklich jeder Handgriff. Dazu die Ruhe
und Souveränität. Hoffentlich haben alle, die das sehen durften, dies auch mitbekommen.«

Remiat hatte auch im Reitklub St. Georg unterrichtet und
eine Vorführung für den Verein durchgeführt. Dort gab es eine
Französin, die mit einem Deutschen verheiratet war und die
uns sehr nett zum Essen einluden.

Auf Grund der Vorführungen von Capitaine Remiat in
Deutschland wurde ich am 30. Juli 1984 zu der Festvorfüh-
rung des *Cadre Noir*, dem sogenannten Carrousel nach Saumur eingeladen. Der deutsche, in Saumur stationierte Verbin-
dungsoffizier rief mich an, ob ich irgendwelche besondere
Wünsche hätte. Ich bat um die Genehmigung filmen zu
dürfen. So bekam ich einen Platz auf der Ehrentribüne hinter dem damaligen Verteidigungsminister Hernu und konnte
das ganze Geschehen gut filmen. Ich saß neben dem deutschen General Grumer, der mit zwei Adjutanten eigens ein-
geflogen war. Alle Offiziere waren in Uniform, und die

Damen waren gebeten worden, Hüten zu tragen – ein hübsches Bild.

An den Ufern der Loire um den großen Platz vor der École de la Cavallerie waren Tribünen aufgestellt, die etwa 13 000 Zuschauern Platz boten und bis zum letzten Platz ausverkauft waren.

Die Vorführung begann mit einer Ehrung der Standarte und der Parade aller teilnehmenden Reiter zu den Klängen der Nationalhymnen. Dann boten 48 Lanzenreiter mit Fähnchen in vier Farben an den Lanzen ein prächtiges Bild bei ihren verschiedenen Vorführungen. Die Reiter waren Offiziere und Unteroffiziere, die im Rahmen ihrer normalen Militärausbildung zum Teil nur 80 Reitstunden gehabt hatten, wie mir der Kommandeur am Abend erzählte.

Es folgten verschiedene Reiterspiele, Ringstechen, Pistolenschießen und ein Schaubild. Auf ein Pferd war eine mannsgroße Puppe gebunden. Zwei Abteilungen von je drei Reitern hatten die Aufgabe, das reiterlose Pferd so abzudrängen, daß es möglichst oft über eine Hürde sprang.

Danach zeigte man die Sauteurpferde, also die Carabiniers, die an der Hand die Schulsprünge über der Erde ausführten, das sind in Saumur Capriole, Croupade und Courbette. Während man in Wien hierzu Lipizzaner nimmt, waren es hier schwerere Pferde der Rasse Selle française in allen Farben. Es folgten Vorführungen von zwölf Sauteurpferden unter dem Reiter, die auf Kommando des Écuyer en Chef, Colonel Durand, die Schulsprünge gleichzeitig ausführten. Als Einlage erfolgte eine S-Kür mit Piaffe und Passage, geritten von Mademoiselle Florence Lebrum, einer der beiden Damen, die in den *Cadre Noir* aufgenommen sind und die in den kleidsamen schwarzen Uniformen mit den goldenen Sporen und Tressen reiten dürfen.

Den Höhepunkt bildete die von zehn Offizieren und Unteroffizieren gerittene Quadrille, angeführt von Colonel Durand, der im spanischen Schritt einritt. Diese Übung ist nur dem

Écuyer en Chef erlaubt. Diese Quadrille wurde mit außergewöhnlicher Exaktheit geritten und war ein herrliches Bild – besonders bei den Aufmärschen zu Beginn und Ende der Vorstellung vor dem Verteidigungsminister. Eine Springquadrille schloß die Vorführungen ab. Sie wurden alle in Uniform geritten.

In der Pause gingen die Ehrengäste an Spalier stehenden Soldaten entlang zum Offiziers-Casino, wo sie von General Robert und seiner Frau mit einem Glas Champagner begrüßt wurden.

Als ich die Treppe zum Casino erreichte, stand dort Colonel Durand und meinte: »Da kommt die Enkelin des Generals von Pelet-Narbonne«. Ich hatte den ersten Band des Buches meines Großvaters *Brandburg-preußische Reiterei* als Gastgeschenk mitgebracht. So überreichte ich es General Robert abends auf dem Festball.

Für den Ball waren Abendkleid und große Uniform vorgeschrieben. Es ergab sich ein wunderschönes Bild. Die Kulisse der Bäume des Gartens und das alte schöne Palais der Kommandantur im Hintergrund. General Robert eröffnete mit seiner Frau den Tanz, der deutsche General Grumer mit mir. Es waren aber sehr wenige ältere Leute da. Meistens waren es die jungen Offiziere mit ihren Frauen oder – von der Kommandeuse »durchleuchtete« junge Mädchen – ihren Freundinnen. Spaßig fand ich, daß verschiedene junge Paare bereits mit Regenschirmen zu den langen Abendkleidern zum Fest kamen, denn es war Gewitter angesagt. Als es dann wirklich anfing zu regnen, ließ sich die Jugend nicht stören. Sie spannte die Regenschirme auf und tanzte darunter fröhlich weiter. Als mich ein Offizier des *Cadre Noir* frühmorgens ins Hotel fahren wollte und keinen Schirm hatte, um mich bis ans Auto zu geleiten, sprang sofort ein anderer auf und begleitete uns mit seinem Schirm an den Wagen. Die Offiziere in Saumur sind wirklich noch eine Elitetruppe im alten Sinne.

Im Jahr 1986 war ich am 21. und 22. Februar nochmals zu einem Richterkursus nach Saumur eingeladen und konnte dabei meine Enkelin Astrid in Orleans besuchen, die dort bei einer sehr netten Familie lebte, um ihr Französisch zu verbessern. Als ich in Saumur ankam, holte mich Capitaine Remiat an der Bahn ab.

Durch das *Cadre Noir* war ich im Hotel »Roi René« untergebracht. Abends holte mich Remiat zum Austernessen in sein Haus ab. Seine liebenswürdige Frau ist eine ausgezeichnete Köchin, und es gibt dort immer ein Diner wie im besten Hotel.

Die Witterung war für französische Verhältnisse ungewöhnlich schlecht, und man hatte den Richterkursus absagen wollen, aber nicht mehr alle Richter rechtzeitig erreicht. So waren wir nur zwölf Richter, die aber mit um so größerer Anteilnahme dem »Stage«, wie es in Frankreich heißt, folgten.

Colonel Carde leitete den Kursus, zwei junge Bereiterinnen ritten uns die Pferde für L- und M-Dressur vor, und wir kritisierten sie. Dann ritt Colonel Carde selbst und demonstrierte seine theoretischen Ausführungen zu Pferde. Zum Mittag hatte Colonel Durand einige von uns zum Essen ins Casino der Reitschule Terrefort eingeladen. Nachmittags wurden Videofilme zum Thema »Jeunes Chevaux« gerichtet. Am Ende der Tagung zeigte ich meinen Film, den ich in Saumur 1984 gedreht hatte.

Dankbar empfand ich, daß ich auch in der Reiterei wieder anerkannt wurde. So hatte ich mich ganz langsam nicht nur geschäftlich wieder heraufgearbeitet, sondern auch wieder in deutsche und internationale Kreise »hineingeritten«.

Liebe zu Frankreich

Als alle drei Kinder 1967 aus dem Haus waren — Karin hatte 1965 geheiratet, Jobst und Wolfgang waren in eigene Wohnungen gezogen —, suchte ich neben der Arbeit im Geschäft geistige Anregungen und Kontakte. Die guten Gespräche und die vielen Theaterbesuche mit Dietz fehlten mir sehr. Auf meinen Reiterferien in Ungarn im August 1967 hatte ich auch zwei Franzosen kennengelernt. Da der sehr nette ungarische Führer deutsch erklärte, und ich mit meinem kümmerlichen Schulfranzösisch noch der am besten französisch-sprechende Teilnehmer war, wurde ich zur Dolmetscherin für die Franzosen erwählt. Aber wie viele der im Alltag gebrauchten Worte fehlten mir doch! Nach der Heimkehr nach Bremen entwickelte sich eine Korrespondenz mit den Franzosen, da ich mich in Ungarn mit ihnen angefreundet hatte. Doch wieder war ich bestürzt über meine mangelhaften Briefe an Claude und Robert. Ich beschloß, zweimal wöchentlich einen Sprachkurs im Institut Français in Bremen mitzumachen. Bald konnte ich meine Kenntnisse erweitern, und das Lernen machte mir viel Freude.

Ein Jahr später – 1968 – unternahmen einige Teilnehmer erneut eine Reiterreise nach Ungarn – auch unsere beiden Franzosen. Wieder übersetzte ich während des Rittes Anordnungen und Gespräche ins Französische, was nun schon viel besser ging.

Claude gefiel die deutsche Reitweise, die so stark von der Dressur bestimmt ist, und er bat mich, mit ihm einen Dressurreitkursus bei Herrn von Neindorff in Karlsruhe zu absolvieren und ihm dessen Korrekturen ebenfalls zu dolmetschen. Gesagt, getan. Natürlich notierte ich mir dabei auch jeden

Ausdruck, nachdem ihn Claude mir in ein gutes hippologisches Französisch übertragen hatte. Er war ein geübter Reiter und hatte stets ein eigenes Pferd besessen, das in einem Klub bei Paris stand. So verständigten wir uns schnell in der Sprache der Hippologie, die ähnlich wie die Jägersprache doch recht speziell ist.

Ein weiteres Jahr später – 1969 – meldete ich mich am Institut Français für den Kurs an, der nach einem Jahr zum Examen der Sorbonne führte. Nun galt es, richtig zu arbeiten. Wir mußten Literatur von Rabelais bis zur Neuzeit lesen, Vorträge darüber halten und – was schwieriger war – die bildenden Künste und ihre Gestalter kennen sowie die französische Geographie, Geschichte und Politik im Kopf haben. Das ist mir keineswegs in den Schoß gefallen. Als Abschlußarbeit schrieb ich einen Aufsatz über die Kirchenfenster der Kathedrale von Chartres und als Vortrag hatte ich die Schlösser der Loire gewählt, die ich mit Dietz fast alle besucht hatte. So bestand ich 1969 mein Sorbonne-Examen mit *bien*. Es dauerte acht Stunden ohne Unterbrechung und war schwerer als mein Abitur. Wir bekamen die Resultate, die an die Universität nach Paris geschickt wurden, erst nach mehreren Monaten zurück. Die Urkunden und eine Bronzemedaille mit dem Porträt von Diderot in rotem Lederkästchen wurden uns vom französischen Konsul in Bremen überreicht. Alle Kandidaten wurden in der Bremer Zeitung mit Foto und Namen bei der Abschlußfeier veröffentlicht.

Der Erfolg machte mir Mut. Als man mir über das Konsulat die Vertretung der Unfallschiene des französischen Roten Kreuzes für Deutschland anbot, griff ich zu. Die französische Unfallschiene hatte gegenüber der damals in Deutschland im Umlauf befindlichen Schiene einige Vorteile. Beide Schienen waren dazu gedacht, Arme und Beine für einen Transport ruhig zu stellen, nachdem durch Unfälle Brüche oder Verstauchungen der Extremitäten eingetreten waren. Die französische Firma Atlair hatte die Fertigung dieser Schienen übernommen, die im Jahre 1970 auf der Erfindermesse in Brüssel die Goldmedaille gewonnen hatten. Angeblich waren die Patente weltweit angemeldet.

Zunächst einmal war ein Vorteil, daß das Laboratorium des Raumfahrtzentrums ein Material hergestellt hatte, das Temperaturen von plus bis minus 40 Grad vertrug. Das bedeutete, daß man die Schienen bei großer Kälte für den Transport von verletzten Skiläufern im Gebirge ebenso einsetzen konnte wie bei Unfällen in tropischen Ländern.

Dann verfügte die Schiene über Kammern. Das heißt, sie schloß sich nicht eng um das Bein und schnürte die Blutzufuhr ab. Außerdem war das Material durchsichtig, so daß man eine Stauung, also ein »Blauwerden« des verletzten Gliedes von außen beobachten konnte. Da sie durch Knöpfe und nicht durch Reißverschlüsse geschlossen wurde, konnte das Glied gleich darin geröntgt werden. Kurz: Das alles leuchtete mir ein, und ich stürzte mich mit viel Elan in den Verkauf.

Sehr skurril kam mir vor, daß der Hersteller einer deutschen Firma, deren Produkte augenscheinlich schlechter und überholt waren, mich dafür anklagte, daß ich mich als »deutsche Offizierstochter« für ein ausländisches Produkt gegen das eigene Vaterland einsetzte... Das war einmal wieder typisch deutscher Chauvinismus, denn mit Vaterlandsliebe hatte der Vertrieb der Schiene, deren Kauf auch der deutschen Bundeswehr und unserer Feuerwehr zugute kam, die ich inzwischen als Kunden gewonnen hatte, nun wirklich nichts zu tun! Es ist Zeit, daß wir als Europäer denken lernen. Kaum zu glauben, daß noch vor wenigen Jahren derartige Gedanken in den Köpfen unserer Landsleute herumgeisterten.

Ich machte mit dem Vertrieb der Schiene einen geschäftlichen Sprung ins Wasser. Wieder entdeckte ich große Sprachlücken bei mir. Diesmal waren es die Ausdrücke der Geschäftskorrespondenz. So belegte ich im Semester darauf auch noch Handelsfranzösisch am Institut Français, ebenfalls mit Sorbonne-Abschluß. Da mir Frankreich so gut gefiel, und ich so gern in Paris war, war es mein Ziel, die Tätigkeit in Bremen einzuschränken, die ohnehin für eine kleine Firma immer schwieriger wurde. Ich wollte in Frankreich mit Vertretungen und Übersetzungen französischer Prospekte in die deutsche Sprache Geld verdienen. Ich ging zur französischen Handelskammer und besuchte alle französischen Firmen, die auf deutschen Messen ausstellten. Meine französischen Verwandten mütterlicherseits, Pelet, halfen mir dabei. Mein entfernter französischer Vetter Joseph de Pelet, war Direktor eines großen französischen Chemiekonzerns. Sein Rat war mir besonders wertvoll, und ich bin Pelets noch heute sehr dankbar. Sie kamen mir sehr verwandtschaftlich entgegen, luden mich häufig in ihr Haus ein und gingen mit mir ins Theater. Zu jeder Hochzeit – im Laufe der nächsten Jahre waren es drei wunderschöne Feste auf Gütern des französischen Adels – wurde ich eingeladen. Noch immer war ich ohne jedes Vermögen, besaß außer den inzwischen gesammelten Antiquitäten und den Resten meines Schmucks und Silbers aus Lehfelde nichts. Doch auch so faßte ich Fuß in Frankreich. Mein Flüchtlingsschicksal beeindruckte die Franzosen mehr, als es in Deutschland der Fall war, wo es so viele ungeliebte Flüchtlinge gab. Es war leichter, als Flüchtling in Frankreich anerkannt zu werden als in Deutschland.

Aber das Geldverdienen war schwerer, als ich es mir vorgestellt hatte. Ich gab mir die größte Mühe, hatte durch meine französischen Freunde und Verwandte gute Beziehungen, doch meine sichere geschäftliche Basis in Deutschland konnte ich nicht aufgeben. Das wäre zu riskant gewesen.

Im Juni 1970 bestand ich auch mein Examen für Handelsfranzösisch an der Sorbonne mit *bien*. Ich wurde Alleinvertreter der »Attelles Gonflables de la Croix Rouge Française« für Deutschland. Gerade hatte ich die ersten Großaufträge von der Bundeswehr, der Feuerwehr, den Wohlfahrtsverbänden, den Johannitern und so weiter bekommen, da erhielt ich den Brief eines Patentanwalts aus München. Er teilte mir mit, daß der französische Konzern, für den ich nun bereits seit zwei Jahren arbeitete, die Patentrechte für diese aufblasbare Unfallschiene für Deutschland nicht erworben hatte.

Man verbot mir den weiteren Verkauf, da die Weltfirma AEG durch ihre Tochterfirma Hanau Quarzlampen eine solche Schiene herstellen und vertreiben würde.

Natürlich hatte ich mir bei Übernahme der deutschen Vertretung von der Herstellerfirma das Patentrecht der Unfallschiene Atlair für Deutschland schriftlich zusichern lassen. Das war nun wieder typisch französisch! So genau nahm man es nicht... Ein Einspruch, gar ein Prozeß, schien mir zu zeit- und geldraubend. Zum Glück hatte ich mir dank meines Prinzips, keine Kredite aufzunehmen, keine Schulden zu machen, kein größeres Lager der *attelles*, der Schienen, angelegt und – das war das Wichtigste – meine Basis in Deutschland noch nicht verlassen. Aber ich habe durch diesen Fehlschlag auch viel gelernt: die schöne französische Sprache, außerdem Verwandte und Freunde in Frankreich gefunden.

Paris, das ich in jedem Monat besucht hatte, kannte ich mit seinen Straßen, Plätzen, Museen und Bibliotheken fast besser als Bremen.

In Paris hat mich Josef Graf Raczynski, der Bruder des Freundes von Dietz, der damals Leiter des Goethe-Instituts in Paris war, oft zu Vernissagen in Museen, zu Veranstaltungen und Ausstellungen des Goethe Instituts mitgenommen. So hatte ich auf künstlerischem Sektor hochinteressante Erlebnisse.

In diese Zeit fallen auch die schon erwähnten Einladungen zu André François-Poncet. Nachdem wir, in der Baracke wohnend, es abgelehnt hatten, ihn bei der Eröffnung des Bremer Instituts Français einfach anzusprechen, schrieb ich ihm erstmals im Oktober 1967 und bekam innerhalb von vier Tagen eine Antwort.

Ich hatte meinen Brief an den ehemaligen Botschafter und

Hohen Kommissar André François-Poncet so begründet, daß er der einzige Mensch sei, von dem ich wisse, daß er meine beiden Großeltern gekannt habe, und mir über sie berichten könne.

Mein Großvater, der General der Kavallerie und bekannte Schriftsteller — er hat 21 hippologische und kavalleristische Bücher sowie andere Werke geschrieben (darunter die *Reitvorschrift für die deutsche Kavallerie* und die beiden dicken Bände *Geschichte der Brandenburg-Preußischen Reiterei*, die jetzt nach mehr als achtzig Jahren wieder aufgelegt worden sind) —, war bereits vor meiner Geburt 1909 gestorben. Auch an meine Großmutter habe ich keine Erinnerung. Sie starb, als ich zwei Jahre alt war. Ihre Kinder — meine Mutter und mein Onkel Ebbo — waren ebenfalls tot. So war François-Poncet der einzige, der sich auf die Ereignisse der Jahre 1907/08, die Zeit seiner Studien in Berlin, besinnen konnte, in der er sich häufig im Haus meiner Großeltern aufgehalten hatte. Das Erstaunliche war, daß er mir nach sechzig Jahren schrieb: »Wann war das? Im Winter 1907/08, oder im Jahr 1913? Pelet hatte eine Schwester, die zu dieser Zeit heiratete«. Also es war 1908, denn damals heirateten meine Eltern. Daß er in den Jahren 1926/28 öfter bei meinem Onkel in Berlin war, als mein Onkel, der damals noch Volkswirtschaft studiert hatte, »rechte Hand« bei Stresemann war, wie man das damals nannte — darauf besann er sich überhaupt nicht.

Auch die Jahre 1931 bis 38, als er Botschafter in Berlin war und er sich oft im Hause meines Onkels aufhielt, und daß er meine reizende Tante, die zweite Frau meines Onkels, kennengelernt hatte, war ihm entfallen.

Ich habe ihn als Schulmädchen des Augusta-Stiftes mehrfach bei meinem Onkel gesehen. Als er dann Botschafter in Berlin wurde, war ich bereits in Polen, aber mein Onkel berichtete meinem Mann und mir bei jedem Berlinbesuch stolz von seinen Einladungen und Gesprächen mit Poncet. Das alles war aus dem Gedächtnis des nunmehr Achtzigjährigen verschwunden.

Als ich wußte, daß ich im Januar 1969 geschäftlich eine Woche in Paris sein würde, schrieb ich das an Poncet. Mein Onkel war 1944 gestorben und ich wollte ihm von den letzten Jahren seines Freundes berichten. Wieder antwortete er und bat mich, ihn sofort nach meiner Ankunft anzurufen.

So stand ich am 9. Januar 1969 nachmittags mit klopfendem Herzen vor seinem Haus in der Rue Ranelagh. Würde er französisch oder deutsch mit mir sprechen? Wie lange konnte ich bleiben? Immerhin war er inzwischen zweiundachtzig Jahre alt...

Das Haus war ein typischer Backsteinbau mit Türmen im Stil des »Fin du siècle«. Umgeben war das Grundstück mit einem etwa zwei Meter hohem schmiedeeisernen Gitter, hinter dem dichte Hecken die Sicht in den Garten und auf das Haus versperrten.

Wie hätte ich wissen sollen, daß ein so warmherziger Empfang auf mich wartete? Ich wurde von einem Diener in Livrée empfangen, und Poncet kam mir in der Garderobe entgegen. Der Diener hängte meinen Pelz ohne Bügel auf dicke breite Knubbel, das heißt stülpte den Pelz einfach darüber. »Accrocher à la française« nennt man das, wurde ich später belehrt. Jetzt habe ich in meiner französischen Wohnung selbst solche Riesenknubbel, die ich zwar nach wie vor unpraktisch finde, aber sie hängen nun mal da, und dort bleiben sie auch!

Poncet entschuldigte zunächst seine Frau, die einen Basar in der Italienischen Botschaft besuchte. Dann führte er mich durch seine mit herrlichen Antiquitäten ausgestatteten Räume. Schöne alte Ölgemälde und besonders eindrucksvolle alte Gobelins hingen an den Wänden, die er mir, als er mein Interesse bemerkte, erklärte. Auf den Kommoden standen in silbernen Rahmen Fotografien mit Widmungen von Staatsmännern und Künstlern aus aller Welt. Man bot mir die verschiedensten Erfrischungen an, und wir einigten uns auf Whisky, Käsegebäck und Zigaretten.

Zunächst führte Poncet das Gespräch auf meine Familie und beschrieb mir meine Großeltern, meinen Onkel Ebbo, seinen

Freund. Meine Mutter hatte er kaum kennengelernt, da sie 1907 bereits verlobt war. Er erzählte ausführlich von einem Herrn von Westerhagen, der zu dem Freundeskreis gehört hatte, mir aber unbekannt war.

Er berichtete, daß er nach seiner Rückkehr 1908 nach Paris meinen Onkel öfter zu sich eingeladen habe und ihn auch seinen Eltern vorgestellt hatte. Sie schienen viele fröhliche Stunden zusammen verbracht zu haben und blieben in ständigem Kontakt, bis 1914 der Ausbruch des Krieges die beiden Freunde trennte. Da ich aus unserem Briefwechsel bereits wußte, daß er sich nicht daran erinnerte, meinen Onkel des öfteren in Berlin besucht zu haben, beharrte ich nicht darauf. (»Ich hörte nichts mehr von meinem deutschen Freund und vermutete, er sei gefallen«, hatte er geschrieben.) Wenn ich mich jetzt in meinem Alter auf verschiedene Lebensabschnitte nicht mehr besinnen kann, tröste ich mich damit, daß es einem so hochintelligenten Menschen wie Poncet auch so gegangen ist.

Als ich ihm erzählte, daß mein Onkel zwei Kinder habe, und sein Schwiegersohn Helmut die Leidenschaft für die Familiengeschichte übernommen habe, besann er sich auf dieses »Faible der Familie«, wie er sagte. Die Familie Pelet sei schon immer stolz auf ihre Ahnen gewesen und hätte sogar versucht, diese auf Karl den Großen zurückzuführen. Das hielte er nun für reichlich kühn! Die Kreuzzüge seien das Äußerste, meinte er schmunzelnd. Ich fand das bezaubernd, denn ich habe mich als Kind stets so gelangweilt, wenn die Besuche bei Onkel Ebbo mit der Erklärung der Familienbilder begannen.

Als Backfisch hatte ich ohne Erlaubnis meiner Mutter versucht, die beiden Geschwister zu versöhnen, die sich – wie konnte es anders sein – über das Erbe entzweit hatten. Vor allem war es um Silber und andere Andenken gegangen, die Friedrich der Große einem Vorfahren geschenkt hatte. Meine Mutter hatte mir als Kind immer erklärt: »Das Tischtuch sei zerschnitten«. Darunter konnte ich mir nichts vorstellen. So machte ich mich eines Tages heimlich vom Augusta-Stift in Potsdam auf den Weg zu meinem Onkel und sagte: »Hier bin ich und würde gern wieder Kontakt zu dir aufnehmen. Du imponierst mir, weil du nach dem Zusammenbruch der Monarchie und der Armee als aktiver Offizier Volkswirtschaft studiert hast, dir das Studium unter anderem als Bergmann unter Tage verdient und auch noch deinen Doktor gemacht hast.«

Nach dem Tode meiner Mutter im Jahre 1938 habe ich ihm die von meiner Mutter mühsam erstrittenen Familienbilder überlassen und ihm auch einen Stich geschenkt, den mein Vater in einem asiatischen Hafen aufgetrieben hatte, und der Angehörige der Familie Pelet zeigte, die 1789 zur Guillotine geführt wurden. Die meisten dieser Erinnerungen sind dann während des Krieges den Bomben zum Opfer gefallen, und aller Streit um sie erwies sich letztenendes als unnötig.

Das alles berichtete ich Poncet. Und der ergänzte, daß der Name Pelet von dem lateinischen *pelatus* (Pelz) stamme. Diese Geschichte – und auch, wem ein Pelz zustand – hatte ich in der Familie schon gehört, war aber erstaunt über das Gedächtnis von Poncet.

Dann kamen wir auf Bremen zu sprechen, das er mehrmals besucht hatte. Er lobte besonders unseren alten Bürgermeister Kaisen, einen Sozialdemokraten. Poncet besann sich auch auf die Kunsthalle in Bremen und besonders auf das Monet-Bild der Dame im grünen Kleid. Poncet hatte aus seiner Privatschatulle zum Kauf einer Frauenstatue von Maillol beigetragen, die in Bremen in der oberen Halle steht, und den Vermerk seiner privaten Spende trägt.

Er erzählte mir dann, daß er nicht mehr reisen könne (auch nicht zu seinem Sohn Henri nach München), da er zwei Jahre zuvor einen Herzinfarkt erlitten hätte und keine Treppen mehr steigen könne. Außerdem würden ihn Vertreter des öffentlichen Lebens und Journalisten immer um Reden und Artikel oder Interviews bitten. »Das langweilt mich«, stellte Poncet fest. »Aber nun erzählen Sie mir etwas über Ihre Kinder.«

Bisher hatten wir meist Deutsch gesprochen, das er mühelos und fehlerfrei beherrschte, doch nun fragte er plötzlich: »*Et vous n'avez pas de soucis avec vos enfants?*« (Sie haben keine Sorgen mit Ihren Kindern?). Als ich etwas zögernd und überrascht antwortete: »*Mais non, Monsieur, pas trop*«, erwiderte er: »*C'est rare, Madame!*«

Wie ich später erfuhr, hatte er gerade um diese Zeit großen Kummer.

Wir sprachen dann von meiner Begegnung mit Hitler nach der Taufe des Kreuzers *Nürnberg* zu seiner Zeit als Botschafter in Berlin, als er selbst guten Kontakt zu Hitler hatte. Er beglückwünschte mich dazu, daß ich im Alter von zweiundzwanzig Jahren ein so gutes Fingerspitzengefühl gehabt hätte, meine »Chancen« nicht zu nutzen und vorzeitig abzufahren.

»Unsere Generation hat wirklich viel erlebt«, fuhr er fort. »Den Krieg 1870/71 kenne ich aus den Erzählungen meiner Mutter, den Ersten Weltkrieg habe ich im Feld mitgemacht und den zweiten als Diplomat, wo ich dann in Südfrankreich von Hitler interniert worden bin.«

»Ich habe im Ersten Weltkrieg meinen Vater verloren und im Zweiten meine Heimat sowie unseren gesamten Besitz«, entgegnete ich. Worauf Poncet verbindlich meinte: »Ich habe die Deutschen immer für die Geduld bewundert, mit der sie das alles ertragen haben. Schicken Sie mir Ihre Kinder, wenn sie in Paris sind. Noch ist es Zeit, aber sehr lange habe ich nicht mehr zu leben.«

Da deutete ich auf die Fotografie von Adenauer in ihrem Silberrahmen und sagte, der sei doch auch sehr alt geworden, und er — Poncet — sei noch so aktiv und schreibe so gute Artikel für den *Figaro*.

Nein, er wolle nicht mehr für den *Figaro* schreiben, erklärte er. Es sei schwierig für diese Zeitung, seine Artikel zu plazieren, denn er könne nur schreiben, was er wirklich meine. Und mit der Deutschland-Politik von de Gaulle sei er nicht einverstanden. »Er versteht die Deutschen nicht. Er zerstört mir mein Lebenswerk«, äußerte Poncet.

Es sei der einzige Vorwurf, den er seinem Freund Adenauer mache, daß der de Gaulle nicht durchschaue.

»Aber Adenauer hat doch auch einen guten Einfluß auf de Gaulle gehabt«, wagte ich zu sagen.

»Ja, aber Kiesinger ist dazu nicht in der Lage«, erwiderte er.

Ich erzählte ihm vom Jugendaustausch durch das Institut Français. »Die Völker und besonders die Jugend sind klüger als die Politiker«, kommentierte Poncet.

In seinem Urteil war Poncet knapp, oft leicht sarkastisch, wenn es um die Politik ging. In seinen Reaktionen war er trotz seines Alters schnell und scharf. Seine Liebenswürdigkeit mir – und in seinem Urteil dem deutschen Volk – gegenüber war bestrickend.

Beim Abschied bat ich ihn, mir ein paar Worte in sein Buch *Botschafter in Berlin 1931–1938* zu schreiben, was er sofort tat: *»A Madame Walburg Lehfeldt hommage respecteux d'un ami de sa famille et d'un vieil ami de l'Allemagne – André François Poncet.«* (Für Frau Walburg Lehfeldt in Verehrung als Freund ihrer Familie und alter Freund Deutschlands.)

Ich bin sehr stolz auf diese Widmung und möchte, daß der Enkel oder die Enkelin von mir nach meinem Tod das Buch bekommt, der oder die am besten Französisch spricht und Frankreich so liebt wie ich.

Zum Abschied brachte Poncet mich bis in die Garderobe, küßte mir die Hand und entschuldigte noch einmal seine Frau. Durch die Glasfenster der Ausgangstür warf ich einen Blick zurück in der Hoffnung, diesen großen, geistig so regen und liebenswürdigen Mann noch einmal wiederzusehen.

Ende 1969 war ich erneut bei Poncet eingeladen. Diesmal war auch seine gewandte und sehr aufgeschlossene Frau anwesend. Professor Arthur Jores, ein Internist aus Eppendorf, hatte mich gebeten, mich für die Übersetzung seines Buches über psychosomatische Medizin einzusetzen, die Jores zum

Teil selbst entwickelt hatte. Ich hatte deshalb an Poncet geschrieben, und es war beeindruckend, wie er sich bereits überlegt hatte, welche französischen Verlage dafür in Frage kämen.

Ob Medizin, ob Philosophie – das über 80jährige Ehepaar war auf allen Gebieten orientiert. Der Nachmittag schloß mit einer sehr interessanten Erzählung Poncets über seine Internierungszeit und über seine Mitgefangenen, die er alle hervorragend und immer leicht spöttisch charakterisierte.

Im Jahr 1970 erlitt Poncet erneut einen Herzinfarkt. In diesem Jahr hatte das Institut Français in Bremen 20jähriges Bestehen. Es wurde in der Rathaushalle gefeiert. Die Festrede hielt der damalige Senator Moritz Thape, und wir erhielten diese schriftlich. Als ich Poncet mit meinen Weihnachtsgrüßen eine Schilderung der Feier des Instituts schickte, das er 20 Jahre zuvor eröffnet hatte, schrieb er mir auf französisch:

»Chère Madame, ich danke Ihnen sehr, daß Sie mir den Inhalt der Rede geschickt haben, die Herr Senator Moritz Thape gehalten hat. Ich habe diese voll Freude gelesen und beglückwünsche den Verfasser.

Nichts ist tröstlicher als denken zu können, daß man in dieser Welt eine Aufgabe erfüllt hat; sei es eine kleine oder eine große, und daß ein Korn, welches man mit eigenen Händen säte, gekeimt hat und gewachsen ist.

An meine Aufenthalte in Bremen, an diese malerische, diese so persönliche und lebendige Stadt, die ein so schönes Museum hat, an die Aufnahme, die man mir dort bereitet hat, an die Unterredungen, die ich mit Menschen hohen Wertes, wie Herrn Kaisen, geführt habe, bewahre ich eine sehr lebendige Erinnerung und denke dankbar daran zurück.

Ich kann leider nicht mehr davon träumen, den Roland von Bremen wiederzusehen. Ich bin ein Greis geworden, ein überflüssiger und gebrechlicher Mensch. Reisen, Anstrengungen, Aufregungen sowie unnötige Bewegungen sind mir verboten worden. Trotzdem werde ich die kommenden Festtage mit meinen Enkeln feiern, die mir ›Oh, Tannenbaum‹ singen werden.

Ihrer Familie, den Bremern und Ihnen selbst, chère Madame, sende ich von warmem Herzen meine besten Wünsche für Weihnachten und das Neue Jahr.

Ihr sehr ergebener André François-Poncet.«

Als Altbürgermeister Kaisen 1980 starb, erinnerte ich mich dieses Briefes und vor allem meiner Gespräche mit Poncet, in denen er Kaisen so oft und so lobend erwähnt hatte. So schrieb ich an Bürgermeister Koschnik und fügte Fotokopien der Briefe bei, in denen Kaisen und auch die Bremer Kunsthalle erwähnt wird.

Bürgermeister Koschnik antwortete mir am 25. Januar 1980 unter anderem:

»Haben Sie Dank für Ihre Worte zum Tode unseres Altbürgermeisters Wilhelm Kaisen. Berührt haben mich auch die Briefe von Herrn André François-Poncet, in denen er sich über Kaisen äußert. Der Botschafter hat diesen großen Mann sehr treffend charakterisiert. Wir werden eventuell eine Gedenkbroschüre für Wilhelm Kaisen herausgeben. In solch einem Falle wäre es zu überlegen, ob die Briefe in dem Werk abgedruckt werden sollten.«

In einem anderen Brief schrieb Poncet an mich: »Kaisen ist, was man auf französisch einen *homme de bien* nennt. Wie soll ich das ins Deutsche übersetzen? So etwas wie ein rechtschaffener Mann!«

Doch zurück zur Beendigung meiner geschäftlichen Tätigkeit in Paris. Wie so oft im Leben war mir etwas nicht gelungen. Aber ich betrachtete es nicht als Fehlschlag. Mit dem Kauf einer kleinen Dreizimmerwohnung an der Côte d'Azur sollte es mir zum Segen für mein Alter gereichen. Aber wie kam ich von den *attelles* zur Wohnung?

Bei einer netten Gesellschaft in Bremen bei meinen Freunden Herzberg kam die Rede darauf, daß diese sich an der Côte – möglichst in Cannes oder Nizza – eine Zweitwohnung kaufen wollten. Ein anderer, an einem solchen Projekt ebenfalls interessierter Gast, redete ihnen die Luxusstädte aus und meinte, man solle lieber ein kleines Bauernhaus, mit Pumpe auf dem Hof im Hinterland – *dans le petit pays,* wie der Franzose sagt – billig erwerben. Diesen Plänen schloß ich mich sofort begeistert an. Zu dieser Zeit wurde mir das Lastenausgleichsgeld ausgezahlt, um das ich so lange gekämpft hatte. Dietz und ich hatten unsere letzte gemeinsame Reise an die Côte d'Azur geplant, da wir beide für Frankreich schwärmten, und so erklärte ich mich bereit, mitzumachen.

Da ich so häufig nach Frankreich fuhr und dort gute Beziehungen hatte, wurde ich beauftragt, die Fäden weiterzuspinnen. Wieder war es mein Vetter Pelet, der mich bei einem Geschäftsessen in Paris mit einem Grundstücks- und Häusermakler aus der Provence zusammenbrachte. Ich fuhr in die Provence und habe mir auch von anderen Agenturen unzählige Projekte – verfallene Häuser, kleine billig gebaute Villen – zeigen lassen. Schließlich zerschlug sich unser gemeinsamer Plan. Herzbergs brauchten ihr Geld für einen Praxiskauf, der andere Freund baute ein Haus. So blieb ich allein mit meinen Plänen und der relativ kleinen Summe meines Lastenausgleichs. Was nun? Inzwischen hatte ich mich so in die herrliche Gegend verliebt, daß ich den Plan hartnäckig weiter verfolgte.

Aber ein verfallenes, billiges Haus instandsetzen zu lassen – wer sollte das überwachen? Eine einsame kleine Villa? Was mache ich, wenn ich alt werde oder wenn mein Auto nicht anspringt? Kurz, meine romantische Begeisterung ließ nach, und die Vernunft gebot bei dem Eilangebot einer Dreizimmerwohnung (ohne Makler) zuzugreifen. Es handelte sich um ein modernes Appartementhaus in dem kleinen Städtchen Les Arcs bei Draguignan. Es war der Entschluß einer Nacht –

einer schlaflosen, das muß ich schon sagen. Wieder griff ein Rädchen ins andere. Es war der Vater meines französischen Professeur Vaddé am Insititut Français, der mir den Tip gab.

Welch guten Griff ich getan habe, daß mir mein guter Stern wieder treu geblieben war, merkte ich erst später. Es ist die sonnigste, ruhigste Wohnung im ganzen Haus.

Les Arcs ist eine kleine Stadt, ungefähr zwanzig Kilometer vom Mittelmeer und nach Norden nur fünfundfünfzig Kilometer von den berühmten Gorges du Verdon, den 2000 Meter hohen Bergen der Seealpen entfernt. Skiorte sind in zwei Stunden von Les Arcs aus zu erreichen. Erst später stellte ich das Wichtigste fest: daß ich mein Auto von Deutschland aus nach Avignon verladen konnte. So können meine Freunde und ich an einem Tag per Auto nach Les Arcs gelangen.

Später ließ ich meinen alten Citroën, den ich aus meinem Geschäft privat übernommen hatte, in Les Arcs in einer Garage stehen und bestieg den Schlafwagen. In Mannheim machte ich bei Jobst Station und freute mich an den Enkelsöhnen. Jobst setzte mich gegen sechs Uhr abends in den D-Zug nach Straßburg, dort stieg ich in den Schlaf- oder Liegewagen, und um acht Uhr früh war ich im geliebten Les Arcs. »*Les Arcs, Les Arcs, deux minutes d'arrêt, dépêchez-vous*«, ist der mir vertraute Ruf des Bahnbeamten, auf den ich mich freue, sobald es in Bremen kalt und ungemütlich wird.

In meinem Buch *Gut Lehfelde* erwähne ich zwei französische Kriegsgefangene in Sachsen, André und Albert, die wir in Zschorna Kreis Wurzen kennenlernten. Nach ihrer Befreiung durch den Waffenstillstand lebten sie mit anderen Franzosen und deutschen Mädchen in einer Scheune zusammen, die bei ihnen vor Vergewaltigungen durch die Russen Schutz suchten.

Nach zweimonatigem Aufenthalt auf dem Gut Zschorna nahe der Mulde halfen sie uns, mit unseren drei Kindern sowie Erna mit ihrem wenige Tage alten Baby, ostwärts an die Elbe zu trecken. Dort sollten wir die Bewirtschaftung des Gutes von Frau von Heynitz an der Elbe übernehmen. Bei strömendem Regen fuhren sie mit uns einen ganzen Tag lang mit den Pferdewagen, bremsten die Wagen mit Stangen, wenn es bergab ging, wechselten sich mit uns beim Kutschieren ab — kurz sie waren uns eine große und unentbehrliche Hilfe. Nach der Ankunft in Dröschkau halfen sie uns beim Ausladen und Ausspannen, dem Unterbringen der Pferde, schliefen bei uns und kehrten dann irgendwie nach Zschorna zurück. Von dort aus konnten sie kurz darauf wieder nach Frankreich heimkehren.

Ihre Namen und Wohnorte hatte ich vergessen, aber nicht unsere Dankbarkeit ihnen gegenüber. Oft dachte ich an sie und bereute, jeden Kontakt zu ihnen verloren zu haben.

1986 — ein Jahr nach Erscheinen meines Buches blätterte ich in meinem kleinen Taschenkalender und finde plötzlich hinten ihre Namen und Adressen, die sie selbst dort hineingeschrieben hatten. André kam aus Marseille, Albert aus Reims. Meine Freundin, eine Juristin mit einem Büro in meiner Nähe, bot mir an, die beiden über Bürgermeister, Kirchengemeinden und ähnliche Stellen suchen zu lassen.

Und wirklich. Eines Tages meldete sich Alberts Schwiegertochter telefonisch bei uns. Was sie erzählte, war eine der tragischen Folgen des Krieges und mutet fast wie ein Roman an.

Nach Alberts Rückkehr ließ er sich von seiner Frau scheiden, die dann erneut heiratete. Der neue Mann war so eifersüchtig, daß er dem Sohn aus erster Ehe die Adresse Alberts, des leiblichen Vaters, verheimlichte. Doch inzwischen war er gestorben, und der Sohn äußerte den Wunsch, endlich mit seinem Vater in Verbindung zu treten. Wir vereinbarten, daß derjenige, der Albert als erster fände, es den anderen wissen ließ.

Wir waren es dann, die durch die Behörden erfuhren, daß Albert bereits vor einigen Jahren in einer anderen Stadt gestorben war. Auch sein Grab konnten wir ermitteln. Welch eine merkwürdige Fügung. Über das Schreiben eines Buches spürt eine deutsche Frau in Frankreich den seit Jahren verschollenen Vater und Ehemann auf — leider erst nach dessen Tod. Auch ein Stück Kriegs- und Nachkriegsgeschichte.

Warum war es für einen Flüchtling ohne Geld und Beziehungen einfacher, sich in Frankreich einzuleben als in Deutschland? Darüber habe ich oft nachgedacht. Frankreich war ein wohlhabendes Land, aber nicht das Land des Wirtschaftswunders. Vieles war alt und zerfallen. Die Menschen hatten allerdings weniger im Krieg verloren. In Südfrankreich hatte es zum Glück kaum Kämpfe gegeben, und die deutsche Besatzung hatte sich fast überall korrekt benommen und Sonne und Landschaft genossen. So war die Abneigung gegen die Deutschen nicht so groß. Grund und Boden, die Häuser waren dort den Besitzern meist erhalten geblieben. In ihnen stehen noch die schönen Antiquitäten, durch Generationen vererbt.

Die Menschen sind bescheidener als wir in Deutschland. Bei uns muß alles modern sein, immer vom Neuesten und Besten. Man legt allzu großen Wert auf die Garderobe. In jeder Saison muß man neue Kleidung haben. Die Autos werden ständig ausgewechselt und sind eine Art Visitenkarte für den Besitzer. Für den besitzlosen Flüchtling war es deshalb in dieser Hinsicht viel einfacher in Frankreich als in Deutschland.

Mein alter, mehrfach zerbeulter Citroën war bei manchen Einladungen auf den Schlössern der Provence einer der elegantesten und größten Autos, und obwohl so gut wie ungepflegt, noch eines der saubersten. Ich erinnere mich an eine ganz reizende alte Dame von mehr als achtzig Jahren, die ich bei einer Einladung kennenlernte. Sie hatte gerade zwei ihrer Schlösser an ihre Kinder übergeben und war in eine kleine Wohnung in der Nähe der Seealpen gezogen. Es war Winter, gefährlich neblig, und ich fragte sie besorgt, wie sie wohl nach Hause käme.

»Ich habe einen Fahrer mit Auto«, antwortete sie. »Das geht sehr gut.« Zu meinem Erstaunen fuhr ein Chauffeur in Zivil mit einem zerbeulten und schmutzigen Renault 4 vor. Es war die Witwe des Besitzers des größten französischen Zementkonzerns, die in diesen Wagen stieg. Niemand von den anderen Gästen verlor darüber ein Wort. Ich fand das großartig. Da fühlte ich mich wohl. Wieder war es wie in Polen. Es war der Mensch, der zählt – nicht das Geld und das Äußere.

Meine Freunde in Deutschland wundern sich immer wieder, was mich den ganzen Winter in das stille kleine Städtchen zieht. Ob ich nicht einsam sei? Nein, überhaupt nicht. Die ganze Unruhe des Lebens im Überfluß, die vielen Verpflichtungen fallen von mir ab. Ich ruhe in mir selbst.

Was zieht mich nun so nach Frankreich? Warum habe ich das Kapitel »Liebe zu Frankreich« überschrieben? Es ist leichter mit wenig Geld in Frankreich zu leben, die Menschen sind bescheidener und auf geistige Dinge ausgerichtet.

Doch der Franzose bemüht sich selten, eine Fremdsprache so zu lernen, daß er eine normale Unterhaltung führen kann. Das erstaunt mich immer wieder von neuem. In hochgebildeten Familien ist kaum jemand imstande, sich einigermaßen fließend in Englisch, Deutsch, Italienisch oder Spanisch zu unterhalten, um nur die Nachbarländer zu nennen. Dabei ist der gleiche Franzose sehr belesen und verbringt erstaunlich viel Zeit in Buchhandlungen, um in den ausliegenden Büchern zu schmökern *(feuilleter et bouquiner)*, bevor er sich eines aussucht. Die Bücher kommen meist als Paperback heraus und eignen sich daher gut dazu, in der Metro oder dem Bus auf dem Weg zur Arbeitsstätte gelesen zu werden. Die Literatursendung *Apostrophes* freitag abends ist eine der meistgesehenen Sendungen im französischen Fernsehen. Dort stellt der Moderator Pivot verschiedene Autoren vor und interviewt sie am runden Tisch. Zum Schluß wird auch auf andere Neuerscheinungen verwiesen.

Das bewirkt, daß sich die Konversationen bei den beliebten Geschäftsessen nicht nur auf merkantile Dinge beziehen. Es ist unter anderem auch eine Art Visitenkarte, über die neuesten Bücher Bescheid zu wissen und *Apostrophes* gesehen zu haben. Die Beschäftigung mit der Literatur ist wohl auch der Grund, daß die Franzosen Meister im Briefeschreiben sind. Von niemandem sonst bekomme ich so freundliche, höfliche und stilistisch ausgefeilte Briefe wie von meinen französischen Freunden. Ich habe Hemmungen, französische Briefe zu schreiben, weil die Höflichkeitsformeln, die einen Teil der *gentillesse* der Franzosen ausmachen, mir auch im Deutschen nicht geläufig sind. Doch wie alles im Leben hat die *gentillesse* der Franzosen auch Nachteile. Die Höflichkeiten bleiben oft unverbindlich, und das führt zu Enttäuschungen.

Aber auch das Wetter ist es, das mich in die Midi Frankreichs zieht. Die Generationen unserer Eltern und Großeltern versuchten, einen Teil des Winters am Mittelmeer zu verbringen. Man fuhr nicht, wie jetzt im Sommer hier her, weil der viel zu heiß ist, sondern im Winter. Wenn ich in Les Arcs früh aufwache, und es ist schon hell — eine Stunde eher als in Norddeutschland — und die Sonne scheint, dann bin ich bereits beim Aufwachen ein anderer Mensch. Licht und Sonne machen einfach fröhlich. Dazu kommt die Schönheit der südlichen Flora, die Farben und die *douceur* des Mittelmeers. Den ganzen Winter über sind die vielen Segel- und Motorboote startbereit, die hier in den Häfen liegen. Starker Frost ist selten. Schnee habe ich in einem einzigen Winter an zwei Tagen erlebt. Und die schrecklichen Waldbrände im Sommer? Man sieht sie im Fernsehen, man bewundert den Einsatz der Feuerwehrleute und ist entsetzt über die großen verbrannten Flächen, wenn man in die Nähe der Waldbrände kommt. Und doch...

Meist ist es der Maquis, der abbrennt, der wegen der vielen Steine und Felsen darin als Brachland gilt, und er grünt in zwei bis drei Jahren wieder durch. Es ist erstaunlich, was die Sonne zwischen den vielen Steinen hervorzaubert. Das milde Klima im Midi deckt alle Schäden in kurzer Zeit wieder zu und ist so liebenswert wie seine Bewohner.

Hier muß ich an mein kleines Mandarinenbäumchen denken. Es ist symbolisch für alles, was ich über das fruchtbare, wundersame Klima hier berichten kann. Vor einigen Jahren bekam ich von einem alten Freund, einem Gutsnachbarn aus der ehemaligen Provinz Posen, der mich hier besuchte, ein Ziermandarinenbäumchen geschenkt. Ich hatte es auf dem Markt vor der schönen Kathedrale in Fréjus entdeckt, und er kaufte es für mich als Gastgeschenk. Es war etwa einen halben Meter hoch und besaß acht dunkelorangerote kleine Früchte, etwas größer als Kirschen: Nicht zum essen, denn es war ein Schmuckbäumchen!

Doch im ersten Winter erfror es auf meinem Balkon. Ich war tieftraurig. Es war der erste Winter mit so starkem Frost, den ich hier erlebte. Auch ein Teil der Mimosen und Palmen waren erfroren. Mein Freund tröstete mich: »Ich komme wieder und schenke dir ein neues Bäumchen!« Doch er kam nicht wieder. Er starb im gesegneten Alter von mehr als achtzig Jahren.

Meine reizende Hilfe, die meine Blumen betreut, wenn ich nicht da bin, meinte, das Bäumchen sei bis in die Wurzeln erfroren und schnitt es bis auf vier Zentimeter Höhe in der Hoffnung zurück, daß ich mich nun von dem Topf auf dem nicht sehr großen Balkon trennen würde.

Aber siehe da: Der kleine Strunk bekam schöne grüne Blätter und schlug nach allen Richtungen aus. Im zweiten Jahr waren die Zweige schon höher und bekamen nun lange Dornen, die erheblich piekten. Unsere Kleidung blieb oft an ihnen hängen, wenn wir die Blumenkästen gossen.

Wieder mußte ich mein kleines Bäumchen verteidigen, damit es weiter gepflegt wurde. Es blühte nicht, setzte auch keine Früchte an. Es war nur ein stacheliger grüner Baum von inzwischen anderthalb Meter Höhe.

Da redete ich dem Bäumchen ernsthaft ins Gewissen: »Wenn du dich nicht änderst, kommt etwas anderes in deinen schönen Hydrotopf!«

Es wirkte! Im Frühjahr bekam es kleine weiße Blüten. Mit seinen üppig grünen Blättern schützte es mich auch gegen die Sicht der Nachbarn. Als ich wie gewöhnlich im Herbst wiederkam, war meine Überraschung groß: Das Bäumchen hatte 36 kleine hellgelbe Mandarinen! Am Ende der Wachstumszeit hatten sie die Größe und Farbe von hiesigen Mandarinen. An die kleinen dunkelroten Zierfrüchte erinnerte nichts mehr. Es sah so hübsch aus, und wenn ich mittags Siesta hielt, stand mein Liegestuhl unter den reifen Mandarinen, die nicht abfielen.

»Du mußt sie ernten«, scherzten meine französischen Freunde. »Es sind so viele, du kannst dich an den Straßenrand setzen und sie verkaufen!«

Nein, ich wollte nicht eine missen! Ich zählte sie voll Stolz immer wieder. Eines Tages wurde durch meine Ungeschicklichkeit eine Frucht abgeschlagen. So entschloß ich mich schweren Herzens sie zu essen. Nun kam die größte Überraschung. Es waren keine Mandarinen, obwohl sie deren Form hatten. Es waren sehr aromatische Zitronen! Nun begann ich sie für meinen Tee zu ernten. Doch immer, wenn ich eine pflückte, gab mir das jedesmal einen Stich. Aber ich hoffte, daß mein Bäumchen im Frühjahr neue Blüten treiben würde. Die kleine Geschichte ist für mich symbolisch für die Fruchtbarkeit und den Charme dieses Landes.

Ähnlich charmant für uns Deutsche, aber auch sehr ungewohnt, sind die Tischsitten in Frankreich. Will man in Frankreich mittags etwas auf die Schnelle essen, so ist das fast nicht möglich. Das Essen ist eine »heilige Handlung« bei den Franzosen, die unter zwei Stunden nicht vorzustellen ist.

Schon vor zwölf Uhr packen in den Geschäften die Verkäufer die Waren zusammen, schließen die Kassen, und Punkt zwölf Uhr ist Schluß. Kunden und Verkäufer eilen zum Mittagessen. Schon von elf Uhr an sagt man nicht mehr *Bonjour,* sondern *Bon appétit.*

Nur ein Gericht zu sich zu nehmen, ist kaum möglich. Vielleicht wird es Ihnen zugesagt, dauert dann aber genauso lange, als hätten Sie das Vorgericht mitbestellt. Ein Menu unter vier Gängen gibt es nicht: Zunächst ein Vorgericht, *pour commencer,* meist kleine kalte Platten, *Crudités,* Rohkost gerieben, Salate, Fische oder Meeresfrüchte. Fast nie ist eine Suppe auf der Speisekarte wie in Deutschland. Sie wird erst abends angeboten. Dann kommt das Fleischgericht, zu dem man wie zur Vorspeise Baguettes ißt. Danach gibt es grünen Salat.

Ich hatte stets größte Schwierigkeiten, den Salat zum Hauptgericht serviert zu bekommen. Mein »wir Deutschen essen den Salat zum Fleisch«, wurde zwar mit einem freundlichen Lächeln − getreu der Devise der Franzosen, nicht zu widersprechen − zur Kenntnis genommen, aber er kam allenfalls, wenn man die letzten Bissen Fleisch oder Fisch hinunterschluckte. Dann gibt es unweigerlich Käse − eine Platte mit verschiedenen Sorten, von denen man sich nach Belieben abschneiden lassen kann. Er wird wieder zu Baguettes gegessen, und die richtigen Franzosen nehmen keine Butter dazu. Dann folgt das Dessert. Ohne Rücksicht auf die Jahreszeit ist eigentlich die *Tarte aux pommes* immer dabei, die selbstgemachte Apfeltorte, sonst *Crème Caramel, Mousse au chocolat* oder vorfabriziertes, aber meist sehr schmackhaftes Eis.

Dazu wird von Anfang an Wein getrunken − Rosé oder Rouge − selten Bier oder Limonaden. Diese sind teurer als der Wein, das Nationalgetränk der Franzosen. Nach dem Essen kommt unweigerlich der *Petit café noir*, immer ohne Milch, aber meist mit Zucker. Dann wird in besseren Restaurants ein Digestif angeboten, ein Verdauungsschnaps. Daß diese Zeremonie in zwei Stunden kaum abzuwickeln ist, ist verständlich. Außerdem ist es − gemessen an einem Menu in Deutschland − recht teuer.

»Mittagessen können wir bei Ausflügen nicht«, sage ich also immer zu meinen Gästen. In guten Restaurants gibt es nach zwölf Uhr selten einen freien Tisch. Also muß man sehr zeitig erscheinen, und die Prozedur dauert so lange, ist zwar angenehm, macht aber auch müde. Und danach ist der Tag praktisch vorbei.

Doch haben diese Essensgewohnheiten auch ihre guten Seiten: Die Straßen sind frei. Ganz besonders, wenn es sich um die Mittagsmahlzeit handelt. Durch das stundenlange Sitzen bei Tisch kommt schnell ein lebhaftes Gespräch in Gang. Der Franzose liebt es, zu diskutieren. Politik, Geschichte, Literatur, Ausstellungen interessieren ihn sehr. Selten wird über Geld gesprochen – man hat es oder man hat es nicht. Das ist kein Thema. Ein sehr wichtiges Thema ist dagegen die Familie. Der Franzose lebt intensiv in der Familie und für die Familie. Immer wieder bewegte es mich, wie Kinder und Enkel für die älteren Menschen sorgen. Wenn eine Großmutter nach dem Tod des Ehepartners zurückbleibt, wird sie entweder sofort im Haus eines Kindes aufgenommen, oder man verabredet, daß jedes Familienmitglied einen Teil seines Urlaubs opfert, um bei der Großmutter zu wohnen und sie zu verwöhnen.

Oft bin ich erstaunt, wenn sich zu den Feiertagen ganze Familien in ein Restaurant ergießen. Vater, der alles bezahlt, Mutter, sämtliche Kinder, die im allgemeinen sehr artig die langen Mahlzeiten über sich ergehen lassen, die Großeltern, Tanten und Onkel... Man gibt für derartige Essen viel Geld aus – nicht wie bei uns für Freunde, nein, für die nächsten Angehörigen, von denen es meist sehr viele gibt.

Die Fürsorge gerade der »einfachen« Franzosen für ihre Eltern ist vorbildlich. Als ich meine Wohnung in Les Arcs einrichtete, hatte ich einen besonders geschickten und pünktlichen Tischler, der mir vieles nach meinen Angaben anfertigte. Eines Tages sagte er zu mir, er wolle sich verabschieden, denn er zöge fort.

Als ich erstaunt nach den Gründen fragte, da er hier doch ein eigenes Haus und eine schöne Werkstatt habe, meinte er, er tue es für seine Mutter. Ihr bekäme das Klima hier nicht, und der Arzt hätte geraten, in den Norden Frankreichs zu ziehen. So wolle er hier alles verkaufen und sich in der Normandie eine neue Existenz aufbauen, damit seine Mutter noch schöne, gesunde Jahre verleben könne. Er war etwa vierzig Jahre alt und hatte selbst Kinder.

Immer, wenn ich seine geschickten Tischlerarbeiten in meiner Wohnung sehe, muß ich daran denken. Es ist so liebenswert, daß es mir fast unwirklich erscheint und ist natürlich in den Großstädten nicht mehr so.

So bin ich im Land der Vorfahren meiner Mutter heimisch geworden. Die Familie Pelet stammte aus der Grafschaft Narbonne im Languedoc und wanderte nach dem Widerruf des Ediktes von Nantes 1685 nach Ostpreußen aus. Zu Zeiten meiner Großeltern (Krieg 1870/71) und meiner Eltern (Erster Weltkrieg) galt Frankreich als Erbfeind und wurde mir als Kind auch so geschildert.

Ich lebe jetzt als Deutsche in Frankreich, liebe Land und Leute und fühle mich als Europäerin. Dabei fallen mir die Worte von Montesquieu ein: »J'aime mieux ma famille que moi-même, ma patrie que ma famille et l'univers que ma patrie«. (Ich liebe meine Familie mehr als mich, mein Vaterland mehr als meine Familie und das Weltall mehr als das Vaterland.) Wobei *patrie* im Französischen sowohl Vaterland wie Heimat bedeutet.

Das erste Buch und viele neue Freunde

Nun war ich im dritten und letzten Abschnitt meines Lebens zwar immer noch ohne Vermögen, aber anerkannter und »arrivierter« Flüchtling in Deutschland sowie in Frankreich. Ich hatte ein gemietetes Haus in Bremen, eine kleine Eigentumswohnung in Frankreich und fünfundzwanzig Jahre einer erfolgreichen geschäftlichen Laufbahn hinter mir. Wie wurde ich nun Autorin?

Zwar hatte ich schon mehrfach Artikel für Reiterfachzeitschriften oder auch Reisebeschreibungen verfaßt, war aber nie auf den Gedanken gekommen, ein Buch oder sogar Memoiren zu schreiben. Daran hinderte mich — ganz nüchtern gesehen — schon die Tatsache, daß ich schlecht Maschine schreibe, und um ein umfangreiches Manuskript handschriftlich zu verfassen, fehlte mir wie bei vielem anderen die Geduld. Ich hatte nie richtig Blindschreiben und das graphische Einteilen der Briefe gelernt. Im Geschäft hatte ich stets eine Sekretärin.

Anläßlich einer Gruppenreise von Reitern und Dressurrichtern der deutschen Equipe, die zur Weltmeisterschaft der Dressurreiter in Goodwood in England fuhren, lernte ich den Verleger Berthold Spangenberg aus München kennen. Als Besitzer des Nymphenburger Verlages, der zahlreiche Pferdebücher herausgebracht hatte, und als passionierter Reiter und Pferdebesitzer hatte sich Spangenberg dieser Gruppe angeschlossen.

Selten habe ich mich mit jemandem, den ich zuvor nicht gekannt hatte, so interessant unterhalten, wie mit diesem hochgebildeten, routinierten Verleger. Wir hatten die Tribünenplätze nebeneinander und aßen abends zusammen. So passierte es, daß ich Spangenberg mehr aus meinem Leben erzählte, als ich es selbst meinen Kindern gegenüber getan hatte. Außerdem dachte ich: den siehst du nie wieder, schließlich ist er ein überbeschäftigter Verleger. So waren die abendlichen Gespräche unbewußt eine Art Rückblick auf mein bewegtes und damals noch nicht bewältigtes Leben.

Am Ende dieser Tage sagte Spangenberg mir, daß ich das, was ich ihm erzählt habe, unbedingt aufschreiben müsse.

Ich wehrte mich energisch. Für mich sei das alles unbewältigte Vergangenheit; ich hätte das selbst meinen Kindern nicht erzählt, ich wolle damit nichts mehr zu tun haben. Er blieb hartnäckig. »Das, was Sie erlebt haben, angefangen bei den langen Gesprächen 1934 mit Hitler, das Zusammenleben der Polen und Deutschen in der Provinz Posen, der Konflikt zwischen Wehrmacht und SD nach 1939 – ist ein Stück deutsche Zeitgeschichte, die Ihnen nicht allein gehört. Beginnen Sie mit der Begegnung mit Hitler im Jahre 1934.«

Zurückgekehrt nach Bremen, war ich durch meine Arbeit im Geschäft wieder voll beschäftigt. Ich vergaß das Gespräch, und zum Schreiben war keine Zeit. Ich mußte Geld verdienen, hatte meine Reiterei, die meine Freizeit in Anspruch nahm und mir Freude und Kraft für den Alltag gab.

Doch alle paar Monate erinnerte mich Berthold Spangenberg telefonisch an seinen Wunsch, meine Erlebnisse zu Papier zu bringen.

So setzte ich mich eines Wintertages in meinem geliebten und abgeschiedenen Les Arcs in Frankreich tatsächlich hin und tippte auf einer primitiven Schreibmaschine anhand meiner kleinen Taschenbuchkalender meine Gespräche mit Hitler und schickte sie ihm. »Machen Sie so weiter. Erzählen Sie nun über Ihr Leben in Polen. Vielleicht finden Sie auch noch einen anderen Stil«, war seine einerseits ermutigende, andererseits berechtigt kritische Antwort.

In Bremen fand ich nie ausreichend Ruhe und Konzentration dazu. Aber in Les Arcs entschloß ich mich, auch über die polnische und für mich glücklichste Zeit meines Lebens zu schreiben. Vier Jahre, nachdem wir uns kennengelernt hatten, traf ich Spangenberg bei der Dressurweltmeisterschaft in Lausanne 1982 wieder. Dort lud er mich zum Mittagessen ein und gab mir weitere verlegerische Anregungen.

Schließlich kam das Manuskript »Wie konnte das geschehen?« auch Albrecht von Mutius, dem Beauftragten der evangelischen Kirchen in Bonn, in die Hand. Er erreichte, daß es das Nordostdeutsche Kulturwerk in Lüneburg 1985 als Dokumentation in einer Auflage von 500 Stück druckte. Daraufhin wurde der Limes Verlag aufmerksam, und *Gut Lehfelde* sollte bereits im Frühjahr 1986 als »richtiges« Buch erscheinen.

Hatten sich nach dem Erscheinen der Dokumentation in Lüneburg zunächst viele Bekannte und Freunde bei mir gemeldet, so waren es jetzt unbekannte Leser, die mir schrieben. Jede Woche erhielt ich Anrufe und Briefe, die mir Zustimmung, ähnlich Erlebtes mitteilten. Sie machten mich auch, was mir sehr wichtig war, auf kleine Fehler aufmerksam. Es war nun ein Buch der Zeitgeschichte geworden, also konnte ich nicht von General X sprechen, wenn er 1939 noch Oberst war, und ähnliche für den Inhalt belanglose, aber doch zeitdokumentarisch wichtige Dinge. Doch war der Sprung von der Dokumentation in einer Auflage von 500 Stück zu einem gebundenen Buch in Tausender-Auflage für eine völlig unbekannte Autorin nicht Erfolg genug?

Ich war sehr froh, daß Bundespräsident Richard von Weizsäcker bereits die Dokumentation gelesen hatte und mir dazu im November 1985 unter anderem schrieb: »Für Ihren Brief vom 11. Oktober und vor allem für Ihr interessantes Erinnerungsbuch danke ich Ihnen sehr. Ich habe viele Episoden mit Bewegung gelesen, zum Beispiel dort, wo Sie von Männern des Widerstands berichten.«

Als ich Richard von Weizsäcker dann im Mai 1986, gleich nach dem Erscheinen, das Buch *Gut Lehfelde – Eine deutsche Geschichte 1932–1950* sandte, antwortete er wieder sofort:

»Sehr geehrte Frau Lehfeldt, als ich Ihnen im November schrieb, es sei sicher richtig gewesen, Ihre interessanten Erinnerungen zu Papier zu bringen, lagen sie nur in Form jener Broschüre vor, von der Sie mir ein Exemplar überlassen hatten. Ich freue mich sehr, daß ein Verlag sich inzwischen entschlossen hat, Ihren Bericht als Buch herauszugeben und so einen größeren Leserkreis mit diesem Dokument der Zeitgeschichte bekanntzumachen.«

Nun war *Gut Lehfelde − Eine deutsche Geschichte 1932−1950*, das nur als Untertitel »Wie konnte es geschehen?« behalten hatte, also ein richtiges Buch in einem bekannten Verlag geworden und wurde in vielen Zeitungen besprochen. Das brachte mir eine Fülle neuer Zuschriften und interessanter Kontakte.

Ein Neffe von General Erich Ludendorff schrieb mir, daß Lehfeldts das Gut (damals Powodowo) 1855 von seinen Vorfahren Dziembowski gekauft hätten. Natürlich hatten wir, die wir wie immer bei Erzählungen der älteren Generation, nicht richtig zugehört hatten, angenommen, unsere Familie hätte es von Polen gekauft. Ludendorff legte eine Reihe Fotokopien von Urkunden bei, die die Familie für den Nachweis der »arischen Abstammung« während der NS-Zeit gebraucht hatte. Sie waren von unserem Pastor Engel in Wollstein ausgestellt, der auch meine Kinder getauft hatte. Das Interessante war, daß die Urkunde 1854 in deutscher Sprache, aber auf den Namen Dziembowska (also in der polnischen Form für ein weibliches Mitglied der Familie Dziembowski) ausgestellt war. Diese war eine geborene von Tümpling, also eine Deutsche. Welche Verflechtung deutscher und polnischer Familien!

War das nun ein Zeichen, daß schon damals Menschen, die aus polnischen Familien kamen, als deutsch galten, wenn sie evangelisch waren, was aus der Taufurkunde hervorging? Weiterhin interessant: 1854 gehörte Wollstein zu Preußen, dennoch war die Namensform polnisch. Also mußte man in dem bis 1793 polnisch gewesenen Land mit der starken deutschen Minderheit Mitte des neunzehnten Jahrhunderts friedlich mit- und nebeneinander gelebt haben. An diese Möglichkeit habe ich immer geglaubt und glaube ich noch heute.

Ein weiteres Zeitdokument war der Brief von Prof. Dr. Robert Kempner, der durch die Kritik in *Die Zeit* auf mein Buch aufmerksam geworden war. Er schrieb mir, daß er der Patensohn unseres berühmten Hausarztes Dr. Robert Koch in Wollstein gewesen sei. Kempners Mutter war als Bakteriologin die erste Frau, die von Wilhelm II. den Professorentitel verliehen bekommen hatte. Ob ich wisse, daß es Dr. Robert Koch gewesen sei, der den Namen Lehfelde für den Ort vorgeschlagen habe? Ja, das hatte ich gewußt. Das war Ende des vorigen Jahrhunderts gewesen, als die polnischen Namen eingedeutscht werden sollten. Ich wußte es, aber nur aus Erzählungen. Dann fragte er — Jahrgang 1899 — in einem Brief vom Juni 1987, was aus den »Kinderchen« geworden sei. Ein weiterer Grund für mich, dieses Buch, also die Fortsetzung, zu schreiben.

Als ich im Sommer 1989 von Ministerpräsident a.D. Holger Börner aufgefordert wurde, mich im Rahmen der Friedrich-Ebert-Stiftung Bonn an einer *Tabula gratulatoria* zu Ehren des 90. Geburtstags von Dr. Kempner zu beteiligen, schrieb ich ihm folgenden Brief, der dann sehr schön gebunden in Buchform herauskam, und für den er sich handschriftlich bedankte. Mit seinen Gedanken an Heimat paßt er in dieses Buch:

Lieber Herr Dr. Kempner,

als ich den Brief des Herrn Ministerpräsidenten Holger Börner bekam, worin er mich aufforderte, zu Ihrem 90. Geburtstag mit einem Beitrag zu einer *Tabula gratulatoria* im Rahmen der Friedrich-Ebert-Stiftung beizutragen, hatte ich das Gefühl, damit überfordert zu sein.

Hatte ich doch keinerlei profunde Kenntnisse Ihres Lebens und Schaffens gehabt, ehe mich ein Brief von Ihnen 1987 erreichte.

Zu den interessantesten Kontakten, die mir mein Buch *Gut Lehfelde. Eine deutsche Geschichte 1932–1950* (Limes Verlag) brachte, gehörte Ihr Brief vom 22. Juni 1987, in dem Sie mir schrieben: »Ich habe Ihr Buch auf Grund einer Besprechung in *Die Zeit* gelesen und gratuliere Ihnen zu Ihrem Werk und hoffe sehr, daß es einen literarischen Preis erhält.«

Ich kannte Sie nicht, und ehe ich antwortete, mußte ich mich erst mit Ihrem Leben beschäftigen. So kaufte ich mir zunächst Ihr Buch *Ankläger einer Epoche*.

Warum war ich über die Jahre 1945–1950, als Sie als Ankläger in den Nürnberger Prozessen so bekannt wurden, politisch so schlecht informiert? Auch das ist ein Stück Zeitgeschichte.

Wir lebten damals als bitterarme Flüchtlinge auf einer Siedlung im Kreis Torgau/Elbe in der damaligen Ostzone. Die Sorgen und Beschäftigungen des Alltags dienten dem reinen Existenzkampf für die fünfköpfige Familie. Überdies lebte man in der ständigen Angst verhaftet, verschleppt oder vergewaltigt zu werden. Die wenigen kommunistisch redigierten Zeitungen erreichten uns selten in unserem Dorf. (Siehe Kapitel »Dröschkau« S. 175 und »Fünf Jahre unter russischer Herrschaft in der Ostzone« S. 199)

Die einzigen Informationen bezogen wir aus einem Volksempfänger, den mir Frau Christine von Dohnanyi geb. Bonhoeffer im August 1945 auf der Durchfahrt in Berlin bei der Rückkehr von meiner riskanten Reise zurück nach Polen geschenkt hatte. (»Fahrt Dröschkau–Lehfelde« S. 179.) Den Volksempfänger im Rucksack kehrte ich, zum Glück unbeschadet, zu meiner Familie zurück, und wußte nun, eine Heimkehr nach Lehfelde gab es nicht mehr.

So gingen meine Gedanken, als ich Ihren liebenswürdigen Brief bekam wieder zu unseren Freunden Dohnanyi.

Bei Rückfragen in der Familie, Frau Christine von Dohnanyi war leider inzwischen verstorben, erfuhr ich, wie gerecht Sie versucht hatten, die Mitläufer und die wahren Schuldigen bei der Anklage gegen Naziverbrechen in Nürnberg zu trennen. Hinweise der Überlebenden der Widerstandskämpfer hätten Sie immer Verständnis entgegengebracht. Christine von Dohnanyi habe stets gern mit Ihnen gearbeitet.

Auch daß Sie über unseren Freund und den Patenonkel meines Sohnes Jobst, Herrn Justizrat Dr. Rudolf Dix, so positiv berichten in Ihrem Buch, nahm mich für Sie ein. Dr. R. Dix hatte in dem Nürnberger Prozeß Dr. Hjalmar Schacht verteidigt und dessen Freispruch erreicht.

Als Sie so reizend schrieben, daß Sie als Patensohn von Dr. Robert Koch, dem Hausarzt der Großeltern meines Mannes, wohnhaft in Wollstein, Provinz Posen, auch öfter mit diesem in Lehfelde waren, was fünf Kilometer von Wollstein entfernt lag, schlug mein Herz für Sie. Sie kannten und liebten das Land, was noch heute für mich »Heimat« ist.

Dann las ich, daß Ihre Frau Mutter eine so bekannte Bakteriologin war, daß sie vom Kaiser Wilhelm II. als erste Frau auf diesem Gebiet den Professorentitel verliehen bekam. So wurden mir die Zusammenhänge klar.

Ich hatte in meinem Buch erwähnt, daß es Dr. Robert Koch war, der um die Jahrhundertwende im Rahmen der Eindeutschungsbestrebungen in der Provinz Posen die Umbenennung des Ortes »Powodowo« in »Lehfelde« vorgeschlagen hatte. Ich wußte es aber nur aus Erzählungen. Nun hatte ich es schriftlich von einem Zeitzeugen.

Darf ich mir eine Anfrage erlauben? Könnten Sie nicht solche kleinen Begebnisse aus dem Leben des großen Arztes Robert Koch, als sicher doch einziger lebender Zeitzeuge, noch mal diktieren?

Eine Laudatio Ihres Lebens und Ihrer großen Arbeit

möchte ich prominenten Persönlichkeiten überlassen. Ich kann Ihnen nur ganz schlicht sagen:

Danke für Ihr Interesse an unserem Schicksal, und, wie Sie in einem Brief sagen, »an den Kinderchen von damals«.

Danke, daß Sie durch Ihre Erinnerungen als Schuljunge mir meine spätere Heimat mit all den glücklichen Jahren, die ich dort verbrachte, so lebendig werden ließen.

Ich wünsche Ihnen für die kommende Zeit Gesundheit, und daß Sie mit Ihrem brillanten Gedächtnis noch vielen Menschen so viel Freude machen können wie mir. Dafür danke ich Ihnen.

Ihre

Walburg Lehfeldt

Sehr amüsant war ein Brief eines ebenfalls weit über Achtzigjährigen, der mir berichtete, daß er 1911 mit seinem Vater, der Schneidermeister in Wollstein gewesen war, das Gut Lehfelde besucht habe, »um einen Pelz an die Herrschaft auszuliefern. Meine Erinnerung bezieht sich mehr auf das Förstertöchterlein Gertrud, als auf das Gut, die meine − fast hätte ich gesagt − Liebe war. Es gab jedenfalls einen kindhaften, harmlosen Kuß unter einer Mistel.« Das fand ich so reizend, daß ich ihm gleich antwortete und meinte, *er* hätte Schriftsteller werden können. Und siehe da, kurz darauf bekam ich ein Paket mit fünf seiner Werke im Eigenverlag! Er hätte sie für seine Schüler geschrieben, nicht »wie andere, um Geld zu verdienen«. Nun, da kann ich ihn beruhigen, falls er diese Zeilen noch lesen sollte: Viel Geld kann man, auch wenn ein Buch für einen unbekannten Schriftsteller ein Erfolg ist, nicht verdienen. Es sei denn, es wird ein Bestseller.

Ebenso liebenswert fand ich einen Brief aus Essen, in dem mir eine Dame schrieb, daß sie mein Buch ihrer Mutter zum 90. Geburtstag geschenkt habe. Was sie am meisten erstaunt habe, wäre nicht die Tatsache gewesen, daß ihre Mutter ohne

Brille (!) das Buch mit so großem Interesse gelesen habe, sondern daß sie sich nach so vielen Jahren auf die Postkarte mit dem sinkenden Kreuzer *Nürnberg* besinnen konnte, der in dem Buch abgebildet ist, nebst einem dazugehörenden Gedicht, das sie auf Anhieb fehlerfrei habe aufsagen können. Das Gedicht fügte die Mutter handschriftlich bei. Doch am liebenswertesten fand ich, daß die Tochter schrieb: »Mutter ist 90 Jahre, schlank, rank, geistig voll auf der Höhe, sowohl in der Gegenwart als in der Vergangenheit. Mutti ist unser Allerbestes, was wir haben!«

Ein anderer Leser schrieb mir, daß zwei Fotos meines Vaters auf dem Schreibtisch seines gefallenen Vaters gestanden hätten, da er von der Schule in Weimar her mit diesem befreundet gewesen sei. Er legte mir eine Fotokopie einer Ehrentafel für gefallene Schüler dieser Schule bei, die die Namen unserer beiden Väter verzeichnete, und schrieb: »Ist es nicht seltsam, daß Ihr Buch nach so vielen Jahrzehnten Tochter und Sohn der einstigen Schulfreunde in Verbindung bringt?«

Auch Angehörige der Widerstandskämpfer meldeten sich: »Wie gut, daß Sie das Buch schrieben! *So war es gewesen!* Aber alles so tief wirklich durchlitten, durchlebt *und* aufgeschrieben zu haben, das hat es noch nicht gegeben. Darum möchte ich Ihnen meinen herzlichen Dank sagen. Es befreit uns von jahrelangen Bedenken, selbst Ähnliches tun zu müssen, ›nur so für die Nachkommen!‹«

Ein anderer Leser, selbst Schriftsteller, schrieb mir: »Ich glaube nicht, daß die Nachkriegsgeneration auch nur im Entferntesten wirklich *empfinden* kann, was in den Menschen auf der Flucht damals vorgegangen ist, aber trotzdem finde ich es richtig und wichtig, daß diese unvorstellbaren psychischen und physischen Leiden so eindringlich geschildert werden, und daß außerdem aufgezeigt wird, wieviel Kraft, Mut, Fleiß, Initiative und Risikobereitschaft notwendig waren, um das, was heutzutage schlicht als ›normales Leben‹ gilt, wiederherzustellen. Peter Bamm empfand es als höchstes Lob, als ihm ein

Leser zu seinem Buch *Die unsichtbare Flagge* schrieb: ›Verehrter Herr, so war es!‹ So möchten wir ebenfalls sagen: ›Verehrte Frau Lehfeldt, so war es!‹«

Auch aus dem Ausland meldeten sich erstaunlich viele Leser. Familien mit dem Namen Lehfeldt aus Schweden, Großbritannien, den USA, von denen wir zum Teil gar nichts wußten. Bekannte, die Argentinien und Brasilien 1987 besuchten, berichteten, daß mein Buch in der deutschen Kolonie die Runde mache. Wie es dahin kam, ahne ich nicht.

Sehr schmunzeln mußte ich, als mir ein Handwerksmeister aus einem kleinen Ort in der früheren Provinz Posen schrieb, seine Tochter hätte das Buch in der Bibliothek in Toronto in Kanada aufgetan, das Titelblatt herausgerissen und es seiner Frau geschickt, damit sie es ihn zum 80. Geburtstag besorge. Er fügte eine Reihe Fotokopien von Briefen ehemaliger Vertreter der Deutschen aus der damaligen Provinz Posen bei, die ich im Buch erwähnte, die sich bei ihm für gut gesetzte Öfen bedankten.

Sogar meine geliebte Araberstute Fasana kam in den Briefen vor! Graf Westerholt schrieb mir, da er die Kämpfe und den Zusammenbruch auch in der Gegend um Torgau mitgemacht habe, hätte er einer alten Bekannten erzählt, daß er sich gern mit mir in Verbindung setzen würde. Sie habe geantwortet: »Ich kenne die Adresse von Frau Lehfeldt. Sie können sich gleich bedanken, daß sie mir im August 1945 in Dröschkau an der Elbe ihr Pferd Fasana mit einem Einspännerwagen geliehen hat. Damit konnte ich auf den Flugplatz Lönnewitz fahren, um Ihr Silber auszugraben, das dort versteckt war.«

So erhielt ich eine Einladung ins Münsterland, um mir das gerettete Silber anzusehen und dabei meines Lieblingspferdes Fasana zu gedenken. Ich könnte eine Rundreise durch Deutschland machen, um all die vielen Menschen zu besuchen, die mich eingeladen haben.

Sehr beeindruckend fand ich einen Anruf, mit dem eine Dame mir dankte, daß ich ihr durch mein Buch geholfen hätte, ihre Vergangenheit, an der sie so schwer trüge, zu bewältigen. Sie wäre begeisterte Nationalsozialistin gewesen und als junges Mädchen mit einer NS-Organisation nach Polen gegangen. Vom Warthegau aus wäre sie im Verlauf des Krieges mit ihrem Chef noch ins Gouvernement gekommen. Wieviel Unrecht damals geschehen sei, wie entsetzlich sich die Deutschen dort benommen hätten, wäre ihr — wie so vielen Deutschen — erst kurz vor Kriegsende bewußt geworden. Alles, was ich in meinem Buch erwähne, hätte sie selbst erlebt. Ich hätte es aber so sachlich geschildert, daß es ihr bei ihren Selbstvorwürfen geholfen habe. Ich habe sie nie kennengelernt. Doch zwei Jahre später meldete sie sich wieder bei mir und erzählte, sie sei inzwischen fast erblindet und könne nicht mehr lesen. Da sie das Buch immer wieder in ihr Gedächtnis zurückrufe, wolle sie den Blindenverein bitten, es auf Kassette aufzunehmen. Das stimmte mich nachdenklich.

Inzwischen hatte ich durch das Buch auch Kontakt zu Prinz Bernhard der Niederlande bekommen, der mir am 6. Juni 1986 schrieb: »Ihr Buch ist so gut, daß die Leute es zwangsweise lesen müßten.« Anläßlich einer Reise nach Holland, lud er mich zu sich ins Palais Soestdijk ein. Darüber habe ich für meine Kinder und Freunde einen Bericht geschrieben.

Besuch auf Schloß Soestdijk

Bis zum Versailler Friedensvertrag nach dem Ersten Weltkrieg lagen die Güter des Prinzen Lippe, unser Gut Lehfelde und das Gut der Familie von Einem gemeinsam im Landkreis Bomst. In diesem Kreis war mein Schwiegervater während des Krieges stellvertretender Landrat gewesen und hatte die Prinzessin Lippe öfter beraten. Durch den Friedensvertrag wurde durch den Kreis eine Grenze gezogen, die Lippes und von Einems auf der deutschen Seite beließen, uns aber mit Lehfelde/Powodowo auf die polnische brachten. Prinz Bernhard und Butze von Einem, später Butze von Baath, waren miteinander aufgewachsen. Frau von Baath hatte bei einem ihrer vielen Besuche bei Prinz Bernhard und Königin Juliana in Palais Soestdijk dem Prinzen von meinem Buch erzählt und mich gebeten, mit ihm Verbindung aufzunehmen.

So schrieb ich nach Erscheinen meines Buches im April 1986, ob er wisse, daß ich wegen »meiner Beziehungen zu ihm« vier Tage 1939 bei den Nationalsozialisten im Gefängnis gesessen hätte.

Am 14. April rief der Prinz gegen Abend bei mir in Bremen an. »Hier Palais Soestdijk, ich verbinde mit Prinz Bernhard« hieß es. Dann meldete er sich selbst: »Hier Prinz Bernhard«. Natürlich besinne er sich auf Lehfelde, an die Erzählungen seiner Mutter von ihren Besuchen in Lehfelde und den gegenseitigen Jagdeinladungen. Er und mein Mann hätten zwar beide das Arndt-Gymnasium in Berlin-Dahlem besucht, aber er könne sich nicht genauer an meinen Mann erinnern, da er acht Jahre jünger sei. Als er wieder auf das Gut Woynowo im Kreis Bomst kam, hätte die neue Grenze den Kreis schon in zwei Teile zerschnitten.

Am 15. April schickte ich ihm mein Buch von Bremen aus. Bereits am 18. April rief Prinz Bernhard wieder an und berichtete, er habe mein Buch am Tag zuvor bekommen und abends angefangen es zu lesen. Es sei spannender als jeder Krimi, und er habe es bis drei Uhr morgens in einem Zug durchgelesen. »Ein ausgezeichnetes Zeitdokument«, meinte er und wollte wissen, ob ich nicht einmal nach Holland käme. Da erzählte ich ihm von einer geplanten Autobustour mit Freunden am 10./11. Mai in die Niederlande.

»Schicken Sie mir das Programm, wenn es feststeht«, war seine Antwort. Gesagt, getan!

Prinz Bernhard rief am 7. Mai wieder an und meinte, er hätte eine Möglichkeit für meinen Besuch in Soestdijk gefunden, die sich mit seinen Verpflichtungen vereinen ließ. Er würde mir seinen Wagen schicken, um mich in Veenendal abholen zu lassen. Der Fahrer würde mich dann zum Mittag nach Schloß Middendacht zurückbringen, wo ich wieder mit meinen Freunden zusammentreffen könne.

Ich bedankte mich und freute mich, ohne mich allerdings besonderen Illusionen hinzugeben.

Um acht Uhr morgens erschien ich pünktlich zum Frühstück im Ibis-Hotel, mit sorgfältig vorbereiteter Handtasche, Burburry – natürlich regnete es – und einem Netz, in dem sich in einer Papprolle eine Landkarte unseres Kreises Bomst, Richard von Weizsäckers Buch *Die Geschichte geht weiter* für Prinz Bernhard und mein Fotoapparat befanden. Ich hängte alles über meine Stuhllehne und freute mich auf ein ausgiebiges holländisches Frühstück. Es sollte anders kommen.

Kaum hatte ich die erste Tasse getrunken und in mein Brötchen gebissen, als ein Hotelangestellter mir mitteilte, der Wagen von Prinz Bernhard sei vorgefahren.

Alle am Tisch sprangen neugierig auf, und ich übergab mein Gepäck einem Bekannten. Dann hielten wir gemeinsam nach einem »königlichen« Auto Ausschau. Vergeblich. Also ging ich zurück zum Empfang des Hotels.

Da lehnte ein Herr in schicker dunkelblauer Uniform mit goldenen Tressen lässig am Tresen. Auf meine Frage bejahte er, von Prinz Bernhard zu kommen. Den blauen Mercedes hatte er sehr geschickt hinter unserem Bus geparkt. So konnte man sich nicht verpassen.

Man begleitete mich an den Mercedes und fragte, was das für eine besondere Autonummer sei. »Das sind Kennzeichen, die nur die Wagen des Königshauses führen dürfen«, antwortete der Chauffeur. Das erste Problem löste sich sehr zu meiner Befriedigung. Der elegante Fahrer riß vorn den Schlag des Autos auf, und ich konnte neben ihm sitzen, um mich mit ihm zu unterhalten.

Es stellte sich heraus, daß er jahrelang Fahrer und Pferdepfleger bei Prinzessin Armgard von Lippe, der Mutter Prinz Bernhards sowie bei Oberst Pantchoulidzew gewesen war, ihrem treuen Pferdefreund und Lebensgefährten. Daher sprach der Fahrer sehr gut deutsch.

Wir rasten durch die am Sonntagmorgen noch leeren, schönen holländischen Dörfer — Privileg des Königshauses?

Nach halbstündiger Fahrt erzählte ich dem Fahrer, daß ich am Tag zuvor in Hoet Lo Postkarten von der königlichen Familie und den Schlössern gekauft hätte, die wir besichtigten, aber leider keine von Soestdijk bekommen hätte. Falls Gelegenheit auf dem Hin- oder Rückweg sei, würde ich gern zur Erinnerung eine Postkarte erwerben. »Das besorge ich Ihnen«, war die liebenswürdige Antwort.

Ich wollte ihm das Geld dafür geben, drehte mich um, und — o Schreck! — mein Mantel und das Netz mit den Mitbringseln lagen auf dem Rücksitz, aber nicht meine Handtasche, in der sich auch mein Personalausweis befand. Der Fahrer meinte, das sei überhaupt kein Problem. Er werde eben noch ein bißchen schneller fahren, im Hotel anrufen und den Herrn, dem ich mein Gepäck übergeben hatte, bitten, die Tasche an sich zunehmen, so daß ich sie gegen Mittag in Schloß Mitteldachten wieder hätte. Erst da ging mir auf, daß ich auch ohne Kamm und meine Brille war!

Wir näherten uns inzwischen dem riesigen Palast. Eine Wache riß angesichts des Wagens ein schmiedeeisernes Portal auf, der Fahrer hielt kurz vor der großen Freitreppe und sagte: »Ich werde sofort telefonieren.«

So stand ich also viel zu früh, kurz nach neun Uhr vor dem Schloß. Kein Mensch war zu sehen. Mutig stieg ich die Freitreppe hinauf. Die Eingangstür stand offen. Lange Korridore mit Ahnenbildern und antiken Möbeln rechts und links. Schöne Blumenarrangements auf beiden Seiten. Links entdeckte ich eine offene Tür. Also entschloß ich mich, nach links zu gehen.

Plötzlich stürzte aus einer Tür ein netter junger, blonder Diener — einen Arm im Ärmel eines blauen Fracks und mit dem anderen nach dem zweiten Ärmel angelnd. Ich erklärte, der Fahrer sei so schnell gefahren, daher wäre ich schon da. Doch er verstand mich offenbar nicht, denn er blieb stumm. Immerhin gelang es ihm, in seinen zweiten Ärmel zu schlüpfen. Die Tür stand für mich offen. Es war das Zimmer des Prinzen.

Da stand ich nun und sah mich um. Noch nie in meinem Leben hatte ich so viele Bilder, Fotos, Jagdtrophäen, kostbare Souvenirs aus allen Erdteilen auf den Tischen und in den Regalen eines Zimmers gesehen! Interessiert betrachtete ich die Fotos der Persönlichkeiten aus Herrscherhäusern und die signierten Fotos von Staatsoberhäuptern — wie Churchill —, Politikern oder Künstlern. Die Fotos in ihren schönen breiten Silberrahmen erinnerten mich an meinen Besuch bei dem Botschafter André François-Poncet in Paris.

Dann wollte ich den schönen Park mit dem Springbrunnen und die Terrasse mit dem Vogelhäuschen fotografieren. Leider regnete es. Ich nahm die *bibelots,* wie der Franzose sagt, auf den Tischen auf. In diesem Moment kam der Lakai mit einem wunderschönen Silbertablett herein, um mir Kaffee zu servieren.

Nur mit Mühe fand ich für meine Tasse einen freien Platz auf dem Tisch vor dem Kamin. Da betrat auch schon der Prinz das Zimmer. Ich rätselte, was für ein Getränk wohl in dem Kristallhumpen in seiner Hand sein mochte. Nachträglich erfuhr ich, daß der Prinz zum Frühstück Bier trinkt...

Ich entschuldigte mich für mein frühes Erscheinen, und Prinz Bernhard meinte nur, der Fahrer sei sehr schnell gefahren. Das konnte ich nur bestätigen. Ziemlich verlegen zog ich die Papprolle mit der Landkarte aus dem Jahr 1918 hervor, auf der unsere drei Güter — Woynowo von Lippes, Gut Schmöllen der Familie von Einem sowie Lehfelde verzeichnet waren. Beim Betrachten meinte er: »Wo liegt denn nun Lehfelde?« Er schien sich über diese Karte seines Heimatkreises sehr zu freuen.

Inzwischen hatte ich mich nach den ganzen Schrecken wieder gefaßt und antwortete ganz unbefangen: »Da müssen Sie mir erst mal Ihre Brille leihen. Ich habe meine Tasche im Hotel vergessen.«

»Kümmert sich jemand darum?« war die Gegenfrage.

»Ja, der Fahrer.«

»Dann ist es gut.«

Nun überreichte ich ihm mein bescheidenes Geschenk. Der Prinz kannte das Buch von Weizsäcker noch nicht.

Damit war jede Befangenheit beseitigt, und wir unterhielten uns zwei Stunden lang so intensiv, daß die Zeit wie im Fluge verging.

Der Prinz erzählte mir, daß die Nationalsozialisten seine Mutter, die deutsche Prinzessin Lippe, die den ganzen Krieg und viele Jahre vorher auf ihrem Besitz Woynowo in der Grenzmark gelebt hatte, 1944 aus ihrem Haus geworfen und alle Bankkonten beschlagnahmt hätten, die er für sie in Deutschland eingerichtet hatte. Danach habe sie mittellos bei Verwandten in Bad Driburg gelebt. Nach dem Einmarsch der amerikanischen Truppen habe er dann eine holländische Freiwilligen-Truppe, die in England ausgebildet worden war, nach Bad Driburg zu seiner Mutter geschickt. Er selbst sei mit einem Flugzeug in der Nähe von Driburg gelandet und habe die Übersiedlung seiner Mutter und des Oberst Pantchoulidzew in die Niederlande organisiert. Dort haben die Prinzessin und ihr Lebensgefährte noch schöne Jahre verbracht. Prinzessin Armgard konnte sich wieder ihrer Pferdepassion widmen.

Auch Prinz Bernhard ist auch viel und gut geritten, hat sogar auf Turnieren bis zur Klasse M teilgenommen. Nun könne er wegen seines Rückens nicht mehr reiten, steuere aber noch sein Flugzeug, laufe Ski und spiele Golf. Neben seinen Aufgaben als Prinzgemahl widme er sich als Vorsitzender dem »Wild Life Fund«. Wir sprachen noch lange über Pferde und unsere Reiterlebnisse. Ich erzählte ihm, daß ich 1932 in Lehfelde noch einen sehr edlen und temperamentvollen Vollbluthengst vor dem Kutschwagen gefahren hätte, den mein Schwiegervater von seiner Mutter vor Schließung der deutsch-polnischen Grenze gekauft hatte.

Als ich ihm von meiner bevorstehenden Reise mit Pferdesachverständigen nach Polen berichtete, erzählte Prinz Bernhard von seinem Besuch auf dem ehemaligen Besitz der Familie Lippe, Gut Woynowo im Kreise Bomst. Auf Einladung der polnischen Regierung hatte er sein niederländisches Flugzeug nach Polen geflogen, durfte aber nicht in Woynowo landen. Man leitete die Maschine zur Landung in Krakau um. Von dort wurde er mit einer polnischen Maschine nach Woynowo geflogen. Er konnte überall herumgehen, besuchte sein Elternhaus, das inzwischen – wie nun dort üblich – ein Kindergarten oder eine Schule war. Vom Besitz der Familie war nichts mehr vorhanden.

Ich berichtete von meinem Besuch mit meinen drei Kindern 1977 in Lehfelde, und wir sprachen über Frau von Baath, die mit ihrem Sohn immer wieder Arzneien, Lebensmittel und Kleidung im Auto zum Pfarrer in unserem Kreis als Hilfe für alte und arme Menschen bringt. So drehten sich die Gespräche um viel gemeinsames Erleben.

Prinz Bernhard und Königin Juliane wohnen allein in Schloß Soestdijk. Königin Beatrix lebt in Den Haag. Die königliche Familie benutzt keine gepanzerten Autos, denn Terroristen werden nicht gefürchtet. Das Königshaus erfreut sich großer Beliebtheit, besonders Königin Juliane.

Da die Schlösser selbst vom reichen Haus Oranien finanziell nicht zu halten sind, hat der Hof sie für je einen Gulden an den niederländischen Staat »verkauft«. Dafür übernimmt der Staat die Instandsetzung der Gebäude, die Löhne und Renten für einen Teil der Angestellten.

Während unserer Unterhaltung trank der Prinz sein Bier und rauchte zwei Pfeifen; eine davon war eine wunderschöne, silberbeschlagene. Ich habe kaum meinen Kaffee austrinken können, so intensiv haben wir uns unterhalten.

Der Prinz berichtete auch von seinen verschiedenen Besuchen nach Kriegsende in den Konzentrationslagern, wo er nach dem Verbleib niederländischer Gefangener forschte. Das schlimmste sei für ihn Mauthausen gewesen. Dort hatte man sich unvorstellbar grausame Folter- und Tötungsmethoden »erdacht«. Fotos von den Greueltaten, die nach der Befreiung veröffentlicht wurden, stammten nicht von den Amerikanern, sondern waren von den SS-Wachen angefertigt worden und dann den Alliierten in die Hände gefallen. Es sei erschütternd, daß viele Menschen dies selbst heute nicht wahrhaben wollten.

Als gemeldet wurde, der Wagen sei vorgefahren, um mich zu meinem Bus zu fahren, der nun immerhin fast hundert Kilometer von Soestdijk entfernt war, faßte ich mir ein Herz und fragte den Prinzen: »Darf ich mich bei Ihrem netten Fahrer erkenntlich zeigen? Und wenn ja, würden Sie mir dieses Trinkgeld bitte leihen?« Mit der Tasche hatte ich natürlich auch mein Geld vergessen.

Da lächelte er: »Nein, bitte nicht. Wir haben so viele Freunde, denen so etwas schwerfallen würde. Also haben wir es abgeschafft.«

Gemeinsam gingen wir den langen Gang entlang. Auf einer Truhe befand sich das Programm des Reitturniers, dessen Preise der Prinz anschließend verteilen sollte. Neben der Truhe lag ein gelb-weißer Hund einer Rasse, die ich noch nie gesehen hatte. Ich bückte mich zu dem Hund, war aber unschlüssig, ob ich ihn streicheln sollte, da er mich so drohend ansah.

Da meinte Prinz Bernhard: »Das ist der Hund meiner Frau. Ich mag ihn nicht, aber sie liebt ihn.« Das fand ich sehr liebenswert. Bei manchen Menschen und Tieren teilen sich die Geschmäcker, aber in einer guten Ehe achtet jeder den Geschmack des anderen und dessen Persönlichkeit.

Am Ausgang zur Treppe wollte ich mich verabschieden. »Nein«, meinte der Prinz. »Ich bringe Sie an den Wagen«, und reichte mir den Arm. So schritten wir die große Freitreppe hinunter, die ich so befangen allein heraufgekommen war.

»Wenn sich meine Tasche nicht auffindet«, sagte ich, »müssen Sie mich heute abend an der Grenze auskaufen.« Da lachte der Prinz. Mit seiner weißen Nelke am Revers seines grauweißen Glencheckanzugs sah er jung und sportlich aus.

Er brachte mich zum Wagen, wo der Fahrer wieder den vorderen Schlag geöffnet hatte. Und was lag da? Meine Krokodiltasche!

»Wo kommt denn die her?« fragte der Prinz.

»Ich bin ins Hotel zurückgefahren. Sie hing noch am Stuhl«, erklärte der Fahrer.

»Da kann ich Ihnen ja schnell noch mein Pferd zeigen«, meinte ich und zog das Foto aus der Tasche.

Der Prinz küßte mir die Hand, nahm mich in die Arme und küßte mich auf beide Wangen. Vor Verblüffung küßte ich herzhaft zurück. Wie gut, daß du keinen Lippenstift auflegen konntest, fuhr es mir in dem Moment durch den Kopf.

»Das kommt auch nicht so oft vor«, kommentierte der Fahrer. Dann übergab er mir einen Umschlag mit den Worten: »Hier sind die Postkarten.«

Ich zog die obere Karte heraus, auf der das Palais Soestdijk abgebildet war, legte den Umschlag beiseite und nahm an, daß sich darin zwei oder drei weitere Karten befänden, die er von der Schloßverwaltung geholt hätte.

»Was kostet das?« fragte ich.

»Nichts«, gab er zurück. Getreu der Weisung »Bitte kein Trinkgeld«, bedankte ich mich.

Später stellte ich fest, daß sich 15 Postkarten in dem Umschlag befanden und daß sie unmöglich aus der Schloßverwaltung stammen konnten. Sie zeigten das Schwimmbad, die Schule, das Kriegerdenkmal sowie – ganz klein in einer Ecke – das königliche Schloß. Nun war guter Rat teuer. Der liebenswürdige Fahrer hatte die Karten wohl aus seiner Tasche bezahlt?

In Bremen beschloß ich, ihm ein nützliches Geschenk zu machen und verfiel auf Reithandschuhe, die man auch zum Autofahren tragen kann. Doch wie hieß der Fahrer?

Ich schrieb einen Dankesbrief an Prinz Bernhard und fügte hinzu: »Nun muß ich auf Ihren Humor bauen. Sie bekommen mit getrennter Post ein Paar Handschuhe für den netten Fahrer.«

Prinz Bernhard schrieb mir später, sein Fahrer habe sich über das Geschenk sehr gefreut.

Als ich die Einladung erhalten hatte, war ich nur begierig gewesen, endlich den Mann kennenzulernen, für den ich angeblich spioniert hatte.

Erst nach dem Besuch in Soestdijk ging mir auf, welch interessantes Zeitdokument die Anschuldigung, »Beziehungen zum Prinzen Bernhard zu unterhalten«, doch war. Denn das Verhör und die Verhaftung hatten in den ersten Oktobertagen 1939 stattgefunden – zu einer Zeit, als die Niederlande, ein neutraler Staat, keineswegs die Absicht hatte, in einen Krieg gegen Deutschland einzutreten.

Für den SD hatte es also festgestanden, daß Deutschland die Niederlande überfallen würde, und daß jeder Kontakt mit Holländern »Vaterlandsverrat« sei.

Daß dieser Besuch dann so interessant und harmonisch verlaufen würde, hatte ich nicht geahnt. Es war eine menschliche Begegnung im Alter, an die ich gern und dankbar zurückdenke.

75. Geburtstag

So wurde mein Leben im Alter, in dem man im allgemeinen einsamer wird, immer reicher. Mein Freundes- und Bekanntenkreis weitete sich aus. Ich las in Buchhandlungen und auf verschiedenen Veranstaltungen aus meinem Buch, und man gab und schickte mir mein Buch zum Signieren – eine Bestätigung, die mich glücklich machte.

Inzwischen kam mein 75. Geburtstag heran, und den wollte ich mit Menschen feiern, die mir Freunde gewesen waren und sind, die mich im Leben am meisten beeindruckt hatten.

Viele der Freunde lebten nicht mehr, und so lud ich deren Nachkommen ein – beispielsweise die Kinder der Familien Dohnanyi und Oster. Auch von unseren alten Freunden und Nachbarn aus Posen lebten nur noch wenige, und von denen war vielen die Reise zu beschwerlich. Aber schließlich gelang es doch, aus jeder Periode meines Lebens Freunde am 16. April 1987 zu einem Essen im Bremer Park Hotel zu vereinen. Ich hielt Rückschau auf mein bewegtes Leben und schloß mit den Worten:

Reich bin ich durch meine Freundschaften, reich bin ich aber auch durch das Licht und die Sonne des Midi und die *gentillesse* der Menschen dort. Ich will nun versuchen, *vieillir en gaîté* – in Fröhlichkeit zu altern, das Alter anzunehmen und zu bejahen. Helft mir bitte dabei!

Für den nächsten Vormittag hatten meine Kinder und die Enkelinnen Astrid und Isabel bei mir zu Haus einen wunderschönen Empfang für meine Bremer Freunde arrangiert.

Als große Überraschung hatte man mein elegantes liebes Pferd Express vom Reitstall aus vor mein Haus verladen. Die Reiterin, die das Pferd auf Turnieren vorstellt, und das Pferd waren »turniermäßig« herausgebracht. Express trug eine große grüne Schärpe mit einer »75«. Eine Abordnung meines Reitklubs war erschienen – darunter auch der Reitlehrer Albers mit seiner Frau und den beiden Kindern in Turnieraufmachung.

Zur Freude und zum Staunen der Nachbarn standen sie mit dem Pferd vor meinem Haus in der Argonnenstraße. Welch schöne Überraschung! Wie immer in meinem Leben waren die Pferde dabei...

So blicke ich zurück auf ein reiches erfülltes Leben, das mir Höhen und Tiefen in oft schnellem Wechsel brachte. Ich möchte die harten Zeiten in meinem Leben nicht missen. Sie gaben mir viel inneren Gewinn und gute Freundschaften.

Dem Lebensende sehe ich gelassen entgegen und denke dabei an meine geliebte Pflegemutter Sittah Thilo, die sich – nachdem sie von ihrem schönen Besitz in der Neumark geflohen und ihr Mann von den Russen erschossen war – in einem Zimmer eines Gutshauses bewundernswert mit ihrem Flüchtlingsschicksal abfand.

Sie sagte zu mir: »Das ist doch nicht schlimm, daß ich jetzt so lebe; denn das, was mir im Leben zusteht, habe ich schon erlebt und genossen.«

Das kann ich auch sagen. Noch freue ich mich an meinen Kindern, meinen Enkeln, an der Schönheit der Natur und an meinem Pferd, aber der Gedanke an den Tod erschreckt mich nicht. Ich bin von Deutschland nach Polen, zurück nach Deutschland und im dritten Lebensabschnitt nach Frankreich gewandert. Ich habe versucht, überall heimisch zu werden.

Ich beschließe dieses Buch voll Dankbarkeit, daß ich es erleben durfte durch die Mauer am Brandenburger Tor zu gehen und die Demokratisierung Polens, Ungarns, der Tschechoslowakei und Rumäniens zu erleben.

Ich hoffe auf ein geeintes Europa ohne Grenzstreitigkeiten, das jedem die Möglichkeit gibt, dort zu leben, zu arbeiten und heimisch zu werden, wo er will – ungeachtet von Nation und Sprache.

Ob ich das noch erlebe? Dann gehörte ich zu einer Generation, die außer den sogenannten »goldenen Jahren« bis zu meiner Geburt 1912, das Auf und Ab mit allen Schicksalsschlägen in diesem Jahrhundert durchlebt und durchlitten hat: ein Frauenschicksal des zwanzigsten Jahrhunderts. An den Schluß dieser Lebensbeschreibung möchte ich das Gedicht von Hilde Domin setzen, das mir zu meinem 75. Geburtstag auf den Weg gegeben wurde:

> Man muß weggehen können,
> und doch sein wie ein Baum,
> als bliebe die Wurzel im Boden,
> als zöge die Landschaft,
> und wir ständen fest.
> Man muß den Atem anhalten
> bis der Wind nachläßt,
> und die fremde Luft um uns zu kreisen beginnt,
> bis das Spiel von Licht und Schatten,
> von Grün und Blau
> die alten Muster zeigt,
> und wir zu Hause sind,
> wo es auch sei...